Dulce pájaro de juventud

Escaleras al techo

El cuaderno de Trigorin

Williams, Tennessee
   Dulce pájaro de juventud. Escaleras al techo. El cuaderno de
Trigorin. - 1ª ed. 1ª reimp. - Buenos Aires: Losada, 2007.
328 p.; 22 x 14 cm. - (Gran teatro)

Traducción de Cristina Piña

ISBN 950-03-6310-0

1. Teatro Estadounidense. I. Escaleras al techo. II. El cuaderno de
Trigorin. III. Título
CDD 812

1ª edición: septiembre de 2004

Títulos originales: *Sweet Bird of Youth*
Copyright © 1945, renovado 1973
The University of the South

Stairs to the Roof
Copyright © 2000
The University of the South

The Notebook of Trigorin
Copyright © 1997
The University of the South, traducción de *The Sea Gull* de Chekhov
© 1964, 1993 por Ann Dunnigan

De la traducción © 2003 The University of the South, por convenio especial
con The University of The South, Sewanee, Tennessee.

©   Editorial Losada, S. A.
     Moreno 3362, Buenos Aires, 2007

Composición y armado: *Taller del Sur*
Diseño de tapa: *Ana María Vargas*
Fotografía:*Bruce Paulson*
          Cortesía de *New Directions Publishing Corp.*

Queda hecho el depósito que marca la ley 11.723.
Marca y características gráficas registradas en la
Oficina de Patentes y Marcas de la Nación

Impreso en Argentina - *Printed in Argentina*

Dulce pájaro de juventud

Nada falso sale de la boca con tanta rapidez. Los discursos planeados son los que contienen mentiras o disimulos, no lo que uno barbota espontáneamente en un instante.

Era literalmente cierto. A los catorce años descubrí la escritura como un escape del mundo real, en el que me sentía terriblemente incómodo. De inmediato se convirtió en mi lugar de retiro, mi cueva, mi refugio. ¿De qué me refugiaba? De que me llamaran mariquita los chicos del barrio, la señorita Nancy y mi padre porque prefería leer libros en la biblioteca grande y clásica de mi abuelo a jugar a las bolitas, al béisbol y a otros juegos normales de chicos, como resultado de una grave enfermedad infantil y de un excesivo apego a las mujeres de mi familia, quienes habían logrado que volviera a tomarle gusto a la vida.

Creo que no más de una semana después de que empecé a escribir me encontré con el primer bloqueo. Es difícil explicarlo de forma que resulte comprensible para quien no sea neurótico. Lo intentaré. Toda mi vida me ha acosado la obsesión de que desear o amar algo intensamente es ponerse en posición vulnerable, tener todas las posibilidades, sino probabilidades, de perder lo que uno más quiere. Dejémoslo así. Ese bloqueo siempre ha estado allí y siempre lo estará, y mi oportunidad de obtener o lograr algo que ansío siempre se verá gravemente reducida por la inamovible existencia de ese bloqueo.

Una vez lo describí en un poema llamado "Los niños maravillosos".

"Él, el demonio, armó barricadas de estaño dorado y púrpura que tenían la etiqueta Miedo (y otros títulos augustos), sobre las cuales ellos, los niños, saltaban ágilmente, siempre lanzando hacia atrás su risa salvaje."

Pero el hecho de tener que luchar siempre con ese adversario que es el miedo, el cual a veces se volvía terror, me dio una cierta tendencia a presentar una atmósfera de histeria y violencia en mi escritura, una atmósfera que ha existido en ella desde el comienzo.

En mi primer trabajo publicado, por el cual recibí la gran suma de treinta y cinco dólares, un cuento publicado en el número de julio o agosto de 1928 de *Weird Tales*, me remití a un párrafo de las antiguas historias de Herodoto para crear un relato en el cual la reina egipcia Nitocris invita a todos sus enemigos a un lujoso banquete en un salón subterráneo a orillas del Nilo. Una vez que están allí, en el punto culminante del banquete, la reina se excusa levantándose de la mesa y abre las esclusas que permiten el ingreso de las aguas del Nilo en el salón cerrado, ahogando como a ratas a sus odiados huéspedes.

Tenía dieciséis años cuando escribí este relato pero ya era un escritor confirmado, pues había sentido la vocación a los catorce años y, si están familiarizados con lo que he escrito desde entonces, no es necesario que les diga que estableció la tonalidad de casi la mayor parte de mi obra posterior.

Mis primeras cuatro piezas teatrales, dos de ellas representadas en St. Louis, eran igualmente violentas o más todavía. El primero de los dramas que escribí como profesional y que se puso en Broadway fue *Batalla de ángeles*, que era de lo más violento que se pueda poner en escena.

Durante los diecinueve años transcurridos desde entonces, sólo escribí cinco piezas que *no* son violentas: *El zoo de cristal*, *You Touched Me* (Me tocaste), *Verano y humo*, *La rosa tatuada* y una comedia seria llamada *Período de ajuste*, que todavía se está representando en Florida.

Lo que me sorprende es hasta qué punto tanto los críticos como el público han aceptado este fuego concentrado de violencia. Y creo que lo que me ha sorprendido más que nada es la aceptación y la alabanza de *Súbitamente el último verano*. Cuando se estrenó fuera de Broadway, creí

Personajes

CHANCE WAYNE
LA PRINCESA KOSMONOPOLIS
FLY
MUCAMA
GEORGE SCUDDER
HATCHER
JEFE FINLEY
TOM JUNIOR
TÍA NONNIE
HEAVENLY FINLEY
CHARLES
STUFF
SEÑORITA LUCY
EL PROVOCADOR
VIOLETA
EDNA
SCOTTY
BUD
HOMBRES EN EL BAR
BOTONES

Sinopsis de las escenas

PRIMER ACTO

PRIMERA ESCENA: Un dormitorio en el Hotel Royal Palms, en algún lugar de la Costa del Golfo.

SEGUNDA ESCENA: El mismo lugar, más tarde.

SEGUNDO ACTO

PRIMERA ESCENA: La galería de la casa del Jefe Finley en St. Cloud.

SEGUNDA ESCENA: El salón del bar y el jardín de palmeras del Hotel Royal Palms.

TERCER ACTO

El mismo dormitorio del Primer Acto.

ÉPOCA: Moderna, un domingo de Pascua, desde bien entrada la mañana hasta la noche tarde.

ESCENOGRAFÍA Y "EFECTOS ESPECIALES": El telón de fondo del escenario es un ciclorama que debería dar unidad poética a la atmósfera de varios escenarios específicos. Hay proyecciones no realistas sobre este ciclorama, la más im-

(Del otro lado de las ventanas se oyen los suaves y urgentes chillidos de los pájaros, el batir de sus alas. Luego un mozo de color, Fly, aparece en la puerta del corredor, trayendo un servicio de desayuno para dos. Golpea. Chance se levanta, se detiene un momento frente a un espejo ubicado en la cuarta pared para pasarse un peine por su cabello rubio ligeramente ralo, antes de ir a abrir la puerta.)

CHANCE: Ah, bien, déjelo ahí.

FLY: Sí, seor.

CHANCE: Deme el bromo primero. Mejor me lo mezcla usted, estoy...

FLY: ¿Tiene las manos temblorosas esta mañana?

CHANCE *(estremeciéndose después de beber el bromo)*: Abra un poco las persianas.

¡Eh, dije un poco, no mucho, no tanto!

(Cuando se abren las persianas, lo vemos claramente por primera vez: tiene cerca de treinta años, aunque su rostro aparenta un poco más de edad; se la podría describir como una "cara joven devastada" y, sin embargo, todavía es excepcionalmente buen mozo. Su cuerpo no muestra señales de declinación; es el tipo de cuerpo para el que están hechos, o deberían estarlo, los pijamas de seda blanca. Suena la campana de una iglesia y desde otra iglesia más cercana un coro comienza a cantar el Aleluya. Esto lo atrae a la ventana y mientras cruza el cuarto dice:)

No sabía que era... domingo.

FLY: Sí, seor, es domingo de *Pascua*.

CHANCE *(inclinándose hacia adelante un momento, con las manos aferradas a las persianas)*: Ajá, ajá...

FLY: Es la Iglesia Episcopal donde están cantando. La campana es de la Iglesia Católica.

CHANCE: Incluiré su propina en la cuenta.

FLY: Gracias, señor Wayne.

CHANCE (*mientras* Fly *se dirige a la puerta*): Un momento, ¿cómo sabe mi nombre?

FLY: Era mozo en el Gran Salón de Baile cuando usté iba a los bailes del sábado a la noche con esa chica realmente bonita con la que bailaba tan bien, la hija del seor Jefe Finley.

CHANCE: Te voy a aumentar la propina a cinco dólares a cambio de un favor: que no recuerdes que me reconociste ni nada de todo eso. Tu nombre es Fly... fuera, Fly. Cierra la puerta sin hacer ruido.

VOZ AFUERA: Sólo un minuto.

CHANCE: ¿Quién es?

VOZ AFUERA: George Scudder.

(*Breve pausa. Fly se va.*)

CHANCE: ¿Cómo supiste que estaba aquí?

(*Entra* George Scudder: *un joven buen mozo y de apariencia fresca, con aspecto de hombre de negocios, que podría ser el presidente de la Cámara Junior de Comercio, pero que en realidad es un médico joven, de unos treinta y seis o treinta y siete años.*)

SCUDDER: El subgerente que te registró anoche en el hotel me llamó esta mañana para decirme que habías vuelto a St. Cloud.

CHANCE: ¿Y viniste en seguida a darme la bienvenida a casa?

SCUDDER: Esa señora amiga tuya hace unos ruidos que parece que estuviera saliendo de una anestesia.

CHANCE: La princesa tuvo una noche dura.

SCUDDER: ¿Te enganchaste con una Princesa? (*Burlonamente.*) Caramba.

CHANCE: Me he estado moviendo mucho.

SCUDDER: Ni siquiera menciono nombres en la carta.

CHANCE: ¿Sobre qué era la carta?

SCUDDER: Siéntate aquí, así no tengo que hablar en voz alta de esto. Ven más cerca. No puedo hablar en voz alta de esto. (Scudder *le indica la silla ubicada junto al taburete. Chance cruza el escenario y pone un pie sobre la silla.*) En esa carta sólo te decía que cierta chica que conocíamos había pasado por una experiencia horrible, una ordalía trágica, debido a las relaciones que había tenido contigo en el pasado. Te decía que te ponía al tanto de eso sólo para que no se te ocurriera volver a St. Cloud, pero se te ocurrió.

CHANCE: Te dije que no recibí la carta. No me hables de cartas pues no recibí ninguna carta.

SCUDDER: Te estoy repitiendo lo que te decía en esa carta.

CHANCE: De acuerdo. Está bien. Dime lo que me decías, pero... no me hables como si tuviéramos un código secreto en común. ¿Qué me decías? ¿De qué ordalía hablabas? ¿De qué chica? ¿De Heavenly? ¿De Heavenly, George?

SCUDDER: Veo que es imposible hablar de esto con calma, de manera que...

CHANCE (*levantándose para bloquearle el camino a* Scudder): ¿De Heavenly? ¿Qué ordalía?

SCUDDER: No vamos a mencionar nombres, Chance. Vine corriendo esta mañana apenas me enteré de que estabas de vuelta en St. Cloud, antes de que el padre y el hermano de la chica pudieran enterarse de que habías vuelto, para disuadirte de que intentes ponerte en contacto con la chica y para sacarte de aquí. Eso es absolutamente todo lo que tengo que decirte en este cuarto y en este momento... Pero espero haberlo dicho de manera tal que te des cuenta de la urgencia vital que implica, así te vas...

CHANCE: ¡Dios mío! Si algo le pasó a Heavenly, ¿por favor, podrías decirme... qué fue?

SCUDDER: Dije nada de nombres. No estamos solos en este cuarto. Ahora, cuando baje, voy a hablar con Dan Hatcher, el subgerente... él me dijo que te habías registrado aquí... y le diré que quieres irte, de manera que más vale que prepares a la Bella Durmiente y te prepares tú para viajar. Además, te sugiero que sigas viajando hasta que hayas cruzado la frontera del Estado...

CHANCE: No vas a salir de este cuarto hasta que me hayas explicado lo que diste a entender al hablar de mi chica de St. Cloud.

SCUDDER: Hay muchas más cosas vinculadas con este asunto que sentimos que no deben comentarse con nadie y menos que nadie contigo, ya que te has convertido en un criminal degenerado, el único término adecuado para ti. Pero, Chance, creo que tengo que recordarte que una vez, hace mucho, el padre de esta chica escribió una receta para ti, una especie de receta médica: castración. Más vale que pienses en eso, pues te privaría de lo único que tienes para seguir sobreviviendo. (*Avanza hacia los escalones.*)

CHANCE: Estoy acostumbrado a esa amenaza. No me iré de St. Cloud sin mi chica.

SCUDDER (*desde los escalones*): No tienes ninguna chica en St. Cloud. Heavenly y yo vamos a casarnos el mes que viene. (*Se va abruptamente.*)

(Chance, *sacudido por lo que ha oído, se da vuelta y descuelga el teléfono, arrodillándose en el piso.*)

CHANCE: ¿Hola? St Cloud 525. Hola, ¿tía Nonnie? Es Chance, sí, Chance. Estoy en el Royal Palms y yo...

PRINCESA (*gritando*): *¡No uses mi nombre!*

CHANCE: ...está agotada, no se siente nada bien, señor Hatcher, y no está en condiciones de viajar... Estoy seguro de que usted no querrá asumir la responsabilidad de lo que le pueda pasar a la señorita Del Lago...

PRINCESA (*gritando de nuevo*): *¡No uses mi nombre!*

CHANCE: ...si intentar irse hoy en el estado en el que se encuentra... ¿o sí?

PRINCESA: *¡Cuelga!* (*Él lo hace. Va con su trago y con la botella hacia la* Princesa.) Quiero olvidarme de todo, quiero olvidar quién soy...

CHANCE (*alcanzándole el trago*): Dijo que...

PRINCESA (*bebiendo*): Por favor cállate, ¡estoy *olvidando*!

CHANCE (*sacándole el vaso*): De acuerdo, sigue olvidando. No hay nada mejor que eso, ojalá yo pudiera hacerlo...

PRINCESA: Yo puedo, lo haré. Estoy olvidando... estoy olvidando...

> (*Se recuesta.* Chance *va hacia los pies de la cama, donde parece ocurrírsele una idea. Deja la botella en el suelo, corre hasta la cómoda y toma un grabador. Lo lleva hacia la cama y lo pone en el piso. Mientras lo enchufa, tose.*)

¿Qué pasa?

CHANCE: Estoy buscando mi cepillo de dientes.

PRINCESA (*arrojando la máscara de oxígeno sobre la cama*): Por favor, ¿te llevarías esto?

CHANCE: ¿Estás segura de que aspiraste suficiente?

PRINCESA (*riéndose sin aliento*): Sí, por amor a Dios, llévatelo de aquí. Debo verme espantosa con eso puesto.

CHANCE (*tomando la máscara*): No, no, sólo se te ve exótica, como una princesa de Marte o un gran insecto ampliado.

PRINCESA. Gracias, controla el cilindro, por favor.

CHANCE: ¿Para qué?

PRINCESA: Controla el aire que quedó; hay una válvula en el cilindro que indica la presión...

CHANCE: Sigues respirando como un percherón que ha corrido una milla entera. ¿Estás segura de que no necesitas un médico?

PRINCESA: No, por amor a Dios... ¡no!

CHANCE: ¿Por qué te dan tanto miedo los médicos?

PRINCESA (*con voz ronca y rápidamente*): No los necesito. Lo que ocurrió no es nada. Me pasa a menudo. Algo me perturba... me entra adrenalina en la sangre y me quedo sin aire, eso es todo, eso es todo lo que pasa... Me desperté, no sabía dónde estaba ni con quién, me dio pánico... eso liberó adrenalina y me quedé sin aire...

CHANCE: ¿Ahora estás bien, Princesa? ¿Eh? (*Se arrodilla sobre la cama y la ayuda a estirar las almohadas.*)

PRINCESA: No del todo todavía, pero lo estaré. Lo estaré.

CHANCE: Estás llena de complejos, doña regordeta.

PRINCESA: ¿Cómo me llamaste?

CHANCE: Doña regordeta.

PRINCESA: ¿Por qué me llamas así? ¿Acaso he descuidado mi silueta?

CHANCE: Aumentaste unos buenos kilos después de esa desilusión que tuviste el mes pasado.

PRINCESA (*golpeándolo con una almohada*): ¿Qué desilusión? No recuerdo ninguna.

CHANCE: ¿Puedes controlar a tal punto tu memoria?

PRINCESA: Sí. He tenido que aprender. ¿Dónde estamos, en un hospital? Y tú, ¿qué eres, un enfermero?

CHANCE: Te cuido pero no soy tu enfermero.

PRINCESA: Pero eres mi empleado, ¿no es cierto? ¿Para hacer qué exactamente?

CHANCE: No me pagas un sueldo.

CHANCE (*apartándose de ella*): Tú has tenido tus experiencias, yo las mías. No puedes esperar que todo se arregle de entrada... Dos experiencias diferentes de dos personas diferentes. Naturalmente ciertas cosas tienen que arreglarse entre ellas antes de que haya un acuerdo total.

PRINCESA (*arrojando los anteojos sobre la mesa*): Saca de aquí esta lente astillada antes de que se me meta en el ojo.

CHANCE (*obedece la orden dejando caer con fuerza los anteojos contra la mesa de luz*): Te gusta dar órdenes, ¿no es cierto?

PRINCESA: Es algo a lo que parezco estar acostumbrada.

CHANCE: ¿Qué te parecería *obedecerlas*? ¿Ser esclava?

PRINCESA: ¿Qué hora es?

CHANCE: Mi reloj está empeñado en alguna parte. ¿Por qué no miras el tuyo?

PRINCESA: ¿Dónde está el mío?

(*Él se estira perezosamente sobre la mesa de luz y se lo alcanza.*)

CHANCE: Está parado a las siete y cinco.

PRINCESA. Seguramente es más tarde ahora, o más temprano, no es ninguna hora cuando yo...

CHANCE: Platino, ¿no?

PRINCESA: No, apenas oro blanco. Nunca viajo con nada de valor.

CHANCE: ¿Por qué? ¿Te roban mucho? ¿Eh? ¿A menudo te "enrollan"?

PRINCESA: ¿Me qué?

CHANCE: Te "enrollan". ¿No es una expresión de tu vocabulario?

PRINCESA: Dame el teléfono.

CHANCE: ¿Para qué?

PRINCESA: Te dije que me dieras el teléfono.

CHANCE: Ya lo sé. Y yo pregunté ¿para qué?

PRINCESA: Quiero averiguar dónde estoy y quién está conmigo.

CHANCE: Tómatelo con calma.

PRINCESA: ¿Me das el teléfono?

CHANCE: Tranquila. Te estás quedando sin aire de nuevo...

(La toma de los hombros.)

PRINCESA: Por favor, suélteme.

CHANCE: ¿No te sientes segura conmigo? Recuéstate. Recuéstate contra mí.

PRINCESA: ¿Qué me recueste?

CHANCE: Así, así. Ahí...

(La rodea con sus brazos. La Princesa descansa en ellos, jadeando un poco, como un conejo atrapado.)

PRINCESA: Te da una horrible sensación de estar atrapada este, este bloqueo de la memoria... Me siento como si alguien que amaba hubiera muerto hace poco y no quiero recordar quién pudo haber sido.

CHANCE: ¿Recuerdas tu nombre?

PRINCESA: Sí, lo recuerdo.

CHANCE: ¿Cómo te llamas?

PRINCESA: Creo que hay algún motivo por el cual prefiero no decírtelo.

CHANCE: Bueno, ocurre que lo sé. Te registraste bajo un nombre falso en Palm Beach, pero yo descubrí el verdadero. Y me lo reconociste.

PRINCESA: Soy la princesa Kosmonopolis.

PRINCESA: Esas palomas parecen afónicas. Me suenan más como gaviotas. Por supuesto, podrían ser palomas con laringitis.
(Chance *la mira con su vacilante sonrisa y se ríe suavemente.*)
¿Me ayudarías, por favor? Estoy por levantarme.

CHANCE: ¿Qué quieres? Te lo alcanzo.

PRINCESA: Quiero ir a la ventana.

CHANCE: ¿Para qué?

PRINCESA: Para mirar afuera.

CHANCE: Te puedo describir la vista.

PRINCESA: No estoy segura de confiar en tu descripción. ¿BIEN?

CHANCE: De acuerdo, *arriba joyita.*

PRINCESA: ¡Dios mío! Te dije que me ayudaras, no... ¡que me arrojaras sobre la alfombra! (*Se balancea un momento, mareada, aferrándose a la cama. Luego toma aire y se dirige a la ventana.*)

(*La* Princesa *hace una pausa mientras mira hacia afuera, entrecerrando los ojos ante el resplandor del mediodía.*)

CHANCE: Bueno, ¿qué ves? Dame tu descripción de la vista, Princesa.

PRINCESA (*enfrentando al público*): Veo un jardín de palmeras.

CHANCE: Y una carretera de cuatro carriles del otro lado.

PRINCESA (*entrecerrando los ojos y protegiéndoselos*): Sí, veo eso y una zona de playa con bañistas y, después, una extensión infinita de agua y... (*Grita quedamente y se aparta de la ventana.*)

CHANCE: ¿Qué?...

33

PRINCESA: Oh, Dios, recuerdo lo que no quería recordar. ¡El maldito fin de mi vida!

(*Aspira profunda y temblorosamente.*)

CHANCE (*corriendo a su lado*): ¿Qué ocurre?

PRINCESA: Ayúdame a ir a la cama de nuevo. ¡Oh Dios, claro que no quería recordar, no era ninguna tonta!

(*Él la ayuda a llegar a la cama. Hay una inequívoca simpatía en los gestos de él, por superficial que sea.*)

CHANCE: ¿Oxígeno?

PRINCESA (*dando otro suspiro profundo y tembloroso*): ¡No! ¿Dónde está la merca? ¿La dejaste en el auto?

CHANCE: Ah, ¿la merca? Bajo el colchón. (*Se mueve hacia el otro lado de la cama y saca una bolsita.*)

PRINCESA: Un lugar estúpido para guardarla.

CHANCE (*sentándose a los pies de la cama*): ¿Qué tiene de malo debajo del colchón?

PRINCESA (*sentándose al borde de la cama*): En el mundo existen mucamas, por ejemplo, que hacen la cama y encuentran cosas bajo el colchón.

CHANCE: Esto no es marihuana. ¿Qué es?

PRINCESA: ¿No sería lindo? Un año en la cárcel, en una de esas prisiones modelo para adictos distinguidos. ¿Qué es? ¿No sabes lo que es, hermoso y estúpido jovencito? Es hashish marroquí, el mejor.

CHANCE: ¡Oh, hash! ¿Cómo lo pasaste por la aduana cuando volviste para tu *rentrée*?

PRINCESA: No lo pasé por la aduana. El médico del barco me dio inyecciones mientras esta merca volaba sobre el océano rumbo a un joven caballero lleno de mañas, que pensó que podía chantajearme por eso. (*Se pone las chinelas con un gesto vigoroso.*)

CHANCE : ¿No pudo?

PRINCESA: Claro que no. Le desarmé el plan.

CHANCE: ¿Te diste inyecciones mientras venías?

PRINCESA: Con la neuritis que padezco tuve que hacerlo. Vamos, dámelo.

CHANCE: ¿No quieres que te lo arme bien?

PRINCESA: Hablas demasiado. Haces demasiadas preguntas. Necesito algo en seguida.

(*Se levanta.*)

CHANCE: Soy nuevo en estas cosas.

PRINCESA: Estoy segura, si no, no discutirías el tema en un cuarto de hotel...

(Ella se vuelve hacia el público e intermitentemente cambia el centro de su atención.)

Durante años, todos me dijeron que era una ridiculez mía pensar que no podía volver a la pantalla o al escenario para encarnar a mujeres maduras. Me dijeron que era una artista, no sólo una estrella cuya carrera dependía de la juventud. Pero en lo más profundo de mi corazón yo sabía que la leyenda de Alexandra Del Lago no podía separarse de un aspecto juvenil...

No hay conocimiento más valioso que saber el momento exacto para irse. Yo lo supe. Me fui en el momento en que había que irse. ¡ME RETIRÉ! ¿A dónde? ¿A qué? A ese planeta muerto llamado luna...

No hay otro lugar donde retirarse cuando uno se retira del arte, porque, crease o no, en una época yo fui realmente una artista. Así que me retiré a la luna, pero la atmósfera de la luna no tiene oxígeno. Empecé a sentir que me faltaba el aire en ese país marchito y que todo lo marchita, donde el tiempo transcurre sin sentido, y así descubrí... ¿Todavía no lo armaste?

(Chance *se pone de pie y va hacia ella con el cigarrillo que ha estado armando.*)

¡Descubrí esto!

Y otras prácticas como ésta para adormecer el tigre que rugía en mis nervios... ¿Por qué el tigre insatisfecho? ¿Por qué en la selva de mis nervios? ¿Por qué siempre hay algo, en todas partes, insatisfecho y rugiendo?...

Pregúntale a algún médico. Pero no creas en su respuesta porque no es... la respuesta... Lo sería si yo hubiera sido vieja pero, sabes, no era vieja...

Simplemente no era joven, había dejado de ser joven, joven. Simplemente ya no era joven...

CHANCE: Ya nadie es joven...

PRINCESA: Pero sabes, no podía envejecer con ese tigre todavía rugiendo dentro de mí.

CHANCE: Nadie puede envejecer...

PRINCESA: Las estrellas retiradas a veces dan clases de actuación. O se dedican a la pintura, pintan flores en jarrones o paisajes. Podría haber pintado los paisajes del país sin fronteras y marchito en el que vagaba como una nómade perdida. Si pudiera pintar desiertos y nómades, si pudiera pintar... ja, ja, ja...

CHANCE : Shh, shh, sh...

PRINCESA: ¡Lo lamento!

CHANCE: Fuma.

PRINCESA: ¡Sí, fumar! Y después los amantes jóvenes...

CHANCE: ¿Yo?

PRINCESA: ¿Tú? Sí, finalmente tú. Pero vienes después de mi *rentrée*. Ja... Ja... La gloriosa *rentrée*, cuando me convertí en una idiota y volví... La pantalla es un espejo muy nítido. Hay una cosa llamada primer plano. La cámara avanza y tú te quedas quieta y tu cabeza, tu cara, queda presa en el marco del cuadro con una luz resplandeciente sobre ella… y toda tu terrible historia grita mientras sonríes…

CHANCE: ¿Cómo lo sabes? Tal vez no fue un fracaso, tal vez sólo estabas asustada, hecha una gallina, Princesa… ja, ja, ja…

PRINCESA: No un fracaso… después de ese primer plano jadearon… La gente jadeó…

Los oí susurrar, susurros conmocionados. ¿Ésa es ella? ¿Ésa es ella? ¿Ella?… Cometí el error de usar un vestido muy complicado para el estreno, un vestido con una cola que tuve que recoger cuando me levanté de la butaca y comencé la interminable retirada de la ciudad en llamas, adelante, adelante, adelante por el pasillo insoportablemente largo del cine, jadeando para no quedarme sin aire y siempre aferrando la regia cola blanca de mi vestido, adelante por la longitud… eterna del pasillo, y detrás de mí un hombrecito desconocido que intentaba agarrarme exclamando ¡quédese, quédese! Por fin llegué a lo alto del pasillo, me di vuelta y le pegué, luego dejé caer la cola, me olvidé de ella y traté de correr por las escaleras de mármol. Por supuesto que me tropecé, caí y rodé, rodé como la puta borracha de un marinero hasta el último escalón… Unas manos, unas piadosas manos sin rostro me ayudaron a ponerme de pie. ¿Después de eso? La huida, sólo la huida ininterrumpida hasta que me desperté esta mañana… Oh Dios, se acabó…

CHANCE: Déjame armarte otro. ¿Eh? ¿Te armo otro?

PRINCESA: Déjame terminar el tuyo. No puedes retirarte con el corazón aullante de una artista todavía aullando en tu cuerpo, en tus nervios, en tu, ¿qué? ¿Corazón? Oh, no, ése se acabó, ése…

CHANCE (*va hacia ella, le quita el cigarrillo de la mano y le da uno nuevo*): Aquí tienes, te armé otro… Princesa, te armé otro…

(*Se sienta en el piso, recostándose contra los pies de la cama.*)

PRINCESA: Bueno, más tarde o más temprano, en algún momento de tu vida, pierdes o abandonas aquello por lo que has vivido y entonces... mueres, o encuentras otra cosa. Ésta es mi otra cosa... (*Se acerca a la cama.*) Y generalmente tomo las precauciones más fantásticas para que no me descubran... (*Se sienta sobre la cama, luego se recuesta de espaldas, con la cabeza hacia los pies, cerca de la de él.*) No logro comprender qué se apoderó de mí para contarte esto. Sabiendo tan poco sobre ti como parezco saber.

CHANCE: Sin duda te inspiré bastante confianza.

PRINCESA: Si es así, me he vuelto loca. Ahora dime algo. ¿Qué es esa extensión de agua, ese mar, del otro lado del jardín de palmeras y la carretera de cuatro carriles? Te lo pregunto porque ahora recuerdo que giramos hacia el oeste desde el mar, cuando tomamos aquel camino llamado Vieja Carretera Española.

CHANCE: Volvimos al mar.

PRINCESA: ¿Qué mar?

CHANCE: El Golfo.

PRINCESA: ¿El Golfo?

CHANCE: El golfo de malentendidos entre tú y yo...

PRINCESA: ¿No nos entendemos? ¿Y estamos aquí fumando esto?

CHANCE: Princesa, no olvides que este hashish es tuyo, que me lo diste tú.

PRINCESA: ¿Qué estás tratando de demostrar? (*Doblan campanas de iglesia.*) Los domingos son muy largos.

CHANCE: No niegas que era tuyo.

PRINCESA: ¿Qué era mío?

CHANCE: Lo entraste en el país, lo entraste de contrabando a Estados Unidos a través de la aduana y tenías una buena provisión en ese hotel de Palm Beach de donde nos pidieron que nos fuéramos antes de que estuvieras dispuesta a hacerlo, porque su aroma se coló en el pasillo una noche de brisa.

PRINCESA: ¿Qué estás tratando de demostrar?

CHANCE: ¿No niegas que me iniciaste en su consumo?

PRINCESA : Chiquito, dudo mucho de tener algún vicio en el que tenga que iniciarte.

CHANCE: No me llames "chiquito".

PRINCESA: ¿Por qué no?

CHANCE: Suena condescendiente. Y todos mis vicios los tomé de otras personas.

PRINCESA: ¿Qué estás tratando de demostrar? Ahora ha vuelto mi memoria y con demasiada claridad. Esta práctica compartida fue lo que nos acercó. Cuando entraste en mi cabaña para darme una de esas friegas con crema de papaya, oliste, sonreíste y dijiste que te gustaría fumarte un cigarrillo.

CHANCE: Eso es. Conocía el olor.

PRINCESA: ¿Qué estás tratando de demostrar?

CHANCE: Me preguntaste cuatro o cinco veces qué estoy tratando de demostrar, la respuesta es nada. Sólo me estoy asegurando de que ahora se te ha aclarado la memoria. ¿Entonces recuerdas que yo entré en tu cabaña para darte esa friega de crema de papaya?

PRINCESA: ¡Claro que sí, Carl!

CHANCE: Mi nombre no es Carl. Es Chance.

PRINCESA: Dijiste que te llamabas Carl.

CHANCE: Siempre llevo un nombre extra en el bolsillo.

PRINCESA: No eres un criminal, ¿no es cierto?

CHANCE: No, señora, no lo soy. Tú eres la que cometió una transgresión federal.

(Ella lo mira un momento y luego va a la puerta que lleva al corredor, mira afuera y escucha.)
¿Para qué hiciste eso?

PRINCESA *(cerrando la puerta)*: Para ver si había alguien plantado detrás de la puerta.

CHANCE: ¿Todavía no confías en mí?

PRINCESA: ¿En alguien que me da un nombre falso?

CHANCE: Tú te registraste bajo un nombre falso en Palm Beach.

PRINCESA: Sí, para evitar enterarme de cualquier cosa sobre el desastre del que estaba huyendo o que me dieran condolencias. *(Cruza hacia la ventana. Hay una pausa seguida por el "Lamento".)* ¿Así que no hemos llegado a ningún acuerdo?

CHANCE: No señora, no a uno completo.

(La Princesa le da la espalda a la ventana y lo mira desde allí.)

PRINCESA: ¿Cuál es la artimaña? ¿El enganche?

CHANCE: El habitual.

PRINCESA: ¿Cuál es?

CHANCE: ¿Acaso no todos se ofrecen por algo?

PRINCESA: ¿Es decir que te ofreces por algo?

CHANCE: Ajá...

PRINCESA: ¿Qué?

CHANCE: Dijiste que tenías una gran cantidad de acciones, más de la mitad, de una especie de estudio de segunda categoría en Hollywood y que podías contratarme. Dudé de tu palabra. No te pareces a ninguna farsante que haya conocido antes, pero las farsantes vienen en todos los tipos y tamaños. Así que me ofrecí, incluso después de que cerramos la puerta de tu cabaña para las friegas de crema de papaya... Mandaste un telegrama pidiendo unos papeles que firmamos. Tres extraños que encontré en un bar fueron testigos y los certificaron.

PRINCESA: ¿Entonces por qué sigues ofreciéndote?

CHANCE: No tuve mucha fe en el asunto. Sabes, puedes comprar esos papeles por tres centavos en tiendas de chascos. Me han engañado y estafado demasiadas veces para que confíe en cualquiera cosa que pueda ser falsificada.

PRINCESA: Eres astuto. Sin embargo, tengo la impresión de que ha habido cierta intimidad entre nosotros.

CHANCE: Cierta. Nada más. Quería retener tu interés.

PRINCESA: Entonces calculaste mal. Mi interés siempre aumenta con la satisfacción.

CHANCE: Entonces eres poco común también en ese aspecto.

PRINCESA: En todos los aspectos soy poco común.

CHANCE: Pero supongo que el contrato que firmamos está lleno de escapatorias.

PRINCESA: Honestamente, sí, lo está. Podría no cumplirlo si quisiera. Y también el estudio. ¿Tienes algún talento?

CHANCE: ¿Para qué?

PRINCESA: ¡Para actuar, querido, *ACTUAR*!

CHANCE: No estoy tan seguro como lo estaba antes. He tenido más oportunidades de las que puedo contar con los dedos y cada vez casi lo logré, pero no del todo. Algo siempre me bloquea...

PRINCESA: ¿Qué? ¿Qué? ¿Tú *sabes* qué es? (*Él se pone de pie. El "Lamento" se oye muy quedamente.*) ¿Miedo?

CHANCE: No, miedo no, terror... si no fuera así ¿crees acaso que sería tu maldito cuidador, conduciéndote por el país? ¿Levantándote cuando te caes? ¿Te parece? Si no fuera por ese bloqueo, ¿qué sería sino una estrella?

PRINCESA: ¡*CARL*!

CHANCE: Chance... Chance Wayne. Estás volada.

PRINCESA: Chance, vuelve a tu juventud. Deja de lado esta falsa y desagradable dureza y...

CHANCE: ¿Y que me engañe cada estafador con el que me cruzo?

PRINCESA: Yo no soy una farsante, créeme.

CHANCE: Está bien, ¿qué es lo que quieres? Vamos, dilo, Princesa.

PRINCESA: Chance, ven aquí. (*Él sonríe pero no se mueve.*) Ven aquí y consolémonos uno al otro. (*Él se pone en cuclillas junto a la cama; ella lo rodea con sus brazos desnudos.*)

CHANCE: ¡Princesa! ¿Sabes algo? Toda esta conversación ha sido grabada en cinta.

PRINCESA: ¿De qué estás hablando?

CHANCE: Escucha. Te la voy a pasar. (*Descubre el grabador; se acerca a ella con el auricular.*)

PRINCESA: ¿Cómo conseguiste eso?

CHANCE: Me lo compraste en Palm Beach. Dije que lo quería para mejorar mi dicción...

> (*Presiona el botón "reproducir" del grabador. Lo que se dice en la columna de la izquierda puede pasarse por altoparlantes o suprimirse.*)

(REPRODUCCIÓN)

PRINCESA: ¿Qué es? ¿No sabes lo que es, hermoso y estúpido jovencito? Es hashish marroquí, el mejor.

PRINCESA: Qué tipo avivado eres.

CHANCE: ¡Oh, hash! ¿Cómo lo pasaste por la aduana cuando volviste para tu *rentrée*?

CHANCE: ¿Qué se siente al estar sentado sobre una bomba?

PRINCESA: No lo pasé por la aduana. El médico del barco....

(*Él apaga el grabador y recoge las cintas.*)

PRINCESA: Esto es chantaje, ¿no es cierto? ¿Dónde está mi estola de visón?

CHANCE: No te la robé.*

(Se la arroja despectivamente desde una silla.)

PRINCESA: ¿Dónde está mi alhajero?

CHANCE *(tomándolo del piso y arrojándolo a la cama)*: Aquí.

PRINCESA *(abriéndolo y empezando a ponerse algunas joyas)*: Cada pieza está asegurada y descripta en detalle en el Lloyd's de Londres.

CHANCE: ¿*Quién* es una tipa avivada? ¿Ahora quieres tu billetera para poder contar tu dinero?

PRINCESA: No llevo dinero conmigo, sólo cheques de viajero.

CHANCE: Ya me di cuenta de eso. Pero tengo una pluma fuente con la que puedes firmarlos.

PRINCESA: ¡Jo, jo!

CHANCE: "¡Jo, jo!" Qué risa más falsa; si así es como finges una risa, sin duda no estuviste bien en tu película de *rentrée*...

PRINCESA: ¿Hablas en serio de este intento de chantajearme?

CHANCE: Más te vale creerlo. Hiciste un negocio sucio y estás cubierta de mugre, Princesa. Entiendes ese lenguaje.

PRINCESA: El lenguaje del albañal lo entiende en cualquier parte quien hay caído en él.

CHANCE: Ah, entonces *sí* que entiendes.

PRINCESA: ¿Y si no cumplo con esta orden tuya?

CHANCE: Sigues teniendo un nombre, sigues siendo un personaje, Princesa. ¿Te gustaría que una de estas cintas grabadas llegara a *Confidencial* o *Chimentos* o *Rumores* o al Departamento de Narcóticos del F.B.I.? Y voy a hacer un montón de copias. ¿Eh? ¿Princesa?

---

* En inglés hay un juego homofónico intraducible entre *stole*, "estola" y *stolen*, "robada". (N. de la T.)

PRINCESA: Estás temblando y sudando... ves, este papel no te sienta, simplemente no lo haces bien, Chance... (Chance *pone las cintas en una maleta.*) Me molesta pensar qué tipo de desesperación te ha llevado a tratar de intimidarme, *¿A MÍ? ¿ALEXANDRA DEL LAGO?*, con esa ridícula amenaza. Mira, es tan tonto que resulta conmovedor, directamente adorable, me hace sentir cerca de ti, Chance. Eres de buena familia, ¿no es cierto? Una familia de buena raza sureña, decente por tradición, con sólo una desventaja: una corona de laurel en la frente, que te pusieron demasiado pronto, sin que te la ganaras con el suficiente esfuerzo... ¿Dónde está tu álbum de recortes, Chance? (*Él avanza hacia la cama, saca una libreta de cheques de viajero de la cartera de ella y se la extiende.*) ¿Dónde está tu álbum lleno de pequeñas noticias teatrales y fotos que te muestran con el telón de fondo de...

CHANCE: ¡Vamos! ¡Vamos! Empieza a firmar... o...

PRINCESA (*señalando el baño*): *¿O QUÉ?* Ve a darte una ducha de agua fría. No me gustan los cuerpos calientes y transpirados en clima tropical. Así es, quiero y aceptaré, sin embargo... bajo ciertas condiciones que te dejaré bien en claro.

CHANCE: Toma. (*Arroja la chequera sobre la cama.*)

PRINCESA: Saca eso de ahí. Y tu pluma fuente que chorrea... Cuando un monstruo se encuentra con otro monstruo, uno de los dos tiene que ceder, *Y NUNCA SERÉ YO*. Tengo más tiempo en el asunto... Pero mira, estás poniendo un poco el carro delante del caballo. Los cheques firmados son una forma de pago, primero viene la entrega de la mercadería. Sin duda puedo afrontarlo, podría deducirte de impositiva como mi guardián, Chance, recuerda que antes fui una estrella, pagué grandes impuestos... y tuve un marido que era un príncipe de las finanzas. Me enseñó a manejarme con el dinero... Mira, Chance, ahora presta suma atención mientras te cuento las condiciones muy especiales bajo las cuales te mantendré empleado... después de tu error de cálculo...

Olvídate de la leyenda que fui y de la ruina de esa leyenda. Tenga o no una enfermedad del corazón que pone un fin prematuro a mi vida, ni palabra de eso, ni la menor alusión jamás. Ninguna mención a la muerte, nunca, nunca una palabra sobre ese tema odioso. Me han acusado de tener un deseo de muerte, pero creo que lo que deseo terrible y desvergonzadamente es la vida, en las circunstancias que sea.

Cuando digo "ahora", la respuesta no debe ser "más tarde". Tengo una sola forma de olvidar las cosas que no quiero recordar: hacer el amor. Es la única distracción confiable, de manera que cuando digo "ahora", porque necesito esa distracción, tiene que ser ahora, no más tarde.

(Se dirige a la cama. Él se levanta del lado opuesto de la cama y va a la ventana. Ella observa su mirada mientras él mira por la ventana. Pausa: "Lamento".)

PRINCESA*(finalmente con suavidad)*: Chance, necesito esa distracción. Es hora de que averigüe si eres capaz de dármela. No debes aferrarte a tu pequeña idea idiota de que puedes aumentar tu valor alejándote y mirando por la ventana cuando alguien te desea... Yo te deseo... Digo ahora y quiero decir ahora, después de eso y no antes voy a llamar abajo para decirle al cajero del hotel que le envío a un joven con algunos cheques de viajero para que me los cambie por efectivo...

CHANCE *(dándose vuelta lentamente desde la ventana)*: ¿No te da vergüenza, al menos un poquito?

PRINCESA: Claro que sí. ¿A ti no?

CHANCE: Más que un poquito.

PRINCESA: Cierra las persianas, corre las cortinas.

(Él obedece las órdenes.)

Ahora busca un poco de música suave en la radio, ven aquí, conmigo, y hazme casi creer que somos una pareja de amantes jóvenes que no tienen nada de vergüenza.

SEGUNDA ESCENA

(Cuando se levanta el telón, la Princesa *tiene una pluma fuente en la mano y está firmando cheques.* Chance, *ahora con pantalones oscuros, medias y mocasines a la moda, está poniéndose la camisa y habla mientras se alza el telón.)*

CHANCE: Sigue escribiendo, ¿se secó la lapicera?

PRINCESA: Empecé por la parte de atrás de la chequera, donde están los grandes.

CHANCE: Sí, pero te detuviste demasiado pronto.

PRINCESA: Está bien, uno más de adelante de la chequera como muestra de cierta satisfacción. Dije cierta, no completa.

CHANCE *(levantando el teléfono)*: Operador... Deme con el cajero por favor.

PRINCESA: ¿Para qué haces eso?

CHANCE: Tienes que decirle al cajero que me envías abajo con unos cheques de viajero para cambiar.

PRINCESA: ¿Tienes que? ¿Dijiste tienes que?

CHANCE: ¿Cajero? Un momento. La Princesa Kosmonopolis. *(Le entrega el teléfono con violencia.)*

PRINCESA *(hablando por teléfono)*: ¿Quién es? Pero no quiero hablar con el cajero. Mi reloj se paró y quiero saber la hora exacta... ¿Las tres y cinco? Gracias... dice que son las tres y cinco. *(Cuelga y le sonríe a* Chance.*)* No estoy dispuesta a quedarme sola en este cuarto. Ahora no nos peleemos más por cositas como ésta, ahorremos nuestra fuerza para las grandes. Haré que te cambien los cheques apenas me haya puesto la cara. No quiero quedarme sola en este lugar hasta que me haya puesto la cara con la que enfrento al mundo, querido. Tal vez cuando lleguemos a conocernos, nunca más

pelearemos por cositas, las peleas se acabarán; tal vez
ni siquiera peleemos por grandes cosas, querido.
¿Abrirías un poco las persianas, por favor? (*Él no
parece escucharla. Se oye el "Lamento".*) No voy a
poder verme la cara en el espejo... Abre las persianas,
no voy a poder verme la cara en el espejo.

CHANCE: ¿Quieres verla?

PRINCESA (*señalándolo*): ¡Desgraciadamente tengo que
hacerlo! ¡Abre las persianas!

(*Lo hace. Se queda junto a las persianas abiertas,
mirando mientras continúa oyéndose el "Lamento".*)

CHANCE: Nací en esta ciudad. Nací en St. Cloud.

PRINCESA: Es una buena forma de empezar a contar la historia de tu vida. Cuéntame la historia de tu vida. Me
interesa, realmente me gustaría conocerla. Hagamos
que sea tu audición, una especie de prueba cinematográfica para ti. Puedo verte por el espejo mientras me
maquillo la cara. Cuéntame la historia de tu vida y, si
retienes mi atención con la historia de tu vida, sabré que
tienes talento y le mandaré un telegrama a mi estudio
de la Costa diciendo que estoy viva y rumbo allá con un
muchacho llamado Chance Wayne que me parece man-
dado a hacer para ser un gran galán.

CHANCE (*avanzando hacia el proscenio*): Ésta es la ciudad
donde nací y donde viví hasta hace diez años, St. Cloud.
Era un bebé normal y sano de cinco kilos, pero con cierta cantidad de "X" en mi sangre, un deseo o una necesidad de ser diferente... Los chicos con los que crecí
están casi todos aquí y "tienen una posición", como
se dice: tienen ocupaciones importantes, se casaron y
están criando hijos. El grupo al que pertenecía y del que
era la estrella, era el de la gente bien y paqueta, los

que tenían apellidos y dinero. Yo no tenía ni lo uno ni lo otro... (*La* Princesa *emite una suave risa desde la zona penumbrosa donde está.*) Lo que tenía era ... (*La* Princesa *se da vuelta a medias, con el cepillo que tiene en la mano iluminado por un débil y polvoriento rayo de luz.*)

PRINCESA: *¡BELLEZA!* ¡Dilo! ¡Dilo! ¡Lo que tenías era belleza! ¡Yo la tenía! Lo digo con orgullo, al margen de lo triste que resulta que ahora se haya desvanecido.

CHANCE: Sí, bueno... los otros... (*La* Princesa *continúa cepillándose el cabello y el súbito rayo de luz fría que la iluminaba se vuelve a apagar.*) ... ahora son todos miembros de la gran sociedad joven de aquí. Las chicas son jóvenes matronas, que juegan *bridge* y los muchachos pertenecen a la Cámara Junior de Comercio y, algunos de ellos, a clubes en Nueva Orleáns, como el Rex y el Comus, y desfilan en las carrozas del *Mardi Gras*. ¿Maravilloso? No, aburrido... yo quería, esperaba, trataba de lograr algo mejor... Sí, y lo hice, lo conseguí. Hice cosas con las que esa banda de tarados nunca soñó. Demonios, cuando ellos todavía estaban en primer año de la Universidad de Tulane o L.S. u Ole Miss, yo canté en el coro del musical más espectacular de Nueva York, en *Oklahoma*, y salieron fotos mías en *Life* vestido de cowboy y arrojando un sombrero enorme por el aire. ¡YIPI...IIIIIII! ¡Ja, ja!... Y al mismo tiempo avancé en mi otra vocación...

Tal vez la única para la que estaba verdaderamente dotado, acostarme con mujeres... ¡Me acosté con la Guía Azul de Nueva York! Con viudas y esposas de millonarios y con hijas recién presentadas en sociedad que tenían apellidos tan famosos como Vanderbrook, Masters, Halloway y Connaught, apellidos mencionados cotidianamente en columnas de Sociales y cuyas tarjetas de crédito son sus rostros... y...

PRINCESA: ¿Con qué te pagaban?

CHANCE: Le daba a la gente más de lo que tomaba. A las maduras les devolvía una sensación de juventud. ¿A las chicas solitarias? ¡Comprensión, valoración! Una exhibición de cariño absolutamente convincente. ¿Mujeres tristes, mujeres perdidas? ¡Algo de luz y de ánimo! ¿Excéntricas? Tolerancia, incluso cosas raras que anhelaban...

Pero siempre, justo en el momento en que podía obtener algo que resolvería mi propia necesidad, que era grande, de elevarme a su nivel, el recuerdo de mi chica me hacía volver a esta ciudad... y cuando venía a casa a visitarla, la pucha, sí, la ciudad zumbaba de excitación. Te lo aseguro, todo ardía, y entonces llegó ese asunto en Corea. Estuve a punto de que me chuparan en el Ejército, pero entré en la Marina porque el uniforme de marinero me sentaba más, el uniforme era lo único que me sentaba, sin embargo...

PRINCESA: ¡Ajá!

CHANCE (*burlándose de ella*): Ajá. No podía soportar la maldita rutina, la disciplina...

No paraba de pensar y eso paraliza todo. Tenía veintitrés años, era la cima de mi juventud y sabía que mi juventud no duraría mucho. Para cuando saliera, vaya uno a saberlo, ¡podía estar cerca de los treinta! ¿Quién se acordaría de Chance Wayne? En una vida como la mía, no puedes detenerte, sabes, no puedes tomarte tiempo entre cada paso, tienes que ir derecho de una cosa a la otra; una vez que caes, la vida te deja y se va sin ti, te barre de un plumazo.

PRINCESA: Me parece que no sé de qué estás hablando.

CHANCE: Estoy hablando del desfile. ¡*EL* desfile! ¡El desfile de los chicos que triunfan, de eso estoy hablando, no de un desfile de marineros sobre una cubierta mojada! Y entonces una mañana me pasé el peine por el pelo y noté que ocho o diez pelos se quedaron prendidos en él, una señal de advertencia de futura calvicie. Mi cabello todavía era espeso. ¿Pero lo sería en cinco años, incluso en tres? Cuánto tardaría en terminar la guerra, esa idea me asustaba. Empecé a tener malos sueños. Pesadillas y sudores fríos de noche…, tenía palpitaciones y cuando salía de licencia me emborrachaba y despertaba en lugares extraños con rostros que nunca había visto en la almohada de al lado. Cuando me miraba al espejo, mis ojos tenían una expresión salvaje… se apoderó de mí la idea de que no sobreviviría a la guerra, que no regresaría, que toda la diversión y la gloria de ser Chance Wayne se volverían humo en el momento en que entraran en contacto mi cerebro y un pedazo de acero caliente que, por casualidad, estaba en el aire en el mismo momento y lugar que mi cabeza… ese pensamiento no me consolaba nada. Imagínate toda una vida de sueños, ambiciones y esperanzas disolviéndose en un instante, borrada como un problema de aritmética escrito en un pizarrón al que se le pasa una esponja húmeda… sólo por un pequeño accidente como una bala, ni siquiera apuntada a ti sino disparada al espacio, y entonces me derrumbé, mis nervios se desquiciaron. Me eximieron del servicio por problemas médicos y volví a mi ciudad natal vestido de civil; en ese momento me di cuenta de lo diferentes que se habían vuelto la ciudad y la gente. ¿Educados? Sí, pero no cordiales. Nada de titulares en los diarios, sólo una notita que medía dos centímetros en el fondo de la página cinco, diciendo que Chance Wayne, el hijo de la señora Emily Wayne de la calle

North Front había sido eximido honrosamente del servicio en la Marina como consecuencia de una enfermedad y estaba en casa para recuperarse... Entonces fue cuando Heavenly se volvió más importante para mí que cualquier otra cosa...

PRINCESA: ¿ Heavenly es el nombre de la chica?

CHANCE: Sí, Heavenly es el nombre de la chica que tengo en St. Cloud.

PRINCESA: ¿Heavenly es el motivo por el cual nos detuvimos aquí?

CHANCE: ¿Qué otro motivo para detenernos aquí se te ocurre?

PRINCESA: Así que... me están usando. ¿Por qué no? Hasta un caballo de carrera muerto se usa para hacer cola. ¿Es linda?

CHANCE (*alcanzándole una instantánea a la* Princesa): Es una foto con flash que le tomé, desnuda, una noche en Cayo Diamante. Es un pequeño banco de arena a media milla de la costa, que queda cubierto por el agua cuando hay marea alta. La tomé cuando subía la marea. El agua está empezando a lamer su cuerpo como si lo deseara tanto como yo lo deseaba y sigo deseándolo y siempre lo desearé, siempre. (Chance *vuelve a tomar la instantánea.*) Se llama Heavenly. Como ves, el nombre le sienta.* Aquí tenía quince años.

PRINCESA: ¿Fue tuya tan chica?

CHANCE: Yo tenía sólo dos años más, así que fuimos uno del otro tan chicos.

PRINCESA: ¡Gran suerte!

CHANCE: Princesa, en este mundo la gran diferencia entre

---

* *Heavenly* quiere decir "celestial" en inglés. Si bien podría traducirse por Celeste para mantener la connotación que tiene en inglés, he preferido dejarlo en el idioma original como los demás nombres para mantener la coherencia. (N. de la T.)

la gente no se da entre los ricos y los pobres o entre el bueno y el malo, la mayor de todas las diferencias de este mundo es entre los que gozan o gozaron del amor y los que no gozan ni han gozado del amor, sino que lo han mirado con envidia, envidia enfermiza. Los espectadores y los actores. No me refiero al placer común o al que se puede comprar, quiero decir el gran placer, y nada de lo que nos haya ocurrido a mí o a Heavenly desde entonces puede anular las muchas y largas noches sin dormir en que nos dábamos tanto placer en el amor como muy pocas personas pueden recordar en su vida...

PRINCESA: Ninguna pregunta que hacerte, sigue con tu historia.

CHANCE: Cada vez que volvía a St. Cloud volvía a encontrar su amor...

PRINCESA: ¿Algo permanente en un mundo de cambios?

CHANCE: Sí, después de cada desilusión, de cada fracaso en cualquier cosa, volvía a ella como si me internara en un hospital.

PRINCESA: ¿Ponía vendas limpias en tus heridas? ¿Por qué no te casaste con esta pequeña médica que era Heavenly para ti?

CHANCE: ¿No te dije que Heavenly es la hija del Jefe Finley, el factotum político más importante de esta zona del país? Bueno, si no lo hice cometí una seria omisión.

PRINCESA: ¿Él lo desaprobaba?

CHANCE: Se figuraba que su hija se merecía alguien cien, mil por ciento mejor que yo, Chance Wayne... La última vez que volví, ella me llamó desde la tienda de refrescos y me dijo que fuera nadando hasta Cayo Diamante, que ella me encontraría allí. Esperé mucho, casi hasta la caída del sol y la marea comenzó a subir antes de que oyera el ruido de una lancha con motor fuera de borda que se acercaba al banco de arena. El sol estaba detrás de ella y yo tuve que fruncir los ojos. Llevaba un traje de baño de seda húmedo y los abanicos de agua y niebla formaban arco iris a su alrededor... se puso de pie en el barco como si estuviera haciendo esquí acuático, y me gritó cosas mientras daba vueltas alrededor del banco de arena, una y otra vez.

PRINCESA: ¿No bajó al banco de arena?

CHANCE: No, sólo daba vueltas a su alrededor, gritándome cosas. Yo nadaba hacia el bote, estaba a punto de alcanzarlo y ella se escapaba, lanzando arco iris de niebla, desapareciendo en medio de los arco iris y después volviendo a girar alrededor y a gritarme cosas...

PRINCESA: ¿Qué cosas?

CHANCE: Cosas como, "Vete, Chance". "No vuelvas a St. Cloud." "Chance, eres un mentiroso." "¡Estoy harta de tus mentiras, Chance!" "¡Mi padre tiene razón respecto de ti!" "Ya no eres bienvenido, Chance." "Chance, quédate lejos de St. Cloud." La última vez que rodeó el banco de arena no gritó nada, sólo se despidió con la mano y enfiló la lancha de nuevo hacia la costa.

PRINCESA: ¿Es ése el final de la historia?

CHANCE: Princesa, el fin de la historia es cuestión tuya. ¿Quieres ayudarme?

PRINCESA: Quiero ayudarte. Créeme, no todos quieren lastimar a todos. No quiero lastimarte, ¿puedes creerme?

CHANCE: Puedo si me lo demuestras.

PRINCESA: ¿Cómo puedo probártelo?

CHANCE: Tengo algo en mente.

PRINCESA: ¿Sí, qué?

CHANCE: De acuerdo, te haré un rápido esbozo del proyecto que tengo en mente. Apenas haya hablado con mi chica y le haya mostrado mi contrato, tú y yo nos vamos de aquí. No lejos, sólo hasta Nueva Orleáns,

Princesa. Pero basta de escondernos, nos registramos allí en el Hotel Roosevelt como Alexandra Del Lago y Chance Wayne. En seguida te llaman del diario y das una conferencia de prensa...

PRINCESA: ¿Qué?

CHANCE: ¡Sí! Mi idea, en resumen, es un concurso local de talentos para encontrar una pareja de jóvenes desconocidos que actúen en una película que estás planeando hacer para mostrar tu fe en la *JUVENTUD*, Princesa. Organizas el concurso, invitas a otros jueces... ¡pero tu decisión es la que cuenta!

PRINCESA: ¿Y tú y...?

CHANCE: Sí, Heavenly y yo lo ganamos. La sacamos de St. Cloud y vamos juntos a la Costa Oeste.

PRINCESA: ¿Y yo?

CHANCE: ¿Tú?

PRINCESA: ¿Te has olvidado, por ejemplo, de que lo que menos quiero en el mundo es atraer la atención pública?

CHANCE: ¿Qué mejor recurso para demostrarle al público que eres una persona con intereses que van más allá de lo personal?

PRINCESA: Oh, sí, sí, pero no es cierto.

CHANCE: Podrías fingir que es verdad.

PRINCESA: ¡Si no despreciara fingir!

CHANCE: Comprendo. El tiempo es el culpable: endurece a la gente. El tiempo y el mundo en el que has vivido.

PRINCESA: Que es el que quieres para ti mismo. ¿No es eso lo que quieres? (*Ella lo mira, va al teléfono, luego habla.*) ¿El cajero?

Hola cajero. Habla la Princesa Kosmonopolis. Le envío un joven para que me cambie unos cheques de viajero. (*Corta.*)

CHANCE: Y quiero que me prestes tu Cadillac un rato...

PRINCESA: ¿Para qué, Chance?

CHANCE (*adoptando un aire afectado*): Soy pretencioso. Quiero que me vean en tu auto por las calles de St. Cloud. Quiero manejar por toda la ciudad en él, haciendo sonar esas largas bocinas plateadas y vestido con la ropa fina que me compraste... ¿Puedo?

PRINCESA: Chance, eres un niñito perdido al que realmente me gustaría ayudar a encontrarse.

CHANCE: ¡Pasé la prueba cinematográfica!

PRINCESA: Ven aquí, bésame, te amo. (*Enfrenta al público:*) ¿Dije eso? ¿Lo quise decir? (*Después a Chance con los brazos extendidos.*) Qué niño eres... Ven aquí... (*Él se agacha debajo de los brazos de ella y escapa hacia la silla.*)

CHANCE: Quiero este gran despliegue. Un gran despliegue falso en tu Cadillac por toda la ciudad. Llevaré un fajo de plata para refregárselos en la cara y me pondré la ropa fina que me compraste.

PRINCESA: ¿Te compré ropa fina?

CHANCE (*tomando su saco de la silla*): La más fina de todas. Cuando dejaste de sentirte sola a causa de mi compañía en ese Hotel Palm Beach, me compraste la de mejor calidad. Ése es el trato para esta noche: haré sonar esas bocinas plateadas y pasearé lentamente en el Cadillac convertible para que me vean todos los que pensaron que estaba liquidado. También llevaré mi contrato, falso o verdadero, para ponérselo debajo de las narices a varias personas que me consideraban terminado. Ése es el trato. Mañana tendrás el auto de vuelta y lo que quede de tu dinero. Esta noche es todo lo que cuenta para mí.

PRINCESA: ¿Cómo sabes que no voy a llamar a la policía apenas salgas de este cuarto?

CHANCE: No harías eso, Princesa. (*Se pone el saco.*) Encontrarás el auto en el estacionamiento del hotel y la plata que haya sobrado estará en la guantera del auto.

PRINCESA: ¿Dónde estarás tú?

CHANCE: Con mi chica o en ninguna parte.

PRINCESA: ¡Chance Wayne! No era necesario todo esto. No soy una farsante y quería ser tu amiga.

CHANCE: Vuelve a acostarte. Por lo que sé no eres una mala persona, pero simplemente esta vez te tocó mala compañía.

PRINCESA: Soy tu amiga y no soy una farsante. (Chance *se da vuelta y va a los escalones*.) ¿Cuándo te veré?

CHANCE (*en lo alto de los escalones*): No lo sé... tal vez nunca.

PRINCESA: Nunca es un tiempo muy largo, Chance, esperaré.

(*Ella le arroja un beso.*)

CHANCE: Adiós.

(*La* Princesa *se queda de pie mirándolo mientras las luces pierden intensidad y cae el telón.*)

SEGUNDO ACTO

PRIMERA ESCENA

La terraza de la casa del Jefe Finley, *que es una construcción de madera de estilo gótico victoriano, está sugerida por un marco de puerta a la derecha y una sola columna blanca. Como en las otras escenas, no hay paredes y la acción se desarrolla contra el ciclorama de cielo y mar.*

El Golfo está sugerido por el brillo y los chillidos de las gaviotas, como en el Primer Acto. Sólo hay muebles esenciales de galería, de mimbre victoriano pero pintados de color blanco hueso. Los hombres también deben usar trajes blancos o crema: el cuadro es todo azul y blanco, tan severo como una tela de Georgia O'Keefe.

(Cuando sube el telón, el Jefe Finley *está de pie en el centro y* George Scudder *junto a él.)*

JEFE FINLEY: Chance Wayne poseyó a mi hija cuando ella tenía quince años.

SCUDDER: Tan chica.

JEFE: La poseyó cuando tenía quince años. ¿Sabes cómo lo sé? Le sacaron unas fotos con flash, desnuda, en Cayo Diamante.

SCUDDER: ¿Chance Wayne?

JEFE: Mi nenita tenía quince años, recién salida de la infancia cuando... *(llamando fuera de escena)* Charles...

59

(Entra Charles.)

JEFE: Llame a la señorita Heavenly...
CHARLES (*de inmediato*): Seorita Heavenly. Seorita Heavenly. Su papá quiere verla.

(Charles se va.)

JEFE (*a* Scudder): ¿Chance Wayne? ¿Quién carajo se te ocurre sino? Las vi. Las hizo revelar en un estudio de Pass Christian que hizo más copias que las que Chance ordenó y esas fotos circularon. Las he visto. Esa fue la primera vez que le aconsejé al hijo de puta que se las picara de St. Cloud. Pero está en St. Cloud precisamente ahora. Te digo...
SCUDDER: Jefe, déjeme hacerle una sugerencia. Suspenda esa reunión política, quiero decir su intervención en ella, y tómese las cosas con calma esta noche. Salga en su yate, hagan un corto crucero en el *STARFISH* con Heavenly...
JEFE: No pienso empezar a cuidarme. Sí, ya lo sé, así voy a ganarme un problema coronario y a excitarme. Pero no me echaré atrás porque Chance Wayne haya tenido el increíble tupé de volver a St. Cloud. (*Llamando fuera de escena:*) ¡Tom Junior!
TOM JUNIOR (*desde fuera de escena*): ¡Sí, señor!
JEFE: ¿Ya se fue?
TOM JUNIOR (*entrando*): Hatcher dice que llamó a su cuarto en el Royal Palms y Chance Wayne contestó el teléfono y Hatcher dice...
JEFE: Hatcher dice... ¿quién es Hatcher?
TOM JUNIOR: Dan Hatcher.
JEFE: Detesto demostrar mi ignorancia, pero el nombre Dan Hatcher no tiene más sentido para mí que el nombre Hatcher, es decir absolutamente ninguno.

SCUDDER(*suavemente, con deferencia*): Hatcher, Dan Hatcher, es el subgerente del Hotel Royal Palms y el hombre que esta mañana me informó que Chance Wayne estaba de vuelta en St. Cloud.

JEFE: ¿Es este Hatcher un charlatán o puede mantener la boca cerrada?

SCUDDER: Creo que le dejé bien claro lo importante que es manejar esto con suma discreción.

JEFE: Con suma discreción, como manejaste esa operación que le hiciste a mi hija, con tanta discreción que cualquier provocador montañés me hace preguntas a gritos sobre el tema en todas partes que hablo.

SCUDDER: Fui hasta extremos increíbles para preservar el secreto de esa operación.

TOM JUNIOR: Cuando papá está enojado golpea al que tenga cerca.

JEFE: Sólo quiero saber... ¿Se fue Wayne?

TOM JUNIOR: Hatcher comentó que Chance Wayne le dijo que esta vieja estrella de cine con la que anda enganchado...

SCUDDER: Alexandra Del Lago.

TOM JUNIOR: No está en condiciones de viajar.

JEFE: Está bien, tú eres médico, llévala a un hospital. Llama una ambulancia y sácala a tirones del Hotel Royal Palms.

SCUDDER: ¿Sin su consentimiento?

JEFE: Di que tiene algo contagioso, tifus, peste bubónica. La sacas de allí y le enchufas un cartel de cuarentena en el cuarto del hospital. Así los podemos separar. Podremos alejar a Chance Wayne de St. Cloud apenas alejemos a esta señorita Del Lago de Chance Wayne.

SCUDDER: No estoy seguro de que sea la forma correcta de manejarlo.

JEFE: Está bien, entonces piensa tú la forma. Mi hija no es

una puta, pero hubo que hacerle una operación de puta después de la última vez que él la poseyó. No quiero que Wayne pase otra noche en St. Cloud. Tom Junior.

TOM JUNIOR: Sí, señor.

JEFE: Quiero que mañana no esté aquí... y mañana comienza a la medianoche.

TOM JUNIOR: Sé qué hacer, papá. ¿Puedo usar el yate?

JEFE: No me hagas preguntas, no me digas nada...

TOM JUNIOR: ¿Puedo usar el *Starfish* ESTA NOCHE?

JEFE: No quiero saber cómo lo harás, sólo hazte cargo del asunto. ¿Dónde está tu hermana?

(Charles aparece en la galería, le señala al Jefe a Heavenly *recostada en la playa y sale.)*

TOM JUNIOR: Está tirada en la playa como un cadáver arrojado por el mar.

JEFE *(llamando)*: ¡Heavenly!

TOM JUNIOR: Georgie, quiero que esta noche me acompañes en ese viaje en yate.

JEFE *(llamando)*: ¡Heavenly!

SCUDDER: Sé lo que quieres decir, Tom Junior, pero no puedo verme mezclado en eso. Ni siquiera puedo estar enterado del asunto.

JEFE *(llamando nuevamente)*: ¡Heavenly!

TOM JUNIOR: Está bien, no te comprometas en el asunto. Hay un médico muy honorable que perdió su licencia por ayudar a una chica a salir de un problema y no será tan jodidamente remilgado como para negarse a hacer esto que es absolutamente justo.

SCUDDER: No cuestiono la justificación moral, que no presenta la menor duda...

TOM JUNIOR: Sí, no presenta la menor duda...

SCUDDER: Pero yo soy un médico con buena reputación y no he perdido mi licencia. Soy jefe de personal médico en el gran hospital creado por tu padre...

TOM JUNIOR: Lo dije, no quieres saber nada del asunto.

SCUDDER: No, señor, no quiero saber nada del asunto... (*El* JEFE *empieza a toser.*) No puedo afrontarlo y tampoco tu padre...

(Scudder *va a la galería mientras escribe una receta.*)

JEFE: ¡Heavenly! Ven aquí, dulce. (*A Scudder.*) ¿Qué estás escribiendo?

SCUDDER: Una receta para esa tos.

JEFE: Rómpela y tírala. He carraspeado y tosido toda mi vida y seguiré carraspeando y tosiendo hasta que me muera. Pueden estar seguros de eso.

(*Se oye la bocina de un auto.*)

TOM JUNIOR (*pega un salto a la galería y empieza a irse*): Papá, es él, está pasando en un auto.

JEFE: Tom Junior.

(Tom Junior *se detiene.*)

TOM JUNIOR: ¿Está loco Chance Wayne?

SCUDDER: Si un criminal degenerado está cuerdo o loco es una pregunta que muchos tribunales no han podido dejar en claro.

JEFE: Lleva el caso a la Corte Suprema y te entregarán un fallo sobre esa pregunta. Te dirán que un criminal degenerado joven y buen mozo como Chance Wayne es mental y moralmente igual a cualquier hombre blanco del país.

TOM JUNIOR: Se ha detenido frente a nuestra entrada.

JEFE: No te muevas, no te muevas, Tom Junior.

TOM JUNIOR: No me estoy moviendo, papá.

CHANCE (*fuera de escena*): ¡Tía Nonnie! ¡Eh, tía Nonnie!

JEFE: ¿Qué está gritando?

TOM JUNIOR: Está llamando a tía Nonnie.

JEFE: ¿Y ella dónde está?

TOM JUNIOR: Corriendo por la entrada como un conejo perseguido por un perro.

JEFE: Él no la sigue, ¿no?

TOM JUNIOR: Nones. Se ha ido.

(*Tía Nonnie aparece delante de la galería, terriblemente agitada, revolviendo su cartera en busca de algo, aparentemente ciega a los hombres que están en la galería.*)

JEFE: ¿Qué estás buscando, Nonnie?

NONNIE (*deteniéndose sobresaltada*): Oh... no me di cuenta de que estaban, Tom. Buscaba mi *llave*.

JEFE: La puerta está abierta, Nonnie, está abierta de par en par, como la puerta de una iglesia.

NONNIE (*riendo*): Oh, ja, ja...

JEFE: ¿Por qué no le contestaste a ese muchacho buen mozo que te llamó desde el Cadillac, Nonnie?

NONNIE: Oh. Esperaba que no lo hubieran visto. (*Aspira profundamente y sube a la terraza, cerrando su cartera blanca.*) Era Chance Wayne. Está de vuelta en St. Cloud, alojado en el Royal Palms, está...

JEFE: ¿Por qué lo despreciaste así? ¿Después de todos estos años de devoción?

NONNIE: Fui al Royal Palms a aconsejarle que no se quedara aquí pero...

JEFE: Estaba exhibiéndose en ese tamaño Cadillac blanco con bocinas en forma de trompeta.

NONNIE: Le dejé un mensaje, yo...

TOM JUNIOR: ¿Qué decía ese mensaje, tía Nonnie? ¿Cariños y besos?

NONNIE: Sólo: Chance, vete de inmediato de St. Cloud.

TOM JUNIOR: Se va a ir, pero no en ese Cadillac cola de pescado.

NONNIE (*a* Tom Junior): Espero que no aludas a nada violento... (*volviéndose hacia el* Jefe) ¿o sí, Tom? La violencia no resuelve los problemas. Nunca resuelve los problemas de la gente joven. Si lo dejaran en mis manos, lo haría salir de St. Cloud. Puedo y lo haré, lo prometo. No creo que Heavenly sepa que está de vuelta en la ciudad. Tom, sabes, Heavenly dice que no fue Chance el que... Dice que no fue Chance.

JEFE: Eres igual a tu difunta hermana, Nonnie, tan crédula como lo era mi esposa. No reconoces una mentira aunque te tropieces con ella en la calle en pleno día. Ahora ve allá y dile a Heavenly que quiero verla.

NONNIE: Tom, ella no está los suficientemente bien para...

JEFE: Nonnie, eres responsable de muchas cosas.

NONNIE: ¿Ah sí?

JEFE: Sí, claro que lo eres, Nonnie. Favoreciste a Chance Wayne, lo alentaste, lo ayudaste y lo instigaste a corromper a Heavenly a lo largo de mucho, mucho tiempo. Ve a buscarla. Sin duda eres responsable de muchas cosas. Eres responsable de un montonazo de cosas.

NONNIE: Recuerdo que Chance era el chico más fino, hermoso y dulce de St. Cloud y lo fue hasta que tú, hasta que tú...

JEFE: ¡Ve a buscarla, ve a buscarla!

(Nonnie *se va por el extremo más lejano de la terraza. Después de un momento, se oye su voz llamando:* "¿Heavenly? ¿Heavenly?")

Es algo curioso, poderosamente curioso, cuán a

menudo un hombre que se eleva a los altos cargos públicos es derribado por quienes alberga bajo su techo. Él los alberga bajo su techo y ellos hacen que el techo caiga sobre él. Todos y cada uno de ellos.

TOM JUNIOR: ¿Eso me incluye a mí, papá?

JEFE: Si el zapato te queda bien, cálzatelo.

TOM JUNIOR: ¿En qué sentido me queda bien ese zapato?

JEFE: Si te aprieta el pie, sólo hazle un tajo a los costados... y te quedará cómodo.

TOM JUNIOR: Papá, eres *INJUSTO*.

JEFE: ¿Qué puedes decir en tu favor?

TOM JUNIOR: He consagrado el año pasado a organizar los clubes "La Juventud a favor de Tom Finley".

JEFE: Llevo a Tom Finley Junior en mi lista.

TOM JUNIOR: Es una suerte para ti tenerme en ella.

JEFE: ¿Por qué te figuras que es una suerte que te tenga en ella?

TOM JUNIOR: En los últimos seis meses aparecí más en los diarios que...

JEFE: ¡Una vez por manejar borracho, otra vez por una festichola para hombres solos que diste en Capitol City y que me costó cinco mil dólares silenciar!

TOM JUNIOR: Eres tan injusto, que...

JEFE: Y todos saben que te arrastraste por la escuela como una mula sudada que arrastra un arado cuesta arriba y te expulsaron de la universidad por sacarte notas sólo justificables en un retardado mental.

TOM JUNIOR: Volvieron a admitirme en la universidad.

JEFE: Por mi insistencia. Por medio de exámenes falsos y respuestas provistas de antemano y metidas en tus bolsillos. Y tu promiscuidad. Mira, estos clubes "La juventud a favor de Tom Finley" no son prácticamente más que bandas de delincuentes juveniles que usan insignias con mi nombre y mi fotografía.

TOM JUNIOR: ¿Y qué pasa con tu bien conocida promiscuidad, papá? ¿Qué pasa con tu señorita Lucy?

JEFE: ¿Quién es la señorita Lucy?

TOM JUNIOR (*riéndose tan fuerte que se tambalea*): ¿Quién es la señorita Lucy? ¿Ni siquiera sabes quién es esa mujer que mantienes en una suite de cincuenta dólares por día en el Royal Palms, papá?

JEFE: ¿De qué estás hablando?

TOM JUNIOR: De la mujer que maneja por la carretera del Golfo con una escolta de motocicletas que hacen sonar sus sirenas como si la Reina de Saba fuera a Nueva Orleáns por el día. Para usar sus cuentas de gastos allí. ¿Y tú preguntas quién es la señorita Lucy? Ni siquiera habla bien de ti. Dice que eres demasiado viejo para amante.

JEFE: Esa es una jodida mentira. ¿Quién dijo que la señorita Lucy dice eso?

TOM JUNIOR: Lo escribió con lápiz de labios en el espejo del baño de damas del bar del Royal Palms.

JEFE: ¿Escribió qué?

TOM JUNIOR: Te lo citaré textualmente. "El Jefe Finley", escribió, "está demasiado viejo para llegar al marcador."

(*Pausa: los dos padrillos, el viejo y el joven, se miran de frente, jadeando. Scudder se ha retirado discretamente a un extremo lejano de la galería.*)

JEFE: ¡No creo esa historia!

TOM JUNIOR: No la creas.

JEFE: Sin embargo, la voy a verificar.

TOM JUNIOR: Yo ya la verifiqué. Papá, ¿por qué no te deshaces de ella, eh?

(*El* Jefe Finley *se da vuelta herido, desconcertado: mira hacia el público con sus viejos ojos inyectados en sangre, como si creyera que alguien le ha gritado una pregunta que no alcanzó a oír bien.*)

JEFE: Ocúpate de tus jodidos asuntos. He aquí un hombre con una misión, a la que considera sagrada, y por cuyo impulso se eleva a un alto cargo público... crucificado de esta forma, públicamente, por su propio hijo. (Heavenly *ha entrado a la galería.*) Ah, aquí está, aquí está mi chiquita. (*Deteniendo a* Heavenly.) Quédate aquí, mi vida. Más vale que ahora todos ustedes me dejen a solas con Heavenly, eh... sí... (Tom Junior *y* Scudder *salen.*) Ahora, mi vida, te quedas aquí. Quiero tener una conversación contigo.

HEAVENLY: Papá, no puedo hablar ahora.

JEFE: Es necesario.

HEAVENLY: No puedo, no puedo hablar ahora.

JEFE: Está bien, no hables, sólo escucha.

(*Pero ella no quiere escuchar y empieza a irse. Él la habría retenido a la fuerza si en ese momento un viejo sirviente de color,* Charles, *no hubiera salido a la galería. Lleva un bastón, un sombrero y un paquete envuelto para regalo. Los pone sobre la mesa.*)

CHARLES: Son las cinco en punto, seor Finley.

JEFE: ¿Eh? Oh... gracias...

(*Charles enciende un farol que hay junto a la puerta. Esto marca una división formal en la escena. El cambio de luz no es realista; la luz no parece venir del farol sino de una irradiación espectral del cielo, que inunda la terraza.*

El viento marino canta. Heavenly *levanta su rostro al*

oírlo. *Esa noche, más tarde, tal vez esté tormentoso, pero ahora sólo hay una frescura que viene desde el Golfo. Heavenly siempre mira hacia el Golfo, de manera que la luz del Faro alcanza su rostro con su repetida y suave caricia de claridad.*

En su padre revive una súbita dignidad. Mirando a su hija, que es tan hermosa, se vuelve casi majestuoso. Se acerca a ella, apenas el hombre de color vuelve a entrar, como un cortesano de edad se acercaría con deferencia a una Princesa Heredera o a una Infanta. Es importante que su actitud hacia ella no revele un sentimiento incestuoso crudamente consciente, sino sólo los sentimientos naturales de casi cualquier padre envejecido por una hija joven y hermosa que le recuerda a su esposa muerta, a quien deseó intensamente cuando ella tenía la edad de su hija.

En este punto, puede oírse una frase musical majestuosa, mozartiana, que sugiera una danza cortesana. La terraza embaldosada puede aludir a la pista de parquet de un salón de baile y los movimientos de los dos actores pueden insinuar los movimientos formales de un baile cortesano de esa época; pero si se usa este efecto, debe ser sólo una sugerencia. El paso hacia la "estilización" debe controlarse.)

JEFE: Sigues siendo una hermosa muchacha.

HEAVENLY: ¿Lo soy, papá?

JEFE: Claro que lo eres. Mirándote nadie supondría que...

HEAVENLY (*ríe*): Los embalsamadores deben de haber hecho un buen trabajo conmigo, papá...

JEFE: Tienes que dejar de hablar así. (*Luego, viendo a* Charles.) ¡Hágame el favor de volver a entrar! (*Suena el teléfono.*)

CHARLES: Sí, seor, sólo estaba...

JEFE: ¡Vaya adentro! Si ese llamado es para mí, sólo estoy

para el gobernador del estado y el presidente de la Empresa Petrolera Tidewater.

CHARLES (*fuera de escena*): Es de nuevo para la seorita Heavenly.

JEFE: No está en casa.

CHARLES: Lo lamento, no está en casa.

(Heavenly *ha avanzado por el escenario hacia el parapeto bajo o muralla que separa el patio y el parque de la playa. Es el comienzo del atardecer. El farol ha arrojado una extraña luz sobre el escenario de estilo neorromántico;* Heavenly *se detiene junto a un jarrón de adorno conteniendo un alto helecho que el salado viento del Golfo ha dejado casi desnudo. El* Jefe *la sigue desconcertado.*)

JEFE: Mi vida, haces y dices cosas en presencia de extraños como si no tuvieras en cuenta que la gente tiene oídos para oírte y lengua para repetir lo que oye. Y así te conviertes en tema.

HEAVENLY: ¿Me convierto en qué, papá?

JEFE: En tema, tema de conversación, de escándalo... cosa que puede arruinar la misión que...

HEAVENLY: No me vengas con tu discurso sobre la "Voz de Dios". Papá, hubo un tiempo en que podrías haberme salvado, dejándome casar con un chico que todavía era joven y decente, pero en cambio lo echaste, lo echaste de St. Cloud. Y cuando volvió, me sacaste a mí de St. Cloud y trataste de obligarme a casarme con un viejo ricachón de cincuenta años de quien querías conseguir algo...

JEFE: Bueno, querida...

HEAVENLY: ...y después otro y otro, todos ellos tipos de los que querías conseguir algo. Yo me había ido, así que Chance se fue. Trató de competir, de hacerse importante como esos ricachones con lo que me querías casar por conveniencia. Se fue. Lo intentó. No se abrieron las puertas adecuadas y entonces entró por las erradas y... Papá, tú te casaste por amor, ¿por qué no me dejaste hacerlo cuando todavía estaba viva por dentro y él todavía era limpio, todavía era decente?

JEFE: ¿Estás reprochándome por...?

HEAVENLY (*gritando*): Sí, eso es, papá, eso es. Te casaste por amor, pero no me dejaste hacerlo. Además, aunque te casaste por amor, le rompiste el corazón a mamá, la señorita Lucy ha sido tu amante...

JEFE: ¿Quién es la señorita Lucy?

HEAVENLY: Ah, papá, fue tu amante desde mucho antes que mamá muriera. Y mamá era sólo una fachada para ti. ¿Puedo entrar ahora, papá? ¿Puedo entrar ahora?

JEFE: No, no, no hasta que haya terminado contigo. Qué cosa terrible, terrible que mi bebita diga eso... (*La toma en sus brazos.*) Mañana, mañana por la mañana, cuando en las tiendas comience la gran liquidación posterior a Pascua... voy a mandarte a la ciudad con una escolta de motocicletas, derecho a la Maison Blanche. Cuando llegues a la tienda, quiero que vayas directamente a la oficina del señor Harvey C. Petrie y le digas que te dé crédito ilimitado allí. Después baja y equípate como si estuvieras... comprando un ajuar para casarte con el Príncipe de Mónaco... Cómprate todo un guardarropa, pieles incluidas. Total, las dejas en depósito hasta el invierno. ¿Vestidos de noche? Tres, cuatro, cinco, los más lujosos. ¿Zapatos? Demonios, pares y pares. No un solo sombrero... sino una docena. Acabo de ganar un montón de plata en un negocio vinculado con la venta de derechos a la explotación del petróleo submarino y, bebita, quiero comprarte una alhaja. Ahora, en cuanto a eso, mejor le dices a Harvey que me llame. O mejor aún, que la señorita Lucy te ayude a elegirla. Es astuta como una rata de albañal cuando se trata de una piedra... te lo aseguro... Ahora, ¿dónde compré ese broche que le regalé a tu mamá? ¿Te acuerdas del prendedor que le compré a tu mamá? La última cosa que le regalé antes de que muriera... sabía que se estaba muriendo cuando le compré ese broche y lo compré por quince mil dólares sobre todo para que pensara que iba a curarse... Cuando se lo prendí en el camisón que llevaba puesto, la pobrecita empezó a llorar. Dijo, "Por amor a Dios, Jefe, ¿qué hace una mujer que se está muriendo con un brillante de semejante tamaño?" Le dije, "Vida mía, mírale el precio. ¿Qué dice la etiqueta del precio? ¿Ves las cinco cifras, ese uno y ese cinco y esos tres ceros ahí? Entonces, querida, piensa un momento. Si estuvieras muriéndote, si hubiera alguna oportunidad de que te murieras, ¿te parece que yo invertiría quince billetes grandes en un prendedor de brillantes para abrocharlo en el cuello de una mortaja? Ja, ja, ja." Eso hizo que tu madre riera. Y se sentó en la cama radiante como un pajarito luciendo el broche de brillantes, recibiendo visitantes todo el día y riendo y charlando con ellos, con el broche de brillantes puesto... y murió antes de medianoche, con el broche de brillantes en el pecho. Y hasta el último minuto creyó que los brillantes eran la prueba de que no se estaba muriendo. (*Se dirige a la terraza, se quita la bata y empieza a ponerse el saco del smoking.*)

HEAVENLY: ¿La enterraste con él?

JEFE: ¿Enterrarla con él? Demonios, no. Lo devolví a la joyería a la mañana siguiente.

HEAVENLY: Entonces, después de todo, no te costó quince billetes grandes.

JEFE: Caray, ¿acaso me importaba lo que me costó? No soy un hombre mezquino. No me habría importado un pito que me costara un millón... si en ese momento hubiera tenido esa fortuna en el bolsillo. Hubiera valido ese dinero ver la sonrisa que el pajarito de tu mamá me hizo la mañana del día que murió.

HEAVENLY: Supongo que eso demuestra, prueba muy claramente, que después de todo tienes un gran corazón.

JEFE: ¿Quién lo duda? ¿Quién? ¿Quién lo dudó alguna vez? (*Se ríe.*)

(Heavenly *empieza a reírse y luego llora histéricamente. Empieza a irse hacia la casa. El* Jefe *arroja al suelo su bastón y la aferra entre sus brazos.*)

Un momento, señorita. Basta. Basta. Escúchame, voy a decirte algo. La semana pasada, en New Bethesda, cuando estaba hablando sobre la amenaza de la integración racial para la castidad de las mujeres del Sur, un provocador de la multitud gritó: "¡Eh, Jefe Finley!, ¿qué me cuenta de su hija? ¿Qué me cuenta de esa operación que le hizo hacer a su hija en el hospital Thomas J. Finley en St. Cloud? ¿Se puso de luto como duelo por su apéndice?" El mismo provocador, la misma pregunta cuando hablé en el Coliseo de la capital del estado.

HEAVENLY: ¿Qué le respondiste?

JEFE: En ambas ocasiones lo sacaron del salón y le dieron una paliza afuera.

HEAVENLY: Papá, tienes una ilusión de poder.

JEFE: Tengo poder, lo que no es una ilusión.

HEAVENLY: Papá, lamento que mi operación te haya causado esta vergüenza, pero ¿eres capaz de imaginártelo, papá? Me sentí peor que avergonzada cuando averigüé que el cuchillo del doctor George Scudder había cortado la juventud de mi cuerpo, me había convertido en una vieja sin hijos. Seca, fría, vacía como una vieja. Siento que tendría que crujir como una viña muerta y seca cuando sopla el viento del Golfo, pero, papá... no te avergonzaré más. He decidido algo. Si me lo permiten, si me aceptan, entraré en un convento.

JEFE (*gritando*): No vas a entrar en ningún convento. Este estado es zona protestante y que mi hija entrara en un convento me arruinaría políticamente. Ya lo sé, adoptaste la religión de tu madre porque internamente siempre quisiste desafiarme. Mira, esta noche me voy a dirigir a los clubes "La juventud a favor de Tom Finley" en el salón de baile del Hotel Royal Palms. Mi discurso va a emitirse por la red nacional de televisión y, señorita, va a entrar al salón de baile tomada de mi brazo. Irás vestida del blanco inmaculado de una virgen, con un distintivo de "La juventud a favor de Tom Finley" en un hombro y un ramillete de lirios en el otro. Vas a estar en el estrado del disertante conmigo, tú de un lado y Tom Junior del otro, para cortar esos rumores sobre tu corrupción. Y vas a lucir una altiva sonrisa feliz en el rostro, vas a mirar derecho a la multitud del salón de baile con orgullo y alegría en los ojos. Mirándote, toda de blanco como una virgen, nadie se atreverá a hablar o a creer esas feas historia sobre ti. Tengo mucha confianza en que esta campaña atraiga jóvenes votantes a la cruzada que estoy dirigiendo. Soy lo único que se interpone entre el Sur y los negros días de la Reconstrucción. Y tú y Tom Junior van a estar parados junto a mí en el gran Salón de Baile Cristal, como resplandecientes ejemplos de la juventud blanca sureña... en peligro.

HEAVENLY (*desafiante*): Papá, no lo haré.

JEFE: Yo no te pregunté si querías, dije que lo harías y lo harás.

HEAVENLY: Supongamos que sigo diciendo que no.

JEFE: Entonces no lo harás, eso es todo. Si no lo haces, no lo haces. Pero habrá consecuencias que posiblemente no te gusten. (*Suena el teléfono.*) Chance Wayne está de vuelta en St. Cloud.

CHARLES (*fuera de escena*): Residencia del seor Finley. ¿La seorita Heavenly? Lo lamento, no está en casa.

JEFE: Voy a sacarlo, van a sacarlo de St. Cloud. ¿Cómo quieres que se vaya, en ese Cadillac blanco con el que anda dando vueltas o en la lancha que recoge los desechos y los arroja en el vertedero del Golfo?

HEAVENLY: No te atreverías.

JEFE: ¡Quieres apostar, entonces!

CHARLES (*entra*): Ese llamado era de nuevo para usté, seorita Heavenly.

JEFE: Un montón de gente aprueba ejercer la violencia contra los corruptores. Y contra todos aquellos que pretenden adulterar la pura sangre blanca del Sur. Caray, cuando yo tenía quince años, bajé descalzo de las colinas de arcilla roja como si la Voz de Dios me llamara. Cosa que, según creo, ocurrió. Lo creo firmemente: Él me llamó. Y nada ni nadie, en ninguna parte, me detendrá jamás... (*Le hace señas a Charles de que le entregue el regalo. Charles se lo alcanza.*) Gracias, Charles. Voy a hacerle una visita temprano a la señorita Lucy.

(Una nota triste, insegura, ha aparecido en su voz en esta última frase. Se da vuelta y camina con cansancio y tenacidad hacia la izquierda.

CAE EL TELÓN

La sala permanece oscura para un breve intervalo.)

Segunda escena

*Un rincón del salón del bar y de la galería externa del
Hotel Royal Palms. El estilo del decorado corresponde al
del dormitorio: victoriano con influencia morisca. Palmeras
reales se proyectan en el ciclorama, de color violeta oscuro por la caída del sol. Hay arcos moriscos entre la galería y el interior: sobre la única mesa de adentro está
suspendida la misma lámpara de vidrio coloreado y bron-
ce ornamentado que cuelga en el dormitorio. En la galería
puede haber una baja balaustrada de piedra que sostiene,
donde los peldaños descienden hacia el jardín, un candelabro de luz eléctrica de cinco brazos y globos en forma
de pera de suave resplandor perlado. En alguna parte, fuera del campo de visión, un intérprete toca el piano o el tecla-
do eléctrico.*

*(La mesa interior está ocupada por dos parejas que
representan la sociedad de St. Cloud. Son contemporá-
neos de* Chance. *Detrás del bar está* Stuff, *que trasunta la
dignidad de su reciente ascenso de la tienda de refrescos
al bar del Royal Palms: lleva una chaquetilla blanca, una
faja escarlata y pantalones celestes, sentadoramente ajus-
tados.* Chance Wayne *una vez fue barman aquí;* Stuff *se
mueve con una indolente gracia varonil que acaso inconscientemente recuerde haber admirado en* Chance.

La amante del Jefe Finley, *la* Señorita Lucy, *entra en
el bar luciendo un vestido de baile con frunces muy complicados y pollera muy amplia, como el que podría lucir una
bella sureña de antes de la guerra. Un solo rizo rubio ondula infantilmente a un lado de su afilada cara de perrito. Está
indignada por algo y su mirada se halla concentrada en*
Stuff, *quien "se hace el distraído" detrás del bar.)*

STUFF: Buenas noches, señorita Lucy.

SEÑORITA LUCY: No me permitieron sentarme en la mesa del banquete. No, me pusieron en una mesita lateral, con un par de legisladores del estado y sus mujeres (*Se desliza detrás del bar como si fuera la dueña.*) ¿Dónde está tu Grant's de doce años? ¡Eh! ¿Eres un bocina? Siempre me acuerdo de un chico que vendía refrescos en Walgreen y que era un bocina... Echa un poco de hielo en el vaso... ¿Eres un bocina, eh? Quiero decirte algo.

STUFF: ¿Qué le pasó en el dedo?

(Ella lo toma por su faja escarlata.)

SEÑORITA LUCY: Voy a decírtelo ahora mismo. El Jefe me vino a ver con un gran huevo de Pascua. La parte de arriba del huevo estaba enroscada. Me dijo que la desenroscara. Así que la desenrosqué y adentro había una estuchecito de joyas de terciopelo azul, no, un estuchecito no, un estuche grande, tan grande como la bocina de alguien.

STUFF: ¿La bocina de quién?

SEÑORITA LUCY: La bocina de alguien que no está a cien kilómetros de aquí.

STUFF (*yendo hacia la izquierda*): Tengo que poner las sillas. (Stuff *vuelve a entrar de inmediato llevando dos sillas. Las pone frente a la mesa mientras la* Señorita Lucy *habla.*)

SEÑORITA LUCY: Abro el estuche de joyas y empiezo a sacar el gran broche de brillantes que había. Justo tenía los dedos sobre el broche y empezaba a sacarlo cuando el viejo hijo de puta le pega un golpe a la tapa del estuche y me agarra los dedos. Todavía tengo una uña azul. Entonces el Jefe me dice: "Ahora vas abajo, al bar, entras al baño de damas y describes este broche de brillantes con lápiz de labios en el espejo del tocador. ¿Eh?"... Se puso el estuche en el bolsillo y pegó un portazo tan fuerte al salir de mi suite que un cuadro se saltó de la pared.

STUFF (*ubicando las sillas ante la mesa*): Señorita Lucy, usted fue la que dijo, "Me gustaría que vieras lo que está escrito con lápiz de labios en el espejo del baño de damas" el último sábado a la noche.

SEÑORITA LUCY: ¡Te lo dije a ti! ¡Porque pensé que podía confiar en ti!

STUFF: Había otras personas aquí y todas lo oyeron.

SEÑORITA LUCY: En el bar nadie salvo tú pertenecía al club "La juventud a favor del Jefe Finley".

(*Ambos se detienen abruptamente. Se han dado cuenta de que un hombre alto ha entrado en el bar. Tiene la altura, la flacura y la luminosa palidez en el rostro que El Greco daba a sus santos. Lleva un pequeño vendaje cerca del nacimiento del cabello. Sus ropas son campesinas.*)

Hola, don.

PROVOCADOR: Buenas noches, doña.

SEÑORITA LUCY: ¿Está con los Montañeses Vagabundos? ¿Es de la banda?

PROVOCADOR: Soy montañés, pero no estoy con ninguna banda.

(*Advierte la fija mirada interesada de la* Señorita Lucy. Stuff *se va con una bandeja de tragos.*)

SEÑORITA LUCY: ¿Qué lo trae por aquí?

PROVOCADOR: Vengo a oír hablar al Jefe Finley. (*Su voz es clara pero tensa. Mientras habla se frota su prominente nuez de Adán.*)

SEÑORITA LUCY: No puede entrar en el salón de baile sin saco y corbata... Sé quién es usted. Usted es el provocador, ¿no es cierto?

PROVOCADOR: Yo no provoco. Sólo hago preguntas, una, dos o tres preguntas, según cuánto tiempo les lleve agarrarme y tirarme fuera del salón.

SEÑORITA LUCY: Sus preguntas son preguntas cargadas. ¿Va a repetirlas esta noche?

PROVOCADOR: Sí, señora, si puedo entrar en el salón de baile y hacerme oír.

SEÑORITA LUCY: ¿Qué le pasa en la voz?

PROVOCADOR: Cuando grité mis preguntas en New Bethesda la semana pasada me golpearon en la nuez de Adán con la culata de una pistola y eso me afectó la voz. Todavía no está bien, pero anda mejor. (*Empieza a irse.*)

SEÑORITA LUCY (*va a la parte trasera del bar, donde toma un saco, del tipo que tienen en lugares con regulaciones de vestimenta, y se lo tira al* Provocador): Espere. Póngase esto. El Jefe habla en cadena nacional de televisión esta noche. Hay una corbata en el bolsillo. Quédese sentado y totalmente callado en el bar hasta que el Jefe empiece a hablar. Oculte su cara detrás de este *Evening Banner*. ¿De acuerdo?

PROVOCADOR (*abriendo el diario enfrente de su cara*): Le agradezco.

SEÑORITA LUCY: Yo también le agradezco a usted y le deseo más suerte de la que probablemente tenga.

(*Stuff vuelve a entrar y desaparece detrás del mostrador.*)

FLY (*entrando en la galería*): Llamando a Chance Wayne. (*Bocina de auto fuera de escena.*) Seor Chance Wayne, por favor. Llamando a Chance Wayne. (*Se va.*)

SEÑORITA LUCY (*a Stuff que ha vuelto a entrar*): ¿Está Chance Wayne de vuelta en St. Cloud?

STUFF: ¿Se acuerda de Alexandra Del Lago?

SEÑORITA LUCY: Más bien que sí. Era presidenta de su club de admiradoras local. ¿Por qué?

CHANCE (*fuera de escena*): Eh, chico, estaciona ese auto ahí adelante y no le arruines los paragolpes.

STUFF: Ella y Chance Wayne se registraron aquí anoche.

SEÑORITA LUCY: Bueno, voy a ser la mamá a la que tantos hijos se le atribuyen. Voy a averiguar algo. (Lucy *sale*.)

CHANCE (*entrando y dirigiéndose al bar*): ¡Eh, Stuff! (*Toma un cóctel del bar y lo bebe.*)

STUFF: Deja eso ahí. Esto no es una recepción pública.

CHANCE: Hombre, no lo sabes... puaj... nadie bebe claritos con aceitunas. Ahora todos beben martinis de vodka con unas gotas de limón, salvo los cuadrados de St. Cloud. Cuando yo tenía tu trabajo, cuando era barman del Royal Palms, inventé ese uniforme que llevas... lo copié del atuendo que Vic Mature usaba en una película sobre la Legión Extranjera y a mí me quedaba mejor que a él y casi tan bien como a ti, ja, ja...

TÍA NONNIE (*que ha entrado por la derecha*): Chance. Chance...

CHANCE: ¡Tía Nonnie! (*a* Stuff.) Oye, quiero un mantel en esa mesa y un balde de champagne... Mumm Cordon Rouge...

TÍA NONNIE: Ven aquí afuera.

CHANCE: Pero acabo de ordenar champagne aquí. (*De pronto sus modales efusivos se transforman, mientras ella lo mira con gravedad.*)

TÍA NONNIE: No pueden verme hablando contigo...

(*Lo conduce a un costado del escenario. Se ha producido un cambio de luz que ha hecho aparecer un bosque de palmeras reales con un banco. Cruzan solemnemente hacia él. Stuff está atareado en el bar, apenas iluminado. Después de un momento, va con unos tragos al salón prin-*

cipal del bar a la izquierda. Música de bar: "Quiéreme mucho".)

CHANCE (*siguiéndola*): ¿Por qué?

TÍA NONNIE: Tengo una sola cosa que decirte, Chance, vete de St. Cloud.

CHANCE: ¿Por qué todo el mundo me trata como a un criminal siniestro en la ciudad donde nací?

TÍA NONNIE: Hazte esa pregunta, hazle esa pregunta a tu conciencia.

CHANCE: ¿Qué pregunta?

TÍA NONNIE: Tú sabes, y yo sé que tú sabes...

CHANCE: ¿Sé qué?

TÍA NONNIE: No voy a hablar de eso. Simplemente no puedo hablar de eso. Tu cabeza y tu lengua enloquecieron. No se puede confiar en ti. Nosotros tenemos que vivir en St. Cloud... Oh, Chance, ¿por qué cambiaste como has cambiado? ¿Por qué ahora no vives más que de sueños salvajes y no tienes una dirección donde se te pueda alcanzar a tiempo... a tiempo?

CHANCE: ¡Sueños salvajes! Sí. ¿No es la vida un sueño salvaje? Nunca oí una definición mejor de ella... (*Toma una píldora y bebe un trago de una petaca.*)

TÍA NONNIE: ¿Qué acabas de tomar, Chance? Sacaste algo de tu bolsillo y lo tragaste con alcohol.

CHANCE : Sí, tomé un sueño salvaje y... lo tragué con otro sueño salvaje, tía Nonnie, así es mi vida ahora...

TÍA NONNIE: ¿Por qué, hijo?

CHANCE: ¿Oh, tía Nonnie, por amor a Dios, ha olvidado lo que se esperaba de mí?

TÍA NONNIE: La gente que te amaba esperaba sólo una cosa de ti: dulzura y honestidad y...

(Stuff sale con una bandeja.)

CHANCE (*arrodillándose a su lado*): No, no después del brillante comienzo que tuve. Pero claro, a los diecisiete monté, dirigí e interpreté el papel protagónico de *El Valiente,* esa pieza en un acto que ganó el concurso de teatro del estado. Heavenly actuó conmigo... ¿lo ha olvidado? Usted fue con nosotros como acompañante de las chicas al concurso nacional que se hizo en...

TÍA NONNIE: Hijo, por supuesto que me acuerdo.

CHANCE: ¿Recuerda el coche salón? ¿Cómo cantábamos juntos?

TÍA NONNIE: Ustedes estaban enamorados desde entonces.

CHANCE: ¡Dios, sí, estábamos enamorados!
   (*Canta suavemente.*)
   "Si te gusto a ti como me gustas a mí,
   y los dos nos gustamos igual"

JUNTOS:
   "quisiera decir, ahora mismo,
   que tu nombre querría cambiar."

(Chance *ríe suave, locamente, en la fría luz del bosquecillo de palmeras.* Tía Nonnie *se pone de pie bruscamente,* Chance *le toma la mano.*)

TÍA NONNIE: Tú... sí... te aprovechas para sacar ventaja...

CHANCE: Tía Nonnie, no ganamos ese mugriento concurso nacional, sólo obtuvimos el segundo puesto.

TÍA NONNIE: Chance, no salieron segundos. Tuvieron una mención honorífica. Ocuparon el cuarto lugar y sólo merecieron una mención honorífica.

CHANCE: Sólo una mención honorífica. Pero en un concurso nacional, una mención honorífica significa algo... Lo habríamos ganado, pero me hice lío con la letra. Sí, yo, que puse en escena y produje la maldita cosa, ni siquiera podía oír las malditas palabras que me susurraba esa chica gorda que estaba con el libro entre bambalinas. (*Entierra el rostro en sus manos.*)

TÍA NONNIE: Yo te adoré por eso, hijo, y Heavenly también.

CHANCE: Fue volviendo a casa en ese tren que ella y yo...

TÍA NONNIE (*súbitamente emocionada*): Lo sé, lo... lo...

CHANCE (*poniéndose de pie*): Soborné al guarda del coche pullman para que nos dejara usar una hora un compartimiento vacío en ese triste tren que nos conducía a casa...

TÍA NONNIE: Lo sé... yo... yo...

CHANCE: Le di cinco dólares, pero no bastaba, así que le di mi reloj pulsera y mi alfiler de cuello y mi traba de corbata y mi anillo de sello y mi traje, que había comprado a crédito para participar en el concurso. El primer traje que me puse que costara más de treinta dólares.

TÍA NONNIE: No vuelvas a esas cosas.

CHANCE: ...Para comprar la primera hora de amor que compartimos. Cuando se desvistió, vi que su cuerpo apenas estaba empezando a ser el de una mujer y...

TÍA NONNIE: Basta, Chance.

CHANCE: Le dije, "Oh, Heavenly, no", pero ella dijo: "Sí". Lloré en sus brazos esa noche y no supe que estaba llorando por... la juventud, que se iría.

TÍA NONNIE: Desde ese momento comenzaste a cambiar.

CHANCE: Me juré que nunca más saldría segundo en ningún concurso, sobre todo ahora que Heavenly era mi... Tía Nonnie, mire este contrato.

(*Saca unos papeles y prende un encendedor.*)

TÍA NONNIE: No quiero ver papeles falsos.

CHANCE: Son papeles auténticos. Mire el sello del escribano

y las firmas de los tres testigos. Tía Nonnie, ¿sabe con quién estoy? Estoy con Alexandra Del Lago, la Princesa Kosmonopolis es mi...

Tía Nonnie: ¿Es tu qué?

Chance: ¡Patrocinadora! ¡Agente! ¡Productora! No ha filmado mucho últimamente, pero sigue teniendo influencia, poder y dinero... dinero que puede abrir todas las puertas. Las puertas a las que he golpeado todos estos años hasta que me quedaron sangrando los nudillos.

Tía Nonnie: Chance, incluso ahora, si volvieras aquí simplemente diciendo: "No pude recordar la letra, perdí el concurso... fracasé", pero has venido de nuevo con...

Chance: ¿Me escucharía un minuto más? Tía Nonnie, el plan es éste. Un concurso local de belleza.

Tía Nonnie: Oh, Chance.

Chance: Un concurso local de talento dramático que ella ganará.

Tía Nonnie: ¿Quién?

Chance: Heavenly.

Tía Nonnie: No, Chance. Ya no es joven, está ajada, está...

Chance: Nada se va tan rápido, ni siquiera la juventud.

Tía Nonnie: Sí, se va.

Chance: Volverá nuevamente por obra de magia. Tan pronto como yo...

Tía Nonnie: ¿Para qué? ¿Para un concurso falso?

Chance: Para el amor. En el momento en que la abrace.

Tía Nonnie: Chance.

Chance: No va a ser un asunto local, tía Nonnie. Va a tener cobertura nacional. La mejor amiga de la princesa Kosmonopolis es esa periodista del espectáculo, Sally Powers. Hasta usted conoce a Sally Powers. La crítica cinematográfica más poderosa de la tierra. Cuyo nombre es ley en el mundo del cine...

Tía Nonnie: Chance, baja la voz.

CHANCE: Quiero que la gente me oiga.

TÍA NONNIE: No, no lo hagas, no lo hagas. Porque si tu voz llega hasta el Jefe Finley estarás en gran peligro, Chance.

CHANCE: Vuelvo a Heavenly o nada. Vivo o muero. No hay otra alternativa para mí.

TÍA NONNIE: A lo que quieres volver es a tu juventud limpia y sin motivos de vergüenza. Y no puedes.

CHANCE: ¿Sigue sin creerme, tía Nonnie?

TÍA NONNIE: No, no te creo. Por favor, vete. Vete de aquí, Chance.

CHANCE: Por favor.

TÍA NONNIE: ¡No, no, vete de aquí!

CHANCE: ¿Adónde? ¿Adónde puedo ir? Ésta es la casa de mi corazón. No me convierta en un sin techo.

TÍA NONNIE: Oh, Chance.

CHANCE: Tía Nonnie, por favor.

TÍA NONNIE (*se pone de pie y comienza a retirarse*): Te escribiré. Envíame una dirección. Te escribiré.

(*Sale a través del bar.* Stuff *entra y se dirige al bar.*)

CHANCE: Tía Nonnie...

(*Ella se ha ido.* Chance *saca una botella pequeña de vodka de su bolsillo y otra cosa que traga con el vodka. Da un paso atrás mientras dos parejas suben los peldaños y cruzan la galería hacia el bar, sentándose a una mesa.* Chance *aspira profundamente.* Fly *entra en la zona iluminada de adentro, mientras repite: "Llamando al seor Chance Wayne, seor Chance Wayne, llamando al seor Chance Wayne." Se desplaza por el lugar enérgicamente y vuelve a salir por el salón. El nombre ha producido una conmoción en el bar y en la mesa visible.*)

EDNA: ¿Oyeron *eso*? ¿Está *Chance Wayne* de vuelta en St. Cloud?

(Chance hace una profunda inspiración. Luego, vuelve a entrar en la parte principal del salón del bar como un matador entraría en el ruedo.)

VIOLET: Mi Dios, sí... ahí está.

(Chance lee el mensaje de Fly.)

CHANCE (*a* Fly): Ahora no, después, después.
    (El intérprete que está a la izquierda fuera de la vista del público comienza a tocar el piano... La "noche" en el salón del bar recién está empezando. Fly desaparece por la galería.)
    ¡Bueno! El mismo viejo lugar y la misma vieja banda. El tiempo no pasa en St. Cloud. *(A Budy Scotty.)* ¡Hola!
BUD: ¿Cómo estás tú...?
CHANCE (*gritando fuera de escena mientras* Fly *entra y se detiene en la terraza*): Eh, Jackie... *(Cesa la música. Chance avanza hasta donde está la mesa de los cuatro.)* ¿Te... acuerdas de mi canción?... Ven, recuerda mi canción. *(El intérprete pasa a "Es un mundo grande, ancho y maravilloso".)* Ahora me siento en casa. En mi ciudad natal... ¡Vamos... todos a cantar!
    (Este signo de aparente aceptación lo tranquiliza. Los cuatro de la mesa lo ignoran estudiadamente. Chance canta.)
    "Cuando estás enamorado eres el amo
    de toda la realidad, eres un Santa Claus feliz.
    Hay un gran cielo tachonado de estrellas sobre ti,
    cuando estás enamorado eres un héroe..."

¡Vamos! ¡Cantemos todos!

(En los viejos tiempos lo hacían: ahora no. Él sigue cantando un poco; luego su voz se extingue con una nota de vergüenza. Alguien en el bar susurra algo y otro se ríe. Chance *se ríe entre dientes inquieto y habla.)*

¿Qué anda mal aquí? Este lugar está muerto.

STUFF: Has estado ausente demasiado tiempo, Chance.

CHANCE: ¿Ése es el problema?

STUFF: Sí, eso es todo...

(El pianista fuera de escena termina con un arpegio. La tapa del piano se cierra con un fuerte ruido. Se produce un curioso silencio en el bar. Chance *mira la mesa.* Violet *le susurra algo a* Bud. *Ambas chicas se levantan bruscamente y salen del bar.)*

BUD *(gritándole a* Stuff): La cuenta, Stuff.

CHANCE *(con exagerada sorpresa)*: Vaya, vaya, *Bud y Scotty.* No los había visto para nada. ¿No estaban Violet y Edna en la mesa de ustedes? *(Se sienta a la mesa entre* Bud y Scotty.)

SCOTTY: Supongo que no te reconocieron, Chance.

BUD: Violet sí.

SCOTTY: ¿Violet sí?

BUD: Dijo, "Mi Dios, Chance Wayne".

SCOTTY: Eso es reconocimiento y también desaire.

CHANCE: No me importa. He sido desairado por expertos y he desairado a mi vez...

¡Eh! *(La* Señorita Lucy *ha entrado por la izquierda.* Chance *la ve y va hacia ella.)* ¿Es la señorita Lucy o Scarlett O'Hara?

SEÑORITA LUCY: Miren quién está, Chance Wayne. Alguien dijo que habías vuelto a St. Cloud, pero no le creí.

Dije que tendría que verlo con mis propios ojos antes... Generalmente aparece un artículo en el diario, en la columna de Gwen Phillips diciendo: "Joven de St. Cloud que está de visita en su ciudad natal ha sido contratado para interpretar un papel protagónico en una importante película", y como soy aficionada al cine siempre me muero de entusiasmo... (*Le revuelve el pelo a* Chance.)

CHANCE: Nunca le hagas eso a un hombre al que se le está cayendo el pelo.

(*La sonrisa de* Chance *es imperturbable; se pone cada vez más dura y brillante.*)

SEÑORITA LUCY: ¿Se te está cayendo el pelo, chiquito? Tal vez ésa sea la diferencia que advertí en tu aspecto. No te vayas hasta que vuelva con mi trago...

(*Va al bar a prepararse ella misma un trago. Entretanto* Chance *se peina.*)

SCOTTY (*a* Chance): No tires esos cabellos dorados que se te cayeron, Chance. Guárdalos y envía cada uno por carta a tus clubes de admiradoras.

BUD: ¿Tiene Chance Wayne un club de admiradoras?

SCOTTY: El más paciente del mundo. Ha estado esperando años que aparezca en pantalla más de cinco segundos en una escena de conjunto.

SEÑORITA LUCY (*volviendo a la mesa*): Saben, este muchacho Chance Wayne era tan atractivo que no podía soportarlo. Pero ahora casi puedo soportarlo. Todos los domingos de verano yo iba a la playa municipal para verlo arrojarse al agua desde la torre alta. Llevaba binoculares cuando daba esas exhibiciones gratis de saltos ornamentales. ¿Todavía haces saltos ornamentales, Chance? ¿O lo has abandonado?

CHANCE (*incómodo*): Hice algunos saltos el domingo pasado.

SEÑORITA LUCY: ¿Bien como siempre?

CHANCE: Estaba un poco fuera de forma, pero la gente no se dio cuenta. Todavía puedo arreglármelas con un doble salto mortal y un...

SEÑORITA LUCY: ¿Dónde fue eso, en Palm Beach, Florida, Chance?

(Entra Hatcher.)

CHANCE (*poniéndose rígido*): ¿Por qué en Palm Beach? ¿Por qué allí?

SEÑORITA LUCY: ¿Quién fue que dijo que te vieron el mes pasado en Palm Beach? Oh sí, Hatcher... que tenías un puesto de bañero en un hotel grande de ahí.

HATCHER (*deteniéndose en los peldaños de la terraza, luego yéndose por la galería*): Sí, es lo que oí.

CHANCE: ¿Que tenía un puesto... de bañero?

STUFF: Que les ponías aceite bronceador en la piel a gordas millonarias.

CHANCE: ¿A qué chistoso se le ocurrió eso? (*Su risa es un poco demasiado fuerte.*)

SCOTTY: Tendrías que conseguir sus nombres y hacerles juicio por calumnia.

CHANCE: Hace mucho que dejé de rastrear las fuentes de los rumores que corren sobre mí. Por supuesto, es halagador, es gratificante saber que todavía se habla de uno en la vieja ciudad natal, a pesar de que lo que digan sea completamente fantástico. Ja, ja, ja.

(El pianista vuelve a tocar "Quiéreme mucho".)

SEÑORITA LUCY: Chiquito, en cierta forma estás cambiado, pero no puedo decir en qué. Todos ustedes ven un cambio en él, ¿o sólo ha envejecido? (*Se sienta junto a* CHANCE.)

CHANCE (*rápidamente*): Cambiar es vivir, Lucy, vivir es cambiar y no cambiar es morir. Sabes eso, ¿no? Antes a veces me asustaba. Ahora no me asusta. ¿Te asusta a ti, Lucy? ¿Te asusta?

(*Detrás de la espalda de* Chance *ha aparecido una de las chicas y les ha dicho por señas a los muchachos que se reúnan con ellas afuera.* Scotty *asiente y levanta dos dedos para darle a entender que irán en un par de minutos. La chica vuelve a salir con una rabiosa sacudida de la cabeza.*)

SCOTTY: Chance, ¿sabías que el Jefe Finley esta noche tiene una reunión aquí de "La juventud a favor de Tom Finley"?

CHANCE: Vi los carteles en toda la ciudad.

BUD: Va a dejar en claro su posición sobre ese asunto de la castración que ha hecho tanto ruido en el estado. ¿Te habías enterado de eso?

CHANCE : No.

SCOTTY: Ha de haber estado en algún satélite terrestre si no se enteró de eso.

CHANCE: No, sólo fuera de St. Cloud.

SCOTTY: La cosa es que eligieron a un negro al azar y lo castraron al cretino para demostrar que en este estado van en serio con el tema de proteger a las mujeres blancas.

BUD: Alguna gente piensa que fueron demasiado lejos. Los del norte han agitado muchísimo la opinión pública en todo el país.

SCOTTY: El Jefe va a dejar en claro su posición sobre ese asunto en su reunión con la juventud en el Salón de Baile Cristal de arriba.

CHANCE: Ajá. ¿Esta noche?

STUFF: Sí, esta noche.

BUD: Dicen que Heavenly Finley y Tom Junior estarán en el estrado con él.

BOTONES (*entrando*): Llamando a Chance Wayne. Llamando...

(*Edna lo corta en seco.*)

CHANCE: *Dudo* de esa historia, en cierta forma *dudo* de esa historia.

SCOTTY: ¿Dudas de que caparon a ese negro?

CHANCE: Oh, no, eso no lo dudo. Saben lo que es eso, ¿no? Eso es envidia sexual y la venganza por envidia sexual es una enfermedad generalizada con la que me he topado personalmente demasiado a menudo como para dudar de su existencia o de cualquiera de sus manifestaciones. (*El grupo echa atrás sus sillas, en actitud despectiva. Chance toma el mensaje de manos del Botones, lo lee y lo arroja al suelo.*) Eh, Stuff... ¿qué tiene que hacer uno para conseguir un trago en este lugar, pararse de cabeza?... (*Al Botones:*) Dígale que iré más tarde... Lucy, ¿puedes conseguir que ese tarado de los refrescos Walgreen me dé una medida de vodka con hielo? (*Ella le chasquea los dedos a Stuff. Él se encoge de hombros y derrama un poco de vodka sobre hielo.*)

SEÑORITA LUCY: Chance, eres demasiado gritón, chiquito.

CHANCE: No lo suficiente, Lucy. No. Lo que quise decir es que dudo de que Heavenly Finley, la única que conozco en St. Cloud, acepte estar de pie en un estrado junto a su padre mientras él explica y excusa en televisión la castración al azar de un negro joven que agarraron en la calle después de medianoche. (*Chance está hablando con una excitación casi incoherente, con una rodilla apoyada en el asiento de su silla, sacudiéndola de adelante hacia atrás. El* Provocador *asoma el rostro detrás del diario; una velada sonrisa feroz se extiende sobre su rostro mientras se inclina hacia delante, con los músculos de la garganta tensos, para oír el estallido de oratoria de* Chance.) ¡No! Eso es lo que no creo. Si lo creyera, ah, les daría una exhibición de saltos ornamentales. Saltaría desde el muelle municipal y nadaría derecho hasta el Cayo Diamante y más allá, y seguiría nadando hasta que los tiburones y las barracudas me tomaran como carnada, hermano. (*Su silla se tumba hacia atrás y él cae tendido en el piso. El* Provocador *pega un salto para ayudarlo. La* Señorita Lucy *también se precipita, interponiéndose entre* Chance y el Provocador, *haciendo retroceder a éste con una rápida mirada o gesto de advertencia. Nadie se da cuenta de la presencia del* Provocador. Chance *vuelve a ponerse de pie, ruborizado y riéndose.* Bud y Scotty *se ríen más que él.* Chance *recoge su silla y prosigue. Las risas cesan.*) Porque he vuelto a St. Cloud para sacarla de St. Cloud. Adónde la llevaré no es un sitio que esté en ninguna parte, sino al lugar que ocupa en mi corazón. (*Ha sacado una cápsula rosa de su bolsillo, rápida y furtivamente, y la ha tragado con un sorbo de vodka.*)

BUD: Chance, ¿qué acabas de tomar?

CHANCE: Una vodka de cien grados.

BUD: Con ella te tragaste algo que sacaste de tu bolsillo.

SCOTTY: Parecía una pildorita rosa.

CHANCE : Oh, ja, ja. Sí, me tomé un estimulante. ¿Quieren

uno? Tengo un montón. Siempre llevo conmigo. Cuando no te estás divirtiendo, te hace divertir. Cuando te estás divirtiendo, hace que te diviertas más. Tomen uno y compruébenlo.

SCOTTY: ¿No dañan el cerebro?

CHANCE : No, al contrario. Estimulan las células cerebrales.

SCOTTY: ¿No hace que tengas una mirada distinta, Chance?

SEÑORITA LUCY: A lo mejor eso es lo que advertí. (*Como si quisiera cambiar el tema.*) Chance, quisiera que me dejaras en claro una duda.

CHANCE:¿Qué duda, Lucy?

SEÑORITA LUCY: ¿Con quién viajas? Oí que te registraste aquí con una vieja y famosa estrella de cine.

(*Todos los miran... En cierta forma, ahora tiene lo que quiere. Es el centro de atracción: todos lo están mirando, aunque con hostilidad, recelo y un cruel sentido de la diversión.*)

CHANCE: Lucy, estoy viajando con la vicepresidenta y principal accionista del estudio cinematográfico que me acaba de contratar.

SEÑORITA LUCY: ¿No actuó una vez en cine y fue muy conocida?

CHANCE: Fue, sigue siendo y nunca dejará de ser una figura importante, legendaria en la industria cinematográfica, aquí y en todo el mundo, y ahora tengo un contrato personal con ella.

SEÑORITA LUCY: ¿Cómo se llama, Chance?

CHANCE: No quiere que se sepa su nombre. Como todas las grandes figuras mundialmente conocidas, no quiere ni necesita cierto tipo de atención pública y se niega a recibirlo. La privacidad es un lujo para las grandes estrellas. No me pregunten su nombre. La respeto demasiado para decir su nombre en esta mesa. Estoy obligado para con ella porque ha demostrado fe en mí. Me llevó un largo tiempo y duros esfuerzos encontrar la fe en mi talento que esta mujer me ha demostrado. Y me niego a traicionarla en esta mesa. (*Su voz se eleva; ya está "duro"*.)

SEÑORITA LUCY: Chiquito, ¿por qué estás transpirando y te tiemblan así las manos? No estás enfermo, ¿no?

CHANCE: ¿Enfermo? ¿Quién está enfermo? Soy el hombre más sano del mundo.

SEÑORITA LUCY: Bueno, querido, sabes que no deberías quedarte en St. Cloud. Eso lo sabes, ¿no es cierto? No podía creer lo que oía cuando me enteré de que habías vuelto. (*A los dos muchachos*.) ¿Podían creer ustedes que estaba de vuelta aquí?

SCOTTY: ¿Para qué volviste?

CHANCE: Desearía que me dieras un motivo por el cual no tendría que volver a visitar la tumba de mi madre, elegir un monumento para ella y compartir mi felicidad con una chica a la que he amado desde hace muchos años. Es ella, Heavenly Finley, por quien he luchado para ascender, y ahora que lo he logrado, la gloria también será de ella. Y acabo de convencer a los que manejan el tema que le permitan aparecer conmigo en una película para la que estoy contratado. Porque yo...

BUD: ¿Cuál es el título de esa película?

CHANCE: ...¿El título? *¡Juventud!*

BUD: ¿Nada más que *Juventud*?

CHANCE: ¿No es un gran título para una película que presenta a un talento joven? Ninguno parece creerme. Si no me creen, bueno, miren. Miren este contrato. (*Lo saca de su bolsillo*.)

SCOTTY: ¿Llevas el contrato encima?

CHANCE: De casualidad lo tengo en el bolsillo de este saco.

SEÑORITA LUCY: ¿Te vas, Scotty? (Scotty *se ha levantado de la mesa.*)

SCOTTY: Las cosas se están poniendo densas en esta mesa.

BUD: Las chicas están esperando.

CHANCE (*rápidamente*): Hey, Bud, llevas un lindo juego de trapos, pero yo le daría un consejo a tu sastre. Un tipo de estatura mediana se ve mejor con hombros naturales, las hombreras te acortan la estatura, te hacen más ancha la silueta y te dan una especie de aspecto macizo.

BUD: Gracias, Chance.

SCOTTY: ¿Tienes algún consejo útil para mi sastre, Chance?

CHANCE: Scotty, no hay sastre en la tierra que pueda disfrazar una ocupación sedentaria.

SEÑORITA LUCY: Chance, querido...

CHANCE: ¿Sigues trabajando en el banco? ¿Te sientas en tu cubículo el día entero contando billetes de cien y una vez por semana te dejan meterte uno en el bolsillo? Es un buen arreglo Scotty, si estás satisfecho con él, pero está empezando a darte un poco de panza y de traste.

VIOLET (*apareciendo en la puerta, enojada*): ¡Bud! ¡Scotty! Vamos.

SCOTTY: No vivo de mi aspecto pero manejo mi propio auto. No es un Cadillac, pero es mi propio auto. Y si mi propia madre muriera, yo mismo la enterraría; no dejaría que una iglesia organizara una colecta para hacerlo.

VIOLET (*impaciente*): Scotty, si ustedes dos no vienen ya mismo me voy a casa en taxi.

(*Los dos jóvenes la siguen al jardín de palmeras. Allí se los puede ver dándoles dinero a sus mujeres para un taxi e indicándoles que ellos se quedan.*)

CHANCE: Las antiguallas nos han dejado, Lucy.

SEÑORITA LUCY: Sí.

CHANCE: Bueno... no volví aquí para pelear con viejos amigos míos... Bien, son las siete y cuarto.

SEÑORITA LUCY: ¿Ya?

(Ahora hay una serie de hombres sentados en los rincones oscuros del bar, mirando a Chance. Sus actitudes no son amenazantes. Simplemente están esperando algo, que la reunión comience arriba, algo... La Señorita Lucy mira a Chance y a los hombres, después nuevamente a Chance, con ojos miopes y la cabeza erguida como un perrito intrigado. Chance está desconcertado.)

CHANCE: Bueno... ¿Cómo está el Hickory Hollow para comerse un bife? ¿Sigue teniendo los mejores bifes de la ciudad?

STUFF *(respondiendo el teléfono en el bar)*: Sí, es él. Está aquí. *(Le echa una rápida mirada a Chance y corta.)*

SEÑORITA LUCY: Chiquito, voy al guardarropas a recoger mi capa y pedir mi auto así te llevo al aeropuerto. Tengo un taxi aéreo allí, un helicóptero, sabes, que te dejará en Nueva Orleáns en quince minutos.

CHANCE: No me voy de St. Cloud. ¿Qué dije para que supusieras que me iba?

SEÑORITA LUCY: Supuse que tenías suficiente sensatez para darte cuenta de que más te vale hacerlo.

CHANCE: Lucy, has estado bebiendo y el alcohol se te subió a esa dulce cabecita.

SEÑORITA LUCY: Piénsalo mientras voy a buscar mi capa. Todavía tienes una amiga en St. Cloud.

CHANCE: Todavía tengo una chica en St. Cloud y no me iré sin ella.

BOTONES *(fuera de escena)*: Llamando a Chance Wayne,

señor Chance Wayne, por favor.

PRINCESA(*entrando con el* Botones): Más fuerte jovencito, más fuerte... Oh, no se preocupe, ¡ahí está!

(Pero Chance *ya ha salido corriendo hacia la galería. Parece que la* Princesa *se hubiera echado las ropas encima para huir de un edificio en llamas. Su vestido azul de lentejuelas tiene el cierre abierto o parcialmente cerrado, su cabello está todo revuelto, sus ojos brillantes tienen una expresión aturdida, típica de quien está drogado. Con una mano sostiene temblorosamente los antejos con el cristal roto, con la otra, su estola de visón; sus movimientos son titubeantes.)*

SEÑORITA LUCY: Sé quién es usted. Es Alexandra Del Lago.

(Fuertes susurros. Una pausa.)

PRINCESA (*en la escalera de la galería*): ¿Qué? ¡Chance!
SEÑORITA LUCY: Querida, déjeme que le abroche ese cierre. Quédese quieta un segundo. Mi querida, permítame llevarla arriba. No deben verla aquí en estas condiciones...

(De pronto Chance *irrumpe desde la galería y conduce afuera a la* Princesa, *que está al borde del pánico. La* Princesa *corre hasta la mitad de los escalones que dan al jardín de palmeras, luego se inclina jadeando sobre la balaustrada bajo el candelabro ornamental con sus cinco grandes perlas de luz. El interior se oscurece mientras* Chance *sale detrás de ella.)*

PRINCESA: ¡Chance! ¡Chance! ¡Chance! ¡Chance!
CHANCE (*suavemente*): Si te hubieras quedado arriba no

te habría ocurrido esto.

PRINCESA: Lo hice, me quedé.

CHANCE: Te dije que esperaras.

PRINCESA: Esperé.

CHANCE: ¿No te dije que esperaras hasta que yo volviera?

PRINCESA: Lo hice, esperé muchísimo, te esperé muchísimo. Entonces, por fin, oí esos largos bocinazos sonando en el jardín de palmeras y entonces... Chance, me ocurrió la cosa más maravillosa del mundo. ¿Me vas a escuchar? ¿Me dejarás contarte?

SEÑORITA LUCY (al grupo del bar): ¡Shhh!

PRINCESA: Chance, cuando te vi manejando bajo mi ventana con la cabeza erguida, con ese terrible orgullo de los derrotados que les pone rígido el cuello y que tan bien conozco, supe que tu vuelta a la ciudad natal había sido un fracaso como mi vuelta al cine. Y en mi corazón sentí algo por ti. Es un milagro, Chance. Ésa es la cosa maravillosa que me ocurrió. Sentí algo por alguien que no era yo. Eso quiere decir que mi corazón todavía está vivo, al menos una parte de él, que no todo mi corazón está muerto. Una parte todavía está viva... Chance, por favor escúchame. Estoy avergonzada por lo de esta mañana. Nunca volveré a degradarte, nunca me degradaré, nunca más tú y yo volveremos... yo no siempre fui el monstruo que soy. En una época no era un monstruo. Y lo que sentí en el corazón cuando te vi volviendo, derrotado, a este jardín de palmeras, me dio la esperanza de que podía dejar de ser un monstruo. Chance, tienes que ayudarme a dejar de ser el monstruo que fui esta mañana y puedes hacerlo, puedes ayudarme. No seré ingrata contigo. Esta mañana estuve a punto de morir, sofocada de pánico. Pero incluso a través de mi pánico, vi tu bondad. Vi una verdadera bondad en ti que casi has destruido, pero que sigue viviendo, un poco...

CHANCE: ¿Qué gesto bondadoso tuve yo?

PRINCESA: Me diste oxígeno.

CHANCE: Cualquiera lo hubiera hecho.

PRINCESA: Podría haberte llevado más tiempo dármelo.

CHANCE: No soy semejante monstruo.

PRINCESA: No eres ningún monstruo. Sólo eres...

CHANCE: ¿Qué?

PRINCESA: Un niño perdido en el país de las habichuelas,* el país del ogro que está en el extremo del tallo de las habichuelas, el país del ogro hambriento de carne y sediento de sangre...

(De pronto se oye una voz de afuera.)

VOZ: ¿Wayne?

(El llamado es claro pero no fuerte. Chance lo oye, pero no se da vuelta hacia el lugar de donde surge; se queda momentáneamente congelado, como un ciervo que olfatea a los cazadores. En medio de la gente reunida adentro del salón del bar vemos a quien habló, Dan Hatcher. Por su aspecto, ropa y modales es la apoteosis del subgerente de hotel; tiene más o menos la edad de Chance, es delgado, rubio, con un prolijo bigote, suave, jovial y sólo traiciona su instinto criminal en las piedras de cristal color rubí que adornan sus gemelos y el alfiler de corbata haciendo juego.)

HATCHER: ¡Wayne!

(Hatcher da un pequeño paso adelante y, en el mismo

---

* Williams alude aquí al cuento para niños de origen inglés "Jack y las habichuelas", de autor anónimo. (*N. de la T.*)

instante, Tom Junior y Scotty *aparecen detrás de él, apenas visibles.* Scotty *enciende un fósforo para prender el cigarrillo de* Tom Junior *mientras esperan allí.* Chance *de pronto le brinda a la* Princesa *toda su tierna atención, tomándola de la cintura con el brazo y llevándola hacia el arco morisco de la entrada del bar.)*

CHANCE *(en voz muy alta):* Te traeré un trago y luego te llevaré arriba. No estás en condiciones de quedarte aquí.
HATCHER *(dirigiéndose rápidamente al pie de las escaleras):* ¡Wayne!

(El llamado es demasiado fuerte para ignorarlo; Chance *se da vuelta a medias y responde.)*

CHANCE: ¿Quién es?
HATCHER: ¡Ven aquí un minuto!
CHANCE: Oh, *Hatcher.* Enseguida estoy contigo.
PRINCESA: Chance, no me dejes sola.

(En este momento, la llegada del Jefe Finley *es anunciada por las sirenas de varios patrulleros. El proscenio de pronto se ilumina desde la izquierda, supuestamente por los faros de los autos que llegan a la entrada del hotel. Ésta es la señal que han estado esperando los hombres del bar. Todos salen apresurados por la izquierda. En la parte del escenario iluminada por la luz cálida sólo está* Chance; *detrás de él, la* Princesa. *El* Provocador *se encuentra en el bar. El pianista toca un tango afiebrado. Ahora, desde la izquierda, puede oírse fuera de escena al* Jefe Finley, *hablando con una energía que destaca su personalidad pública. En medio del ruido de los flashes de los fotógrafos oímos desde afuera:)*
JEFE *(fuera de escena):* ¡Ja, ja, ja! ¡Querida mía, sonríe!

Vamos, ¡sonríele al pajarito! ¿No es celestial? ¡Su nombre es el más apropiado para ella!

HEAVENLY (*fuera de escena*): Papá, ¡quiero entrar!

(En ese instante, Heavenly entra corriendo... para enfrentarse con Chance... El Provocador se levanta. Durante un largo momento, Chance y Heavenly se quedan parados; él está en los peldaños que llevan al jardín de palmeras y a la galería; ella en el salón del bar. Simplemente se miran... con el Provocador en medio de ellos. Entonces el Jefe entra y la toma del brazo... Y allí se queda, enfrentando al Provocador y a Chance a la vez... Por un segundo los enfrenta, levanta a medias su bastón para pegarles, pero no lo hace... Luego arrastra a Heavenly fuera de escena por la izquierda... donde las fotografías y las entrevistas se suceden durante la escena que sigue. Chance ha visto que Heavenly va a subir al estrado con su padre... Su actitud es de total estupefacción...)

PRINCESA: ¡Chance! ¿Chance? (*Él se da vuelta hacia ella mecánicamente.*) Pide el auto y vayámonos. Todo está empacado, hasta el... grabador con mi voz desvergonzada impresa en la cinta...

(El Provocador ha retomado su posición en el bar. Ahora han vuelto a escena Hatcher, Scotty y un par de otros muchachos... La Princesa los ve y se queda en silencio... Nunca ha estado en semejante situación antes...)

HATCHER: Wayne, ¿me haces el favor de venir aquí abajo?

CHANCE: ¿Para qué, qué quieres?

HATCHER: Baja aquí y te lo diré.

CHANCE: Sube tú aquí y dímelo.

TOM JUNIOR: Vamos, cagón cretino.

CHANCE: Pero, hola Tom Junior. ¿Por qué te estás escondiendo ahí abajo?

TOM JUNIOR: Tú te estás escondiendo, no yo, cagón.

CHANCE: Tú estás en la oscuridad, no yo.

HATCHER: Tom Junior quiere hablar contigo en privado aquí abajo.

CHANCE: Puede hablar conmigo en privado aquí arriba.

TOM JUNIOR: Hatcher, dile que le hablaré en el baño del entrepiso.

CHANCE: No tengo conversaciones con la gente en el baño...

(Tom Junior, enfurecido, empieza a apresurarse hacia adelante. Los hombres lo retienen.)

De todos modos, ¿qué es todo esto? Es fantástico. ¿Están celebrando un pequeño congreso aquí? Antes solía dejar los lugares cuando me lo ordenaban. Ahora no. Esa época se acabó. Ahora me voy cuando se me da la gana. ¿Oyes eso, Tom Junior? Dale a tu padre ese mensaje. Ésta es mi ciudad. Nací en St. Cloud, él no. Sólo se sintió llamado aquí. Sólo se sintió llamado a bajar de las colinas para predicar el odio. Yo nací aquí para hacer el amor. Cuéntale ahora qué diferencia hay entre él y yo, y pregúntale cuál le parece que tiene más derecho a quedarse aquí... (*No recibe respuesta del grupo de hombres amontonados que está reteniendo a* Tom Junior *para que no lo asesine ya mismo en el salón del bar. Después de todo, sería un mal precedente para la aparición del* Jefe *por televisión en todo el Sur... y todos lo saben.* Chance *continúa desafiándolos.*) ¡Tom, Tom Junior! ¿qué quieres de mí? ¿Devolverme el dinero que te di para ir al partido y al cine un sábado cuando estabas cortando el pasto del jardín de tu padre por un dólar? ¿Agradecerme por las veces en que te presté mi motocicleta y te conseguí una chica para andar en el asiento trasero? ¡Vamos! Te daré las llaves de mi Cadillac. Te daré lo que cobra cualquier puta de St. Cloud. Todavía tienes crédito conmigo porque eres el hermano de Heavenly.

TOM JUNIOR (*casi liberándose*): ¡No pronuncies el nombre de mi hermana!

CHANCE: ¡Pronuncié el nombre de mi chica!

TOM JUNIOR (*soltándose del grupo*): Estoy bien, estoy bien. Déjennos solos, por favor. No quiero que Chance sienta que lo superamos en número. (*Los aleja.*) ¿Está bien? Ven aquí abajo.

PRINCESA (*tratando de retener a* Chance): No, Chance, no vayas.

TOM JUNIOR: Discúlpate con la señora y ven aquí abajo. No tengas miedo. Sólo quiero hablar contigo tranquilamente. Nada más que hablar. Una charla tranquila.

CHANCE: Tom Junior, sé que desde la última vez que estuve aquí algo le ha ocurrido a Heavenly y yo...

TOM JUNIOR: No... pronuncies el nombre de mi hermana. Que su nombre no pase por tu lengua.

CHANCE: Sólo dime qué le ocurrió.

TOM JUNIOR: Baja la voz, cretino.

CHANCE: Sé que he hecho muchas cosas malas en mi vida, muchas más de las que puedo nombrar o enumerar, pero juro que nunca lastimé a Heavenly en mi vida.

TOM JUNIOR: ¿Quieres decir que mi hermana ha estado con alguien más... que otra persona le contagió esa enfermedad la última vez que estuviste en St. Cloud?... Sé que es posible, es muy posible que no supieras lo que le hiciste a mi hermanita la última vez que viniste a St. Cloud. ¿Recuerdas esa vez en que viniste a casa sin un centavo? Mi hermana tenía que pagar tus cuentas en restaurantes y bares y tuvo que cubrir cheques sin fondos que libraste sobre bancos donde no tenías cuenta.

Hasta que conociste a esa puta rica, Minnie, la tejana del yate, y empezaste a pasar los fines de semana en su barco y a volver los lunes con dinero de Minnie para gastar con mi hermana. Quiero decir, te acostabas con Minnie, que se acostaba con el primer gigoló canalla que se levantaba en la calle Bourbon o en el puerto, y después volvías a acostarte con mi hermana. Y en algún momento, durante ese tiempo, Minnie te dio algo más que tus honorarios de gigoló y se lo transmitiste a mi hermana, mi hermanita que ni siquiera había oído hablar de semejante cosa y no supo qué era hasta que el mal estuvo muy avanzado y...

CHANCE: Me fui de la ciudad antes de descubrir que...

(Se oye la música del "Lamento".)

TOM JUNIOR: ¡Lo descubriste! ¿Se lo dijiste a mi hermanita?

CHANCE: Pensé que si algo andaba mal ella me llamaría o me escribiría...

TOM JUNIOR: ¿Cómo podía escribirte o llamarte si no hay direcciones ni números telefónicos en el albañal? Estoy ardiendo por matarte... ¡aquí, ahora mismo!... Mi hermanita Heavenly no sabía nada de las enfermedades y las operaciones de las putas, hasta que el cuchillo del doctor George Scudder la tuvo que limpiar y vaciar, quiero decir sacarle los ovarios como a una perra. Eso es... ¡el cuchillo!... Y esta noche... si te quedas aquí esta noche, si sigues aquí después de esta reunión, también vas a sentir el cuchillo en tu carne. ¿Te queda claro? El cuchillo. Eso es todo. Ahora vuelve con la señora que yo vuelvo con mi padre. (Tom Junior *sale*.)

PRINCESA (*mientras* Chance *vuelve a ella*): Chance, por amor a Dios, vayámonos ahora mismo...

(El "Lamento" flota en el aire. Se mezcla con el soni-do del viento en las palmeras.)

Todo el día he estado oyendo esa especie de lamen-to que flota en el aire de este lugar. Dice: "Perdido, perdido, nunca más se lo podrá encontrar". En los jardines de palmeras junto al mar y en los bosqueci-llos de olivos de las islas del Mediterráneo flota ese lamento. "Perdido, perdido"... La isla de Chipre, Montecarlo, San Remo, Torremolinos, Tánger. Son todos lugares donde nos exiliamos de aquello que hemos amado. Anteojos oscuros, sombreros de ala ancha y susurros, "¿Ésa es ella?" Susurros conmocio-nados... Oh, Chance, créeme, después del fracaso vie-ne la huída. Después del fracaso no hay nada más que la huída. Enfréntalo. Pide el auto, haz que bajen el equi-paje y sigamos avanzando por la Vieja Carretera Española. *(Trata de abrazarlo.)*

CHANCE: Sácame de encima esas manos ávidas.

(Fuera de escena, unos manifestantes empiezan a can-tar "Linda Bandera Azul"*.)

PRINCESA: Soy la única persona en este lugar que puede impedir que te destruyas.

CHANCE: No quiero que lo impidas.

PRINCESA: No me dejes. Si lo haces me convertiré en un monstruo de nuevo. Seré la primera dama del País de las Habichuelas.

CHANCE: Vuelve al cuarto.

PRINCESA: Sola no voy a ninguna parte. No puedo.

---

* Esta canción –*Bonnie Blue Flag*– es la canción patriótica más famosa del Sur. Su letra fue escrita en 1861 por Harry McCarthy, quien la adaptó a una vieja melodía escocesa, y ensalza a la bandera llevada por las fuerzas confederadas del Sur en la Guerra de Secesión. (*N. de la T.*)

CHANCE (*desesperado*): ¡Una silla de ruedas! (*Entran mani-festantes por la izquierda*, Tom Junior y el Jefe *con ellos.*) ¡Una silla de ruedas! Stuff, ¡consíguele una silla de ruedas a la señora! ¡Tiene otro ataque!

(*Stuff* y *un* Botones *la sostienen... pero ella empuja a* Chance *apartándolo de sí y lo mira con ojos de repro-che... El* Botones *la toma del brazo. Ella acepta este bra-zo anónimo y sale.* Chance y *el* Provocador *quedan solos en escena.*)

CHANCE (*como si tranquilizara y consolara a alguien ade-más de sí mismo*): Está bien, ahora estoy solo, nadie se ha colgado de mí.

(*Está jadeando. Se afloja la corbata y el cuello. La ban-da del Salón de Baile Cristal, en silencio hasta ahora, ini-cia una variación vivaz pero líricamente distorsionada de alguna melodía muy popular como la "Polka Lichtens-teiner". Chance se vuelve hacia el lugar de donde sale el sonido. Entonces, por la parte izquierda del escenario, entra una porrista llevando una enseña de seda dorada y púrpura que dice "La juventud a favor de Tom Finley" y haciendo cabriolas, seguida por el Jefe Finley, Heavenly y Tom Junior, quien agarra a su hermana con fuerza del brazo, como si la estuviera conduciendo a una cámara mortuoria.*)

TOM JUNIOR: ¿Papá? ¡Papá! ¿Le dirías a mi hermana que marche?

JEFE: Chiquita, tú levantas la cabeza bien *alto* cuando entre-mos marchando en ese salón de baile. (*La música sue-na fuerte... Marchan por los escalones y por la galería de atrás... luego empiezan a atravesarla. El Jefe grita.*)

¡Ahora marchen! (*Y desaparecen subiendo las escaleras.*)

Voz (*fuera de escena*): Ahora recemos. (*Se oye una plegaria murmurada por muchas voces.*)

SEÑORITA LUCY (*que se ha quedado atrás*): ¿Todavía quiere intentarlo?

PROVOCADOR: Voy a tirarme un lance. ¿Cómo está mi voz?

SEÑORITA LUCY: Mejor.

PROVOCADOR: Es preferible que espere aquí hasta que empiece a hablar, ¿no le parece?

SEÑORITA LUCY: Espere hasta que apaguen las arañas del salón de baile... ¿Por qué no hace una pregunta que no perjudique a su hija?

PROVOCADOR: No quiero perjudicar a su hija. Pero va a exhibirla como la bella virgen blanca expuesta a la lujuria de los negros sureños y ésa es su artimaña, lo que lo lleva a sus discursos sobre la Voz de Dios.

SEÑORITA LUCY: Lo cree honestamente.

PROVOCADOR: Yo no lo creo. Creo que el silencio de Dios, su absoluta mudez, es horrible y dura desde toda la eternidad, a raíz de lo cual el mundo está perdido. Creo que ese silencio todavía no se ha quebrado ante ningún hombre, que viva o haya vivido en la tierra... sin ninguna excepción y menos que nadie el Jefe Finley.

(*Entra Stuff, va a la mesa, empieza a limpiarla. Las luces de las arañas se apagan.*)

SEÑORITA LUCY (*con admiración*): Hace falta un montañés para liquidar a un montañés... (*a Stuff*) Enciende el televisor, chiquito.

Voz (*fuera de escena*): Los dejo con el querido Thomas J. Finley.

(Stuff *hace un gesto como para encender el televisor,*

que está en la pared posterior. Un rayo de luz ondulante, titilante, estrecho e intenso, viene de la baranda del balcón. Stuff mueve la cabeza para quedar en él, mirando dentro de él... Chance camina lentamente hacia el proscenio, su cabeza también en el estrecho y titilante rayo de luz. Mientras camina hacia la parte delantera del escenario, de pronto aparece en la gran pantalla de televisión, que cubre toda la pared trasera del escenario, la imagen del Jefe Finley. *Su brazo está alrededor de* Heavenly *y está hablando... Cuando* Chance *ve el brazo del* Jefe *alrededor de* Heavenly, *hace un sonido con la garganta como si un pesado puño lo hubiera golpeado en el estómago... Ahora el sonido, que siempre sigue a la imagen un instante después de la aparición de aquélla, comienza a oírse... con mucho volumen.)*

JEFE (*en la pantalla de televisión*): Gracias amigos míos, vecinos, hermanos, compatriotas... Se los he dicho antes, pero se los diré una vez más. Tengo una misión sagrada que cumplir en el Sur... Cuando tenía quince años, bajé descalzo de las colinas de arcilla roja... ¿Por qué? Porque la Voz de Dios me llamó para cumplir esa misión.

SEÑORITA LUCY (*a Stuff*): Está muy fuerte.

PROVOCADOR: ¡Escucha!

JEFE: ¿Y cuál es esa misión? Se los he dicho antes pero se los diré una vez más. Proteger de la contaminación una sangre que estoy convencido de que no sólo es sagrada para mí, sino para Él.

(En la parte trasera del escenario vemos que el Provocador *sube los últimos peldaños y hace ademán de abrir una puerta... Avanza adentro del salón, desapareciendo de nuestra vista.)*

SEÑORITA LUCY: Bájalo, Stuff.

STUFF (*acercándose a ella*): ¡Shh!

JEFE: ¿Quién es el mejor amigo del hombre de color en el Sur? Eso es...

SEÑORITA LUCY: Stuff, baja el volumen.

JEFE: Soy yo, Tom Finley. Así lo reconocen ambas razas.

STUFF (*gritando*): Está diciendo la verdad revelada. ¡Óiganla todos!

JEFE: Sin embargo... no puedo aceptar, tolerar ni condonar la amenaza de una contaminación de nuestra sangre y no lo haré.

(*La* Señorita Lucy *baja el volumen del televisor.*)

JEFE: Como todos ustedes saben, no tuve nada que ver con cierta operación que le realizaron a un joven caballero negro. Considero el incidente deplorable. Es lo único en lo que estoy totalmente de acuerdo con la prensa radical del Norte. Fue algo deplorable. Sin embargo... comprendo las emociones que se agitan tras el hecho. La pasión de proteger por medio de este acto violento algo que consideramos sagrado: la pureza de nuestra propia sangre. Pero no tuve ninguna participación en ello y no condono la operación que le realizaron al desgraciado joven de color que descubrieron merodeando a medianoche por las calles de nuestra capital...

CHANCE: ¡Mi Dios! Cuántas mentiras. ¡Qué mentiroso!

SEÑORITA LUCY: ¡Espera!... Chance, todavía te puedes ir. Aún puedo ayudarte, querido.

CHANCE (*poniendo las manos sobre los hombros de la* Señorita Lucy): Gracias Lucy, pero no lo haré. Esta noche, si Dios me ayuda, de alguna forma, no sé cómo, pero de alguna forma la sacaré de St. Cloud. La despertaré en mis brazos y le devolveré la vida. Sí, de alguna forma, ¡Dios me ayude!, de alguna forma.

(Stuff *sube el volumen del televisor*)

PROVOCADOR (*su voz viene del televisor*): ¡Eh, Jefe Finley! (*La cámara de televisión se mueve para mostrarlo en el fondo del salón.*) ¿Qué me cuenta de la operación de su hija? ¿Qué me cuenta de la operación que se hizo su hija en el hospital Thomas J. Finley aquí en St. Cloud? ¿Se puso de luto como duelo por su apéndice?...

(*Oímos un jadeo, como si al* Provocador *lo hubieran golpeado.*
Imagen: *En la pantalla se la ve a* Heavenly *horroriza-da. Ruidos de disturbios. Luego las puertas de la parte más alta de las escaleras se abren violentamente y el* Provocador *tropieza escalones abajo... La cámara enfoca al* Jefe Finley. *Está tratando de dominar los disturbios del salón.*)

JEFE: ¿Podría repetir esa pregunta? Hagan que ese hombre se adelante. Responderé a su pregunta. ¿Dónde está? Si ese hombre se hubiera adelantado habría respondi-do a su pregunta... El viernes pasado... el viernes pasa-do... Viernes Santo. Dije que el Viernes, el Viernes Santo... Silencio, pueden prestarme atención, por favor... El viernes pasado, el Viernes Santo, vi una cosa horrible en el campus de nuestra gran Universidad Estatal, que yo construí para el Estado. Una abomina-ble efigie rellena de paja de mí mismo, Tom Finley, fue colgada e incendiada en el patio principal de la universidad. Este ultraje fue inspirado por la prensa radical del Norte. Sin embargo, era Viernes Santo. Hoy es Pascua. Digo que fue Viernes Santo. Hoy es Domingo de Pascua y estoy en St. Cloud.

(*Durante este parlamento, se ha desarrollado una horrible pelea silenciosa y a oscuras. El* Provocador *se defendió pero finalmente lo dominaron y lo golpearon sistemáticamente... El rígido e intenso rayo de luz se ha quedado sobre* Chance. *Si éste tuvo un impulso de ir en ayuda del* Provocador, *lo desalentaron* Stuff *y otro hombre que está detrás de él observándolo... En el punto culminante de la paliza, estalla un gran aplauso... En un momento de los aplausos,* Heavenly *aparece de pronto, escoltada por algunas personas, baja las escaleras sollozando y se desmaya...)*

TELÓN

TERCER ACTO

(Esa misma noche, un poco más tarde, en el cuarto de hotel. Las persianas del rincón morisco están abiertas sobre el jardín de palmeras: siguen oyéndose sonidos aislados de disturbio y algo arde en el jardín de palmeras: ¿una efigie, un emblema? Las luces titilantes de la hoguera caen sobre la Princesa. En la escena interior, se proyectan constante y serenamente las palmeras reales, extendiendo sus ramas contra las estrellas.)

PRINCESA (caminando con el teléfono): ¡Operador! ¿Qué ocurrió con mi chofer?
(Chance entra en la galería y ve que alguien se acerca del otro lado... rápidamente se oculta y se queda en las sombras de la galería.)
Me dijo que me conseguiría un chofer... ¿Por qué no puede conseguirme un chofer si dijo que podía? ¡Seguro que alguien en este hotel puede conseguirme un chofer que me conduzca, al precio que sea... fuera de este infernal...!
(Se da vuelta súbitamente cuando Dan Hatcher golpea la puerta del pasillo. Detrás de él aparecen Tom Junior y Budy Scotty, sudorosos y desarreglados por el tumulto en el jardín de palmeras.)
¿Quién es?
SCOTTY: No va a abrir, derribemos la puerta.
PRINCESA (dejando caer el teléfono): ¿Qué quieren?

HATCHER: Señorita Del Lago...

BUD: No respondas hasta que abra.

PRINCESA: ¡Quién está ahí afuera! ¿Qué quieren?

SCOTTY (*al vacilante* Hatcher): Dile que quieres que salga de ese jodido cuarto.

HATCHER (*con una forzada nota de autoridad*): Cállate. Déjame manejar esto... Señorita Del Lago, su hora de salida era las quince y treinta y ahora es más de medianoche... Lo lamento, pero no puede ocupar este cuarto más tiempo.

PRINCESA (*abriendo violentamente la puerta*): ¿Qué dijo? ¡Puede repetir lo que dijo!

(*Su voz imperiosa, sus joyas, sus pieles y su presencia imponente los descoloca un momento.*)

HATCHER: Señorita Del Lago...

TOM JUNIOR (*recuperándose más rápido*): Éste es el señor Hatcher, el subgerente del hotel. Usted ingresó anoche con un personaje indeseable en esta ciudad y nos han informado que se aloja en el cuarto con usted. Trajimos al señor Hatcher para recordarle que hace mucho que pasó su hora de salida y...

PRINCESA(*enérgicamente*): Mi horario de salida en cualquier hotel del mundo es *cuando a mí se me da la gana*...

TOM JUNIOR: Éste no es cualquier hotel del mundo.

PRINCESA(*sin permitirles entrar*): Además, no hablo con subgerentes de hoteles cuando tengo que hacer quejas sobre descortesías de las que he sido objeto, cosa que sin la menor duda debo hacer tras mis experiencias aquí. No hablo siquiera con gerentes de hoteles, hablo con los dueños. Directamente hablo con los dueños de los hoteles sobre las descortesías de que he sido objeto. (*Toma las sábanas de satén que hay en la cama.*)

Estas sábanas son mías, se van conmigo. Y jamás he sufrido descortesías tan espantosas en ningún hotel de ninguna parte del mundo. He averiguado el nombre del dueño de este hotel. El hotel pertenece a una cadena de hoteles cuyo propietario es un amigo mío, de quien fui huésped en capitales extranjeras como... (TOM JUNIOR *la ha empujado y ha entrado en el cuarto.*) ¿Qué demonios hace en mi cuarto?

TOM JUNIOR: ¿Dónde está Chance Wayne?

PRINCESA: ¿Para eso vinieron aquí? Entonces pueden irse. No ha estado en este cuarto desde que partió esta mañana.

TOM JUNIOR: Scotty, revisa el baño... (*Él revisa el placard, se detiene para espiar debajo de la cama.* Scotty *sale por la derecha.*) Como le dije antes, sabemos que es Alexandra Del Lago y que viaja con un degenerado al que estoy seguro que no conoce. Por eso no puede quedarse en St. Cloud, especialmente después de este tumulto que hemos... (Scotty *vuelve a entrar desde el baño y le indica a* Tom Junior *que* Chance *no está allí.*) Ahora bien, si necesita alguna ayuda para salir de St. Cloud, yo estaría...

PRINCESA(*interrumpiendo*): Sí, quiero un chofer. Alguien que maneje mi auto. Quiero irme de aquí. Estoy desesperada por irme de aquí. No puedo manejar. ¡Tienen que sacarme de aquí!

TOM JUNIOR: Scotty, tú y Hatcher esperen afuera mientras le explico algo a ella... (*Se van y esperan del otro lado de la puerta, en el extremo izquierdo de la galería.*) Voy a conseguirle un chofer, señorita Del Lago. Le conseguiré un agente de policía, media docena de policías si no puedo conseguirle un chofer. ¿De acuerdo? Alguna vez vuelva a nuestra ciudad y visítenos, ¿sabe? Pondremos alfombra roja para usted. ¿De acuerdo? Buenas noches, señorita Del Lago.

(Todos desaparecen por el pasillo, que entonces se oscurece. Ahora Chance avanza desde donde ha estado esperando, en el otro extremo del corredor, y lenta, cautelosamente, se acerca a la entrada del cuarto. El viento barre el jardín de palmeras; parece disolver las paredes; el resto de la obra se representa contra el cielo nocturno. Las puertas con persianas que dan a la galería se abren y Chance entra en el cuarto. Desde la última vez que lo vimos ha perdido mucho más la cordura y la capacidad de razonamiento. La Princesa no se da cuenta de su entrada hasta que él cierra de un golpe las puertas con persianas. Ella se da vuelta, sobresaltada, para enfrentarse con él:)

PRINCESA: ¡Chance!

CHANCE: Tenías una linda compañía aquí.

PRINCESA: Unos hombres estaban buscándote. Me dijeron que no era bienvenida en este hotel y en esta ciudad porque había venido con un "criminal degenerado". Les pedí que me consiguieran un chofer para poder irme.

CHANCE: Yo soy tu chofer. Sigo siendo tu chofer, Princesa.

PRINCESA: No pudiste manejar por el jardín de palmeras.

CHANCE: Estaré bien en un minuto.

PRINCESA: Lleva más de un minuto. Chance, ¿me escucharías? ¿Puedes escucharme? Yo te escuché esta mañana, con comprensión y pena, sí, escuché con pena tu historia de esta mañana. Sentí algo por ti que creí que ya no podía sentir. Recordé a hombres jóvenes que fueron lo que tú eres o lo que estás ansiando ser. Los vi muy claramente, muy claramente, ojos, voces, sonrisas, cuerpos, los vi con toda claridad. Pero no podía recordar sus nombres. No podía recordar sus nombres sin hundirme en los viejos programas de piezas de las que fui estrella a los veinte años y en las que

ellos decían: "Señora, el conde está esperándola" o...
¿Chance? Casi lo lograron. ¡Oh, oh, Franz! Sí, Franz...
¿qué? Albertzart, Franz Albertzart, oh Dios, Dios,
Franz Albertzart... Tuve que despedirlo. Me estrechaba
demasiado en la escena del vals; una vez, sus dedos
ansiosos me dejaron moretones, me, me dislocaron un
disco de la columna y...

CHANCE: Estoy esperando que te calles.

PRINCESA: No hace mucho lo vi en Montecarlo. Estaba con
una mujer de setenta años y los ojos de él parecían más
viejos que los de ella. Ella lo llevaba, lo conducía con una
cadena invisible a través del Grand Hotel... por los
salones y los casinos y los bares como a un perro falde-
ro ciego y moribundo; no era mucho mayor de lo que
tú eres ahora. Poco después de eso se cayó con su Alfa-
Romeo o su Ferrari de la Grande Corniche... ¿accidentalmente?... Se rompió el cráneo como si fuera una
cáscara de huevo. Me pregunto qué encontraron adentro. Viejas ambiciones de las que había desesperado,
pequeñas traiciones, posiblemente ínfimos intentos de
chantaje que no salieron bien y las huellas que dejan el
gran encanto y la dulzura auténtica. Chance, Franz
Albertzart es un Chance Wayne. ¿Por favor, serías capaz
de enfrentar esta verdad así podemos seguir juntos?

CHANCE (*se aparta de ella*): ¿Ya terminaste? ¿Has acabado?

PRINCESA: No escuchaste, ¿no es cierto?

CHANCE (*tomando el teléfono*): No tuve que hacerlo. Yo
te conté esa historia esta mañana... no voy a caerme
de ningún lado ni romperme la cabeza como si fuera
una cáscara de huevo.

PRINCESA: No, porque no puedes manejar.

CHANCE: ¿Operador? Larga distancia.

PRINCESA: Te llevarías una palmera por delante. Franz
Albertzart...

CHANCE: ¿Dónde está tu libreta de direcciones, tu índice telefónico?

PRINCESA: No sé qué estás tramando, pero no te saldrá bien. La única esperanza que te queda ahora es dejar que te guíe con una cadena de acero invisible y amorosa a través de los Carlton y los Ritz y los Grand Hotel y...

CHANCE: ¿No sabes que me moriría antes? Preferiría morirme antes... (*Por teléfono:*) ¿Operador? Es una llamada urgente persona a persona de la señorita Alexandra Del Lago a la señorita Sally Powers en Beverly Hills, California...

PRINCESA: ¡Oh, no!... ¡Chance!

CHANCE: La señorita Sally Powers, la comentarista de Hollywood, sí, Sally Powers. Sí, bien, consiga el número telefónico. Espero, espero...

PRINCESA: Su número es Coldwater cincuenta y nueve mil... (*Se lleva la mano a la boca... pero es demasiado tarde.*)

CHANCE: En Beverly Hills, California, Coldwater cincuenta y nueve mil.

(*La* Princesa *avanza hacia el proscenio; las zonas que la rodean se oscurecen hasta que nada se percibe detrás de ella salvo el jardín de palmeras.*)

PRINCESA: ¿Por qué le di el número? Bueno, por qué no; después de todo, yo debía saberlo más tarde o más temprano... Me dispuse a llamarla varias veces, tomé el teléfono, lo dejé. Bueno, dejemos que lo haga él por mí. Algo ha ocurrido. Estoy respirando libre y profundamente como si el pánico hubiera desaparecido. Tal vez desapareció. Él está haciendo esa cosa horrible por mí, pidiendo la respuesta en mi lugar. Ahora no existe para mí salvo como alguien que hace esta horrible llamada por mí, pide la respuesta en mi lugar. La luz cae de lleno sobre mí. Él ahora es casi invisible. ¿Qué quiere decir eso? ¿Quiere decir que yo todavía no estoy lista para ser borrada, tachada?

CHANCE: Está bien, llame a Chasen. Trate de encontrarla en Chasen.

PRINCESA: Bueno, una cosa es segura: este llamado es lo único que me importa. Me siento inundada por la luz y todo lo demás permanece en la penumbra. Él está en el trasfondo de penumbra como si nunca hubiera dejado la oscuridad en la que nació. He tomado nuevamente la luz como una corona en mi cabeza, una corona que me sienta bien desde el momento de mi nacimiento por algo que hay en las células de mi sangre y de mi cuerpo. Es mía, nací para poseerla y él nació para hacer en mi lugar este llamado telefónico a Sally Powers, querida y fiel custodia de mi leyenda que me sobrevive. (*Suena un teléfono a la distancia.*) La leyenda a la que yo he sobrevivido... Los monstruos no mueren temprano; duran largo tiempo. Un tiempo horriblemente largo. Su vanidad es infinita, casi tan infinita como su disgusto consigo mismos. (*El teléfono suena más fuerte: la luz inunda nuevamente el cuarto de hotel. La* Princesa *se da vuelta hacia* Chance *y la pieza vuelve a un nivel más realista.*) El teléfono sigue sonando.

CHANCE: Me dieron otro número...

PRINCESA: Si no está allí, da mi nombre y pregúntales dónde puedo encontrarla.

CHANCE: ¿Princesa?

PRINCESA: ¿Qué?

CHANCE: Tengo un motivo personal para hacer esta llamada telefónica.

PRINCESA: Estoy segura de eso.

CHANCE (*por teléfono*): Estoy llamado de parte de Alexandra Del Lago. Quiere hablar con la señorita Sally Powers... Oh, ¿hay algún número donde la Princesa pueda encontrarla?

PRINCESA: Será una buena señal si te dan un número.

CHANCE: ¿Oh?... Bien, llamaré a ese número... ¿Operador? Intente otro número para la señorita Sally Powers. Es Cañón setenta y cinco mil. Diga que es urgente, de parte de la Princesa Kosmonopolis...

PRINCESA: Alexandra Del Lago.

CHANCE: Alexandra Del Lago es quien llama a la señorita Powers.

PRINCESA (*para sí misma*): Oxígeno, por favor, un poco...

CHANCE: ¿Es usted, señorita Powers? Soy Chance Wayne... la llamo de parte de la Princesa Kosmonopolis que quiere hablar con usted. En un minuto vendrá al teléfono.

PRINCESA: No puedo... Di que...

CHANCE (*estirando el cable del teléfono*): Esto es lo más lejos que puedo estirar el cable, Princesa, tienes que venir aquí.

(*La* Princesa *duda; luego avanza hacia el teléfono extendido.*)

PRINCESA(*en un susurro bajo y estridente*): ¿Sally? ¿Sally? ¿Realmente eres tú, Sally? Sí, soy yo, Alexandra. Lo que quedó de mí, Sally. Oh, sí, estuve allí, pero sólo me quedé unos minutos. Apenas empezaron a reírse en los momentos que no debían, volé por el pasillo y salí a la calle gritando "Taxi"... y nunca dejé de correr hasta ahora. No, no he hablado con nadie, no he oído nada, no he leído nada... sólo quería... la oscuridad... ¿Qué? Sólo lo dices de buena.

CHANCE (*como para sí mismo*): Dile que has descubierto a un par de nuevas estrellas. Dos.

PRINCESA: Un momento, Sally, estoy... ¡sin aliento!

CHANCE (*aferrándole el brazo*): Y alábanos mucho. Dile que lo anuncie mañana en su columna, en todas sus columnas y en sus comentarios de radio... ¡que has descubierto un par de jóvenes que serán las luminarias de mañana!

PRINCESA (*a* CHANCE): Ve al baño. Mete la cabeza bajo el agua fría... Sally... ¿Realmente crees eso? No lo dices sólo de buena, Sally, en honor a los viejos tiempos... ¿Creció, dijiste? ¿Mi talento? ¿En qué sentido, Sally? ¿Más profundidad? ¿Más qué, dijiste? ¡Más fuerza! Bueno, Sally, Dios te bendiga, querida Sally.

CHANCE: Termina esa cháchara. ¡Habla de mí y de Heavenly!

PRINCESA: No, por supuesto no leí las críticas. Te dije que salí volando, volando. Volé lo más rápido que pude. Oh. ¿Oh? Oh... Qué dulzura de tu parte, Sally. Ni siquiera me importa que no seas totalmente sincera en esa afirmación. Creo que sabes cómo han sido los últimos quince años de mi vida, porque tengo el... "corazón que aúlla de una... artista". Discúlpame, Sally, estoy llorando y no tengo pañuelos a mano. Discúlpame, Sally, estoy llorando...

CHANCE (*con tono sibilante detrás de ella*): Eh, ¡habla de mí! (*Ella le patea la pierna a* Chance.)

PRINCESA: ¿Cómo es eso, Sally? ¿Realmente lo crees? ¿Quién? ¿Para qué papel? ¡Oh, Dios mío!... ¡Oxígeno, oxígeno, rápido!

CHANCE (*aferrándola del cabello y en tono sibilante*): ¡Habla de mí! ¡De mí!... ¡Puta!

PRINCESA: ¿Sally? Estoy demasiado abrumada. ¿Puedo volver a llamarte más tarde? Sally, te llamaré más tarde... (*Deja caer el teléfono en un rapto.*) Mi película batió récords de boletería. ¡En Nueva York y en Los Ángeles!

CHANCE: Vuelve a llamarla, habla con ella.

PRINCESA: Batió todos los récords de boletería. El retorno más grandioso en la historia de la industria, así es como ella lo llamó...

CHANCE: Ni me mencionaste a mí.

PRINCESA (*para sí misma*): No puedo aparecer, todavía no. Necesitaré una semana en una clínica, después una semana o diez días en el Rancho Estrella Matutina en Las Vegas. Mejor que le diga a Ackerman que vaya a hacerme una serie de tomas antes de presentarme en la Costa...

CHANCE (*en el teléfono*): Ven aquí, llámala de nuevo.

PRINCESA: Dejaré el auto en Nueva Orleáns y viajaré en avión a, a, a... Tucson. Lo pondré a Strauss a cargo de mi publicidad. Tengo que asegurarme de que se cubran bien mis huellas de estas últimas semanas en... ¡el infierno!...

CHANCE: Ven. Ven, comunícate de nuevo con ella.

PRINCESA: ¿Qué haga qué?

CHANCE: Háblale de mí y de Heavenly.

PRINCESA: ¿Qué le hable de un bañero que me levanté por placer, para distraerme del pánico? ¿Ahora? ¿Cuando la pesadilla terminó? Complicar mi nombre, que es Alexandra Del Lago, con los antecedentes de un... Sólo me usaste. Me usaste. Cuando te necesité abajo, en el bar, gritaste: "¡Consíganle una silla de ruedas!" Bueno, no necesitaba una silla de ruedas, subí sola, como siempre. Me volví a trepar sola por el tallo de las habichuelas hasta el país del ogro donde vivo ahora, sola. Chance, dejaste pasar algo que no podías permitirte dejar pasar; tu tiempo, tu juventud, las dejaste pasar. Era todo lo que tenías y ya lo tuviste.

CHANCE: ¡Pero quién carajo está hablando! Mira. (*La gira a la fuerza hacia el espejo.*) Mírate en el espejo. ¿Qué ves en ese espejo?

PRINCESA: Veo... ¡a Alexandra Del Lago, artista y estrella! Ahora te toca a ti, miras y ¿qué ves?

CHANCE: Veo... a Chance Wayne...

PRINCESA: La cara de un Franz Albertzart, una cara que el sol de mañana dañará sin piedad. Por supuesto, fuiste coronado de laureles al comienzo, tu cabello de oro lucía guirnaldas de laurel, pero el oro está raleando y el laurel se ha marchitado. Enfréntalo... un monstruo lamentable. (*Ella le toca la coronilla.*) Por supuesto, sé que yo también lo soy. Pero con una diferencia. ¿Sabes cuál es esa diferencia? No, no lo sabes. Yo te lo diré. Somos dos monstruos, pero con esta diferencia entre nosotros. Con la pasión y el tormento de mi existencia he creado una cosa que puedo mostrar, una escultura, casi heroica, a la que puedo quitarle el velo, porque es verdadera. ¿Pero tú? Has vuelto a la ciudad donde naciste buscando a una chica que no te quiere ver porque le metiste tal podredumbre en el cuerpo que tuvieron que destriparla y colgarla en el gancho del carnicero, como un pollo aderezado para el domingo... (*Él se da vuelta para golpearla pero sus puños levantados cambian su curso y se golpea su propio estómago, doblándose por la mitad con un grito lastimero. Viento en el jardín de las palmeras: susurro del "Lamento".*) Sí, y su hermano, que era uno de mis visitantes, amenaza con lo mismo para ti, castración, si te quedas aquí.

CHANCE: Eso no me lo pueden hacer dos veces. Tú me lo hiciste esta mañana, aquí, en esta cama, donde tuve el honor, donde tuve el gran honor...

(El sonido del viento se hace más intenso; se apartan uno del otro, él hacia la cama, ella hacia su tocador portátil.)

PRINCESA: La edad le hace lo mismo a una mujer... *(Arrastra las perlas y las cajas de píldoras de la parte superior de la mesa y las deja caer en la cartera de mano.)* Bien...

(En un instante, toda la fuerza de ella se agota, su furia se extingue. Algo incierto aparece en su rostro y su voz, traicionando el hecho de que, probablemente, de pronto ha comprendido que el curso futuro de su vida no será una progresión de triunfos. Sigue mantenido un aire altivo mientras aferra su estola de visón plateado y se la pone sobre los hombros, de los que se desliza inmediatamente, cosa de la que ella no parece darse cuenta. Chance recoge la estola y se la pone alrededor de los hombros. Ella gruñe desdeñosamente, de espaldas a él; luego su resolución vacila: se da vuelta para enfrentarlo con unos grandes ojos oscuros llenos de miedo, soledad y ternura.)

PRINCESA: Ahora me voy, sigo mi camino. *(Él asiente ligeramente, soltándose el lazo de su ancha corbata negra de seda tejida. Los ojos de ella permanecen fijos en él.)* Bueno, ¿te vas o te quedas?
CHANCE: Me quedo.
PRINCESA: No puedes quedarte aquí. Te llevaré hasta la próxima ciudad.
CHANCE: Gracias, pero me quedo, Princesa.
PRINCESA *(aferrando su brazo)*: Vamos, tienes que irte conmigo. Mi nombre está asociado contigo pues pasamos la noche juntos aquí. Cualquier cosa que te ocurra afectará mi nombre.
CHANCE: Cualquier cosa que me ocurra ya me ocurrió.
PRINCESA: ¿Qué estás intentando demostrar?

CHANCE: Un acto tiene que significar algo, ¿no es así, Princesa? Quiero decir que la vida no significa nada, salvo que uno nunca la realizó, siempre estuvo a punto de hacerlo pero nunca del todo. Bueno, con todo, un acto tiene que significar algo.

PRINCESA: Enviaré a un botones a buscar mi equipaje. Mejor que bajes con mi equipaje.

CHANCE: No soy parte de tu equipaje.

PRINCESA: ¿Qué otra cosa puedes ser?

CHANCE: Nada... pero no parte de tu equipaje.

(NOTA: en esta zona es muy importante que la actitud de Chance sea de reconocimiento de su destino pero no de piedad por sí mismo: revela una especie de dignidad y honestidad propias de un moribundo. Tanto en Chance como en la Princesa debemos ver ese acercamiento de los perdidos, pero no un acercamiento sentimental, cosa que sería falsa, sino imbuido de lo que se experimenta auténticamente en los momentos en que la gente comparte la desgracia, enfrenta junta el pelotón de fusilamiento. Porque la Princesa, en realidad, está condenada igual que él. Como Chance, no puede hacer retroceder el reloj y el reloj es igualmente implacable para ambos. Para la Princesa habrá una pequeña rentrée, una recuperación muy fugaz de la gloria espuria. El informe de Sally Powers puede ser, y probablemente sea, un informe preciso de los hechos, pero suponer que va a enfrentar más triunfos sería falsificar su futuro. La Princesa lo admite instintivamente cuando se sienta junto a Chance en la cama, de frente al público. Ambos enfrentan la castración y ella lo sabe en su interior. Se sientan uno junto al otro en la cama como dos pasajeros que comparten el asiento de un tren.)

PRINCESA: Chance, tenemos que seguir.

CHANCE: ¿Seguir a dónde? No podía dejar pasar mi juventud, pero la he dejado pasar.

(El "Lamento" se escucha débilmente, sigue a lo largo de la escena hasta la caída del telón.)

PRINCESA: Todavía eres joven, Chance.

CHANCE: Princesa, la edad de cierta gente sólo puede calcularse por el nivel de... nivel de... podredumbre que hay en ella. Y según esa medida soy anciano.

PRINCESA: ¿Qué soy yo?... lo sé, estoy tan muerta como el viejo Egipto... ¿No es curioso? Seguimos sentados aquí juntos, uno al lado del otro en este cuarto, como si ocupáramos el mismo asiento en un tren... como si viajáramos juntos... Mira. Ese burrito dando vueltas y vueltas para sacar agua de un pozo... *(Apunta hacia algo como si lo hiciera a través de la ventanilla del tren.)* Mira, un pastorcito conduciendo un rebaño... Qué país viejo, fuera del tiempo... Mira...

(Se oye el sonido del tictac de un reloj, cada vez más fuerte.)

CHANCE: No, escucha. No sabía que había un reloj en este cuarto.

PRINCESA: Supongo que hay un reloj en todas las habitaciones donde vive gente...

CHANCE: Su tictac va más despacio que el latido de tu corazón, pero es dinamita lenta, una explosión gradual que hace estallar el mundo en el que vivimos en añicos calcinados... El tiempo... ¿quién podrá vencerlo, quién podrá derrotarlo alguna vez? Tal vez algunos santos y héroes, pero no Chance Wayne. Yo vivía de algo que... ¿el tiempo?

PRINCESA: Sí, el tiempo.

CHANCE: ...ha roído, como una rata roe su propia pata aga-
rrada en una trampa, y después, cuando se ha libera-
do gracias a la pata roída, la rata no puede correr, no
puede andar, se desangra y muere...

(El tictac del reloj se desvanece.)

TOM JUNIOR *(fuera de escena por la izquierda)*: Señorita Del
Lago...

PRINCESA: Me parece que están anunciando nuestra... estación...

TOM JUNIOR *(todavía fuera de escena)*: Señorita Del Lago,
conseguí un chofer para usted.

(Entra un agente de policía y espera en la galería.
*Con una especie de gracia cansada, la Princesa se levan-
ta de la cama, apoyando una mano sobre el hombro de su
compañero de asiento mientras avanza con paso un poco
vacilante hacia la puerta. Cuando la abre, se enfrenta con
Tom Junior.)*

PRINCESA: Vamos, Chance, tenemos que cambiar de tren
en esta estación... Así que, vamos, tenemos que continuar... Chance, por favor...

*(Chance sacude la cabeza y la Princesa abandona el
intento. Se aleja por el pasillo con el agente hasta desaparecer.*
*Tom Junior entra por la escalera, se detiene y luego le
hace un silbido quedo a Scotty, Budy y a un tercer hombre, que entran y se quedan de pie esperando. Tom Junior
baja los escalones del dormitorio y se detiene en el último
peldaño.)*

CHANCE (*poniéndose de pie y avanzando hacia el proscenio*): No pido que sientan pena por mí, sólo que me comprendan... Ni siquiera eso... no. Sólo que se reconozcan en mí y que reconozcan al enemigo, el tiempo, en todos nosotros.

TELÓN

Escaleras al techo

Una plegaria para las personas de corazón
salvaje a quienes retienen en jaulas

Observaciones al azar

Esta pieza la escribí tanto para la escena como para la pantalla y el papel de Benjamin D. Murphy lo creé con Burgess Meredith en mente. La escribí como una catarsis involuntaria por los dieciocho meses que una vez pasé como empleado en una gran empresa mayorista del Medio Oeste. Este interludio de dieciocho meses, mi temporada en el infierno, se produjo cuando acababa de salir de la escuela secundaria y el mundo parecía ser un lugar de infinitas y excitantes posibilidades. Descubrí cuán errado puede estar un joven.

Huí a la universidad.

Dejé a los demás a mis espaldas –Eddie, Doretta, Nora, Jimmie, Dell– y nunca volví a ver si seguían allí. Creo que siguen estando.

ESA PIEZA ESTÁ DEDICADA A ELLOS.

Se la dedico a ellos y a todos los otros pequeños empleados del mundo, no sólo con cariño, sino con profundo respeto y una sincera plegaria.

Sé que hay una buena proporción de material didáctico en esta pieza, parte del cual probablemente sea una carga para el lector. Cuando estaba por la mitad de su escritura, los Estados Unidos de Norteamérica entraron en guerra. Por un momento me pregunté si debía seguir con el trabajo. ¿O acaso debía emprender de inmediato la composición de algo ligero e insustancial, no sólo por su espíritu sino por su tema? Decidí no hacerlo. No soy tan bueno a la hora de escribir lo que quiero para poder darme el lujo de escribir otra cosa. De manera que seguí... con esta idea acerca de la pieza. Las guerras vienen y van y ésta no será una excepción. Pero Benjamin Murphy y los problemas de Benjamin Murphy son universales y perdurables. ¡Esto... también! Las erupciones volcánicas no son resultado de perturbaciones en la parte superior del cráter; algo muy, muy profundo –básico y fundamental– está en la base del problema. En el fondo de nuestra arquitectura social, que ahora está describiendo giros tan peligrosos en medio del aire, se encuentran los pequeños y poco importantes Benjamin Murphy y sus problemas... y si en el fondo hay algo que inició el problema de la cima, ¿qué podría ser más adecuado en este momento que inspeccionar el fondo?

¡Echemos una mirada!

T. WMS.

NOTA DEL EDITOR NORTEAMERICANO
(Nueva York, New Directions, 2000)

En sus "Observaciones al azar", Wiliams evidentemente ha ajustado la cronología de los acontecimientos para adecuarlos a su recién cambiada fecha de nacimiento. No "acababa de salir de la escuela secundaria" cuando fue a la fábrica de zapatos, sino que tenía veintidós años y recién terminaba su tercer año en la Universidad de Missouri. De igual manera, su "huida" fue a la Universidad de Washington en 1936, a los 25 años. A fines de 1938, mientras estaba en su casa sin empleo, sin un centavo y desesperado, se enteró de un concurso del Group Theater para dramaturgos de menos de vienticinco años. Tom tenía veintisiete, pero sintió que se justificaba dejar de lado como "tiempo perdido" los años que pasó en la fábrica. Envió cuatro piezas en un acto bajo el título *American Blues* (Blues americanos) y dos piezas largas, *Especie fugitiva* y *No sobre ruiseñores*, firmando por primera vez "Tennessee Williams". Ganar un premio de cien dólares por sus piezas en un acto hizo que le prestara atención el agente Audrey Wood, quien lanzó su carrera en Broadway.

Williams nunca se preocupó demasiado por la realidad, pero su mentira lo alcanzó a lo largo de los años. *Escaleras al techo*, con su escena de graduación en la universidad evidentemente biográfica, fue tal vez el primer ejemplo. Como los biógrafos fechaban su nacimiento en 1914 en lugar de 1911 y los periodistas se hundían en sus antecedentes, el disimulo de su edad se volvió problemático. Sólo cuando Kenneth Tynan en 1955 se propuso escribir un texto importante sobre el dramaturgo, Williams finalmente enfrentó el mito, escribiéndole a Tynan: "Creo que sería adecuado que usted diera la verdadera fecha de mi nacimiento, 26 de marzo de 1911".

Allen Hale.

¡Jack sé ágil
Jack sé rápido
Jack salta por encima
de la aritmética! *

Personajes
El elenco, por orden de aparición, es el siguiente:

SEÑOR GUM

ALFRED

JOHNNIE, *el cadete de la oficina*

UN DISEÑADOR

BENJAMIN D. MURPHY

SEÑOR WARREN B. THATCHER

LA CHICA

JIM

EL CAMARERO

BERTHA

ALMA, *la esposa de Ben*

HELEN

UN SOLDADO JOVEN

EDNA, *la esposa de Jim*

EL POLICÍA

UN VAGABUNDO

EL SERENO (*también* EL GUARDIÁN DEL ZOOLÓGICO)

EL PAYASO

PRIMER MIMO (LECTOR)

LA BELLA

LA BESTIA

SEÑORA HOTCHKISS

LA MADRE DE ALMA

Señores P, D, Q y T, *accionistas de la compañía*
Señor E *(cuya fuerte risa se oye a menudo durante la pieza, pero que no hace ninguna aparición hasta la última escena)*

Empleados de la oficina, voces corales, locutores fuera de escena, multitud del parque de diversiones, un pregonero

PRIMERA ESCENA
"LAS CAMISAS Y EL UNIVERSO"

El telón se levanta sobre un departamento de Camiseros Continental. Sólo hay la mínima escenografía en escena, como el escritorio del señor Gum y el enorme reloj del frente de la oficina. El resto está sugerido por los movimientos de los empleados. Están sentados en bancos, con sus brazos y manos haciendo movimientos rígidos y maquinales sobre sus escritorios imaginarios para indicar que escriben a máquina, archivan, operan una calculadora y así sucesivamente. Las mujeres maduras están recitándose números una a la otra, en forma de antífona, en voz alta y con un monótono sonsonete. La chica del archivo (invisible) tiene la mirada lejana de una esquizofrénica y sus brazos trabajan mecánicamente sobre las cajas alfabéticamente ordenadas. Hay un brillo vidrioso en la atmósfera: uno siente que debe contener un rayo mortal altamente seleccionado que penetra por los tejidos vivos directo al corazón y dar un beso marchito sobre cualquier cosa que diverja del modelo aceptado.

Gum está mirando un enorme libro de registro de ventas: de pronto lo golpea sobre el escritorio.

GUM (*aullando*): ¡Alfred!
ALFRED (*dándose vuelta rápidamente, como una víbora*): ¿Sí, señor?
GUM: ¿Dónde está Murphy?
ALFRED: ¡Ha estado fuera de su escritorio unos seis minutos!

GUM (*al cadete de la oficina*): Johnnie, ve a sacar a Murphy del baño.

JOHNNIE: No está en el baño, señor Gum.

GUM ¿Cómo lo sabes?

JOHNNIE: Acabo de estar ahí.

GUM: Sácalo del almacén, entonces.

ALFRED: Tampoco está en el almacén, señor Gum... *Yo* acabo de estar.

GUM: Bueno, ¿dónde demonios está entonces?

ALFRED: No sé, señor Gum. De vez en cuando desaparece así.

GUM: ¿Adónde va cuando desaparece?

ALFRED: Eso es un misterio, señor Gum.

GUM: No tenemos ningún misterio en la Sucursal Continental de Camiseros Consolidados.

ALFRED: No creía que los tuviéramos. Pero Benjamin Murphy parece haber creado uno para nosotros.

GUM: Ah, ¿así que ha creado uno? Johnnie ve a buscar a Murphy y tráelo vivo o muerto.

(*Un joven afeminado entra rápidamente de la parte trasera llevando una camisa de colores con pechera dura.*)

DISEÑADOR: ¡Oh, señor Gum, esta Nº W-2-O no fue hecha según las especificaciones! ¡Las rayas de la pechera tendrían que haber sido celeste *pálido* pero son casi *ca*-si *púr*-pu-ra!
    (*Gum lo mira ominosamente.*)
    Estos botoncitos adicionales son de madreperla... (*Levanta los ojos al cielo.*) ¡No sé qué tipo de persona usaría semejante camisa!

GUM: ¡Usted no sabe pero yo sí!... Llévesela a Frankel de Especificaciones.

(El Diseñador *sale rápidamente con una mano en la* *frente, la otra sosteniendo la pechera detrás de sí.* Entra Ben Murphy. *Es un joven pequeño con la agilidad nerviosa y* *defensiva de una ardilla. Diez años de regimentación lo han* *puesto frenético pero no han quebrado su espíritu. Es una* *de esas personitas brillantes y afiebradas que podrían dar-* *le a Dios algunas respuestas muy inteligentes si las inte-* *rrogaran. Lleva pantalones blancos de dril, una camisa* *con anchas rayas azules y blancas y –cosa muy extraña–* *un par de botas de vaquero.)*

GUM (*con un rugido de toro*): ¡Murphy!
> (Ben *se detiene, paralizado por un momento. Se da* *vuelta lentamente para enfrentar al jefe. Sus cejas se* *levantan en un gesto interrogativo tenso y educado.)*
> Murphy, venga aquí a mi escritorio.
> (Ben *se dirige rígidamente hacia* Gum. Gum *lo mira* *de arriba abajo.)*
> ¿Qué es eso de venir a trabajar con ropas como éstas? Ese cinturón... ¿cargado de esmeraldas?

BEN: Un recuerdo de un verano en Arizona, hace muchos años. Uso el cinturón para recordarlo.

GUM: No importa lo pequeño que sea el puesto de un hombre, siempre tiene cierta dignidad.

BEN: Sí, señor.

GUM: ¿Dónde ha estado los últimos diez... quince minutos?

BEN: ¿Estar? Fui... al baño.

GUM: Johnnie acaba de ir al baño y dice que usted no estaba allí.

BEN: También fui al depósito un minuto.

GUM: Alfred acaba de venir del depósito. No lo vio.

BEN: Bueno... yo... yo subí las escaleras un minuto.

GUM: Subió las escaleras. Murphy, puede que no lo sepa, pero acaba de hacer una afirmación admirable.

BEN: ¿Cómo es eso, señor Gum?

GUM: Dice que subió las escaleras. Según tengo entendido, la Sucursal Continental de Camiseros Consolidados están en el piso dieciséis de un edificio de dieciséis pisos.

BEN: Sé eso, señor Gum.

GUM: Entonces... ¿cómo... subió las *escaleras*?

BEN: Señor Gum, usted probablemente nunca soñó con semejante cosa... pero hay escaleras al techo.

GUM: ¿Qué?

BEN: Escaleras al techo.

(La actividad en la oficina se suspende momentáneamente. Todos miran a Ben.)

GUM: ¿Así que hay escaleras al techo?

BEN: Sí, señor.

GUM: ¿Cómo lo averiguó, Murphy?

BEN: Necesidad, señor Gum. Me estaba poniendo rígido aquí adentro.

GUM (*ominosamente*): Ya veo. Como la necesidad es la madre de la invención, finalmente llegó a inventar las escaleras al techo.

BEN: No, señor, no las inventé, ya estaban allí, esperando simplemente que las descubrieran.

GUM: ¿Y usted las descubrió?

BEN: Sí, señor.

GUM: Supongo que puede ser llamado el Cristóbal Colón del techo de Consolidados... ¿y quién fue, por así decirlo, su Reina Isabel?

BEN: La curiosidad, señor Gum. Un día advertí una puertita en el extremo del hueco del ascensor. Simplemente la abrí y allí estaba... un tramo de escaleras pequeño, angosto y curvado que llevaba al techo.

GUM: ¡Bien!

BEN: Después de eso, en lugar de fumar mi cigarrillo en el baño con el resto de los muchachos, lo fumé allí arriba, donde puedo echarle una mirada al mundo, el cielo, las barrancas del otro lado del río... y debo decir que mirarlos es definitivamente más inspirador que mirar los accesorios de plomería del baño de hombres. También el aire allí arriba es mucho más limpio y fresco.

(Pausa.)

GUM: ¿El aire de abajo no le sienta?

BEN: No, señor. No puedo decir que lo haga. Desde que han instalado ese nuevo sistema de refrigeración no podemos abrir las ventanas... Francamente, aquí el aire se pone tan denso como melaza. El aire afuera es caliente... pero aun así, no sabe el bienvenido alivio que puede significar salir ahí afuera y llenarse los pulmones con él. Además, uno sabe que es exclusivamente de uno y no lo ha tomado prestado un momento de alguien que está en el escritorio de al lado.

GUM: Ah... Ajá. Bien, Murphy, ¡supongo que tendremos que sacar ese sistema de refrigeración de cincuenta mil dólares dado que no anda bien con su... sistema respiratorio!

BEN: No dije que lo sacaran, señor Gum. Sino sólo... revisarlo un poco.

GUM (*empezando a calentarse*): O construirle una pequeña oficina privada, de las que tienen terraza, donde pueda relacionarse con las palomas.

BEN: Las palomas son muy buena compañía, señor Gum.

GUM: Especialmente para usted, señor Murphy.

BEN: Claro. Tenemos mucho en común.

GUM: Y también más o menos la misma cantidad de inteligencia.

BEN: No, señor, las palomas son más listas que yo... mucho más.

GUM: ¿Lo admite?

BEN: Sí, señor. Se toman la libertad de andar por el cielo. Yo, señor Gum, nunca puedo ir más allá del techo.

GUM (*poniéndose de pie abruptamente*): El trabajo en esta oficina ha impuesto demasiadas restricciones a su libertad.

BEN: Libertad, señor Gum, es algo que tenían mis antepasados cuando avanzaron por el Paso Cumberland con caballos, mujeres y revólveres para hacer un nuevo mundo. Lo hicieron y la perdieron. La traicionaron a cambio de algodón, esclavos y otros muchos productos que vendieron obteniendo unas ganancias surgidas de engañarse uno al otro.

GUM (*furioso y alarmado*): ¡Tenga cuidado, Murphy!

BEN: No ha existido demasiada libertad en el mundo desde entonces. Sin embargo, sigue habiendo necesidad de ella. Así que la gente tiene que encontrar escaleras al techo.

GUM: ¡*Cállese la boca!* ¡No es el Cuatro de Julio!

BEN: No estoy tirando cohetes.

GUM: ¡Usted no, pero yo sí! (*Empuja el libro de registro de ventas enfrente de* Ben.) ¿Qué es esto?

BEN: Me parece que es el libro de registro de ventas de agosto.

GUM: Es lo que creí. ¿Qué tiene que ver esto de aquí con "algodón fino blanco, cuello palomita, ojal para gemelos reforzado, estilo número X92"?

BEN (*señalando*): ¿Esto?

GUM: Sí, eso. Léalo en voz alta, Murphy, para que toda la gente de la oficina pueda escuchar bien.

BEN: No puedo.

GUM: ¿Por qué no?

BEN: Es algo privado.

GUM: *Léalo*, Murphy.

BEN: *La tierra es una... rueda de ruleta...*

GUM: Le dije que lo leyera en voz *alta*, Murphy.

BEN (*gritando*): ¡*La tierra es una rueda de ruleta... en un enorme casino grandioso!*

(*Los empleados de la oficina se quedan inmóviles en medio de su actividad mecánica. La risita de Alfred les da el pie y se ríen durante varios momentos.*)

GUM: ¿Tenía intenciones de que esa afirmación se bordara en la parte trasera de sus camisas?

BEN: No, señor.

GUM: Entonces, ¿por qué la puso en sus registros de negocios? ¿Le parece que tiene alguna incidencia especial en las camisas de algodón fino?

BEN: Ninguna incidencia especial.

GUM: No. ¿Tal vez una incidencia general?

BEN: Me parece, señor Gum, que las reflexiones sobre la naturaleza del universo tienen cierta incidencia general sobre todo lo que existe.

GUM: Tenemos un filósofo aquí... el doctor Benjamin Murphy.

BEN: No, señor, sólo profesor.

GUM: ¡Profesor las...! ¿Acaso esto es un jardín de infantes para su diversión?

BEN: No escribí eso como diversión.

GUM: ¿Por qué, entonces?

BEN: Porque es... instintivo en el artista... encontrar algún medio de expresión.

GUM: ¿Un qué? ¿Un artista?... Entonces usted es un artista, ¿no es cierto?

BEN (*salvajemente*): ¡No dije eso! ¡Está poniendo palabras en mi boca!

(Alfred *se ríe entre dientes.*)

(Ben *sigue, dándose vuelta desesperadamente.*) ¡Hagan que ese mono pare de reírse! (*Aferra a* Alfred *por el cuello de la camisa.*) ¡Basta de reírte, pedazo de mono! (*Ben lo ahoga, forzando a* Alfred *a ponerse de rodillas.*)

ALFRED: ¡Socorro, socorro, socorro señor Gum!

GUM: ¡Murphy!

(*El* Diseñador *entra como una tromba. Chilla ante la escena de violencia. El timbre del reloj da el mediodía con un clamor penetrante.*)

¡Murphy, suelte a Alfred!

(Murphy, *renuentemente, deja ir al escuálido soplón.*)

¡Es la primera vez en mis veinticinco años como... gerente de este departamento que alguien hace semejante escena! (*A los empleados de la oficina.*) ¡Todos ustedes se van a almorzar!... Murphy, usted se queda aquí.

(*Los empleados salen rápidamente con tímidas miradas hacia atrás.* Murphy *queda solo con el jefe. Su actitud bravucona lo abandona. Ahora está blanco y tembloroso. De pronto se desploma en una silla y se cubre el rostro.* Gum *prosigue, encendiendo un cigarro. Aparentemente está empezando a darse cuenta de la enormidad de sus acciones.*)

BEN (*quebrado*): Sí, señor. (*Se suena la nariz.*)

GUM: ¿Por qué no se cepilla el cabello, Murphy?

BEN: Lo hago, pero no se queda en su lugar.

GUM: Hasta su cabello... ¡rebelde! Recuerdo la mañana en que por primera vez vino aquí buscando trabajo.

Un fresco muchacho universitario, de aspecto limpio, alerta, ambicioso. Tal vez un poco demasiado brillante en su uso del lenguaje, pero me imaginé que eso se le pasaría con el tiempo. Me dije: "Aquí hay una posibilidad para la Sucursal Continental de Camiseros Consolidados. Dale a este muchacho un empleo en la oficina para que pueda tener los antecedentes necesarios, luego ponlo en camino, donde podrá utilizar las características más individuales que tiene".

BEN: Señor Gum...

GUM: Dos años... tres años... seis años. Ningún desarrollo. Oh, usted hacía su trabajo, venía aquí a la hora habitual todas las mañanas... pero lo que hacía era sólo un desempeño rutinario, nada que lo destacara como un hombre que mereciera una oportunidad en el camino.

BEN: Señor Gum...

GUM: ¿Sí?

BEN: Déjeme hacerle una pregunta, sólo como un miembro de la raza humana a otro... ¿Qué ocasión tiene cualquiera de desarrollar "características individuales" en un lugar como éste? No soy un gran pensador social, no soy en absoluto un teórico político, señor Gum. Pero hay una enfermedad en el mundo, una fiebre terrible, y más tarde o más temprano hay que arrancarla de cuajo o el paciente morirá. La gente no estaría matándose y tratando de conquistarse entre sí, a menos que hubiera algo terrible, terriblemente mal en el fondo de las cosas. Simplemente se me ocurre, señor Gum, que tal vez el mal es éste: ¡esta regimentación, esta gradual molienda de la vida de la pobre gente bajo los pulgares de cosas que son más grandes que ella! A la gente le da pánico estar encerrada en un sótano oscuro: ¡se pisotean unos a otros luchando por aire! ¡Aire, aire, denles aire! ¿No es, acaso... tan simple como eso?

(*El timbre de la parte delantera de la oficina produce otro áspero clamor. Los empleados vuelven de su almuerzo. Gum* mira en silencio a Murphy *y* Murphy *mira en silencio a* Gum.)

GUM (*por fin*): ¿Tiene esposa?
BEN: Sí, señor.
GUM: ¿Hijos?
BEN: Todavía no. Esperamos uno.
GUM: Me propongo revisar sus registros de la "a" a la "z". Si logro descubrir algún rayo de esperanza para su futuro en la Sucursal Continental de Camiseros Consolidados, lo dejaré quedarse aquí. Pero si no encuentro nada... Entonces se va, Ben Murphy, al margen de su esposa o la cigüeña o cualquier otra consideración tierna... ¿Le quedó claro?
BEN: Sí, señor.
GUM: Vuelva mañana a mi escritorio exactamente a mediodía y se lo comunicaré.
BEN (*desmayadamente*): Sí, señor.
GUM: ¡Vamos! ¡Vuelva a su trabajo!
BEN: Sí, señor. (*Se da vuelta mecánicamente y marcha hacia su escritorio. Lentamente levanta una enorme carpeta para cubrir su rostro agónico.*)

(*Todos trabajan con precisión de marionetas. Las solteronas maduras recitan sus numerales en voz alta y con sonsonete. Gum se sienta un momento con el ceño fruncido en su silla giratoria delante del gran escritorio de roble amarillo. Luego, súbitamente da vuelta la silla para enfrentar al público. Extiende los brazos en un gesto*) *amplio e indefenso —es el gesto de Pilatos— : "¿Qué pue-do hacer yo?")*

LAS LUCES SE DESVANECEN

(El señor E. *se ríe fuera de escena.)*

SEGUNDA ESCENA
"NO HAY SALIDA DE INCENDIO"

La escena es la oficina legal del señor Warren B.
Thatcher, *varios pisos abajo en el mismo edificio de oficinas. La oficina está sugerida sólo por medio de escenografía esencial.*

Sentado detrás de un escritorio moderno está el señor
Thatcher, *un joven buen mozo de unos treinta y cinco años;
lleva un traje de lino blanco, una corbata celeste y tiene
una expresión muy triste.*

Mientras el telón se levanta habla por teléfono.

THATCHER (*por teléfono*): Hola, mi querida. Te llamo para
darte una noticia horrible. Estoy en el piso alto de un edificio que se ha incendiado. No hay forma de salir. No
hay salidas de incendio, no parece haber siquiera extin-
tores de incendio... En cuanto a los bomberos volunta-
rios, querida... ¡no se han presentado! ¿De qué estoy
hablando?... ¡El estado del mundo en el que estamos
viviendo! ¡Está estallando, está hundiéndose en la des-
trucción! ¿Por qué peleamos anoche, tú y yo? Oh, sí,
recuerdo, ¡yo no tenía ganas de bailar, pero tú sí!

(*La* Chica *entra, pequeña, tímida e inocentemente
atractiva. Luce un vestido rosa de lino y lleva un vaso en sus
manos temblorosas. Su adoración por el señor Thatcher
es instantáneamente evidente.*)

CHICA (*sin aliento*): Aquí tiene, señor Thatcher.

THATCHER (*cubriendo el tubo del teléfono*): ¿Qué es eso?

CHICA: Agua.

THATCHER: No quiero agua. Quiero Coca-Cola.

CHICA: Oh, le traeré una. (*Se apresura a salir.*)

THATCHER (*por teléfono*): Mandé a la chica de mi oficina afuera. He tenido tres en los últimos tres meses y todas se enamoraron de mí. Tengo la terrible sospecha de que ésta está a punto de declararme su pasión. ¿Por qué tú no?... Ya sé que sí... Tengo que verlo... Dile lo que se te ocurra, pero veámonos esta noche. Esta noche en las "Cabañas Despreocupadas" de la Carretera 60. Te amo.
(*Entra la* Chica.)
¿Ya volvió?

CHICA: Tienen una máquina expendedora en el vestíbulo, señor Thatcher. ¿Quería que me quedara afuera un poquito más?

THATCHER (*de forma cortante*): No. (*Por teléfono.*) Recuerda esta noche, en las "Cabañas Despreocupadas", a las diez y media. Adiós. (*Inmediatamente aferra un pedazo de papel.*) Aquí tengo una carta de un tal señor Otto K. Deisseldorff de Pascagoula, Mississippi... La carta del señor Deisseldorff afirma que un olor muy misterioso se ha detectado en su tienda desde que nuestros clientes instalaron sus burletes. Los clientes advierten el olor apenas entran. Entran, olfatean, se dan vuelta y se van y el señor Deisseldorff no tiene la menor duda de que es debido a ese olor tan misterioso. Afirma, además, que sus nervios son una ruina: ha ido al médico no una sino quince veces a razón de doscientos cincuenta la visita. Las paredes, el piso y cada pulgada del maderamen acaban de ser completamente restregados con agua hirviente que contenía una fuerte solución de desinfectante Cloros. ¡Y el misterioso y peculiar olor sigue estando! Por lo tanto, afirma el señor Deisseldorff en su carta de cinco páginas, ¡se siente no sólo justificado al negarse a hacerles ningún pago a nuestros clientes, sino que también cree que debe hacerles juicio por daños, los cuales llegan por lo menos a diez mil dólares! (*Deja caer el papel.*) Ahora echémosle una mirada a la correspondencia de nuestro cliente.

CHICA: ¿A cuál se refiere?

THATCHER (*en forma cortante*): ¡La tienda de burletes! ¿Qué pasa? ¿Por qué se la ve tan ausente?

CHICA: ¿Cuál era el nombre de la tienda de burletes?

THATCHER: No me puedo acordar del nombre de la tienda de burletes. ¡Pero seguro que usted *sí*!

CHICA: Lo lamento horrores... ¡no me acuerdo!

THATCHER: El hecho de que no pueda pensar, ¿se debe acaso a que está tan agudamente preocupada por el colapso de la civilización moderna?

CHICA: Realmente no sé si se debe a eso o no, ¡pero sea por lo que fuere parece que no me puedo concentrar!

THATCHER: ¿Ahora qué está haciendo allí?

CHICA: Estoy buscando en los archivos.

THATCHER: ¿Bajo qué letra, por favor?

CHICA (*en pánico*): No me acuerdo.

THATCHER: ¡Si pudiera acordarse! ¡Algo muy útil, la memoria! ¡Sí, por cierto! ¿Qué son esas cosas que tiene en la mano?

CHICA: ¡Papeles!

THATCHER: ¡Papeles, sí, papeles! ¡No supuse que fueran hojas de aluminio!

(*La* Chica *deja caer nerviosamente los papeles.*)
¿Por qué hizo eso?

CHICA: No pude evitarlo.

THATCHER: Debe de tener dedos de manteca... ¡Oh, Dios mío!

(Se inclinan simultáneamente para recoger los pape-les y se golpean las cabezas. Ambos se enderezan con expresión de dolor. La Chica *de pronto se cubre el rostro y solloza histéricamente.)*
¿Nerviosa?
CHICA: ¡Sí... sí!
THATCHER: Lo lamento.
CHICA: Lo lamento por mi vestido.
THATCHER: ¿Su qué?... ¿Su vestido? ¿Por qué? ¿Se le rom-pió algo?
CHICA: No... A usted no le gusta el rosa. Le tiene alergia.
THATCHER: ¿Qué? Realmente, ¡esto suena un poco insólito!
CHICA: Sé que es así. ¿Pero no se acuerda? El día que me presenté para el empleo tenía puesto este vestido rosa. Usted se rió y dijo: "¡Preferiría que no usara rosa!... ¡Me da alergia!"
THATCHER: Oh... ¿Yo dije eso?
CHICA: Sí, y yo lo recordé. No me lo puse a propósito. Pero todo el resto de mi ropa estaba en el lavadero. Por favor... ¡por favor, discúlpeme!
THATCHER: Hágame el favor de sentarse y recomponerse, jovencita. Me voy a tomar el resto de la tarde. Creo que lo necesito. Después de que haya terminado de tran-quilizarse... *(Se pone su sombrero Panamá.)* ¡desearía que intentara encontrar esa correspondencia! *(Titubeando le toca el hombro.)* ¡Buenas tardes!
CHICA: Buenas...
   (Él cierra la puerta.)
...tardes.
   (Ella se mueve lentamente, como aturdida, hasta el escritorio, toma el dictáfono y prosigue en voz baja.)
Querido señor Thatcher. Me he vuelto loca. No por el colapso de la civilización moderna. Sino por amor, señor Thatcher. Estoy enamorada. ¡Estoy terriblemen-

te enamorada! Oh, señor Thatcher, ¿por qué tiene que ser usted una persona tan hermosa?

APAGÓN

(El señor E. *se ríe fuera de escena.)*

TERCERA ESCENA
"LA ESCENA DE CELEBRACIÓN"

Un reflector ilumina dos mesas y un tocadiscos automático en un bar del centro de la ciudad. Una corona funeraria rodea un letrero que dice: En Memoria de nuestro Experto de Crédito.

Jim está sentado a una de las dos mesas redondas, con un enorme vaso de tres cuartos litro de cerveza.

Bertha *está sentada a la otra.*

Jim es un hombre robusto de treinta y dos años que parece en cierta forma mayor. Tiene un rostro fuerte que empieza a aflojarse por el tedio y una profunda desesperación inconsciente.

Bertha *es una chica de veinticinco, que exhibe aspiradoras en una gran tienda. Cuando sale con un hombre pierde la cabeza, habla demasiado y hace sus palpitaciones demasiado evidentes si el hombre no llama para una segunda cita. Tiene un montón de amigas que se encuentran una vez por semana para jugar al bridge y tratar de superarse entre sí en la preparación de refrigerios, así que ahora lo que originariamente eran "unos bocaditos" entre partidos se han convertido en una especie de banquete romano. Todas las chicas están engordando.*

Ben *entra en el bar, un poco vacilantemente.*

JIM (*con una sonrisa que le da una fugaz juventud a su rostro*): Hola, Ben... llegaste tarde.

(Ben *se sienta sin hablar*. Jim *saca un gran reloj.*)

JIM: Estás dieciocho minutos atrasado, Ben. La puntualidad es la cortesía de los reyes.

BEN: No soy un rey.

JIM (*con voz de agotamiento*): Todo hombre es un rey... de un reino privado. Se te ve cansado, Ben.
    (Ben *asiente ligeramente.*)
    Un día caluroso, terriblemente caluroso. Tienes suerte de que en Continental tengan ese sistema de refrigeración. Nosotros no tenemos una maldita cosa salvo esos anticuados ventiladores de techo. En el diario, el director del parque dice que la sequía ha matado a dieciséis de los ciruelos japoneses.

CAMARERO (*acercándose lentamente*): ¿Cerveza?

JIM: ¡Dos veces tres cuartos litro!

BEN: No quiero cerveza. Whisky y soda, Mike.

(*El* camarero *sale.*)

JIM: ¿Eh?

BEN: Me detuve y tomé una camino aquí. Dos, en realidad.

JIM: Me pareció que estabas medio achispado, por la forma como entraste.

BEN: Lo estoy. (*Levanta los ojos con una sonrisa cansada.*) Hace ocho años, Jim, me hiciste emborrachar en este lugar para celebrar nuestra graduación en la universidad.

JIM: Ajá.

BEN: ¡Qué celebración triste! A cambio de nuestra esplendorosa juventud recibimos una hoja de pergamino, con letras de lo más exóticas, atado con un pedazo de cinta celeste de satén. La vida está llena de transacciones falsas como ésa. Los sueños, las ambiciones de un joven, las fabulosas ciudades de la adolescencia, traicionadas... ¿por *qué*? ¡Dieciocho con cincuenta por semana!

JIM: Yo gano veintidós con cincuenta.

BEN:¡Tres hurras por el plutócrata! ¿Recuerdas ese sermón del bachillerato? Fue pronunciado por el honorable J. T. Faraway Jones, Presidente del Directorio de Camiseros Continental. Me dijo que el futuro estaba en mis manos... ¡Ahora *YO ESTOY en las suyas!* (*Baja violentamente el whisky, luego golpea la mesa con su vaso.*) ¡Birra! ¡Birra! ¡Birra! ¡Otra de tres cuartos! Jim... estábamos sentados en este mismo reservado la noche de esa celebración. Este espejo reflejaba nuestros rostros, el mismo pedazo de vidrio. *Él* no cambió un pito... Pero *nosotros* sí, sin embargo. ¡*Antes* eras tan *buen mozo!*

JIM (*enfurruñado*): Gracias. Tú también... solías serlo.

BEN: Antes eras atlético, un excelente nadador. Ahora, en tu estado actual, apuesto a que te hundirías en el bebedero municipal de pájaros. Hasta los ojos te han cambiado de color. Eran azules, enérgicos. Ahora son de una especie de gris que cambia de tonalidad.

JIM (*empujando su silla violentamente hacia atrás*): ¡Hay que tener coraje para hacer observaciones sarcásticas sobre mi apariencia personal!

BEN: No te calientes.

JIM: ¿Quién no se calentaría? ¡Cualquier hombre de treinta se ve doble en el espejo! Como se ve ahora... ¡como se veía a los veinte! ¡No hace falta que nadie te refriegue sal en la herida! En cuanto a ti, señor Apolo, mírate un poco. No advierto un gran mejoramiento físico.

BEN: Me he mantenido en forma.

JIM: ¿Qué tipo de forma?

BEN: Tres sesiones de ejercicios por semana en el gimnasio de la Asociación Cristiana de Jóvenes han preservado mi figura juvenil. Pero a lo que estoy apuntando es al hecho de que la carne no es una sustancia muy durable. Es un paquete horriblemente barato en vista de lo que contiene.

JIM: ¿Qué?

BEN: ¡El salvaje, increíble hecho de estar vivo!

JIM: ¡Uau!

BEN: Tiene que haber sido accidental... quiero decir la vida consciente. ¡Porque seguramente si la hubieran planeado desde el principio, para ponerla habrían hecho un tipo de caja mejor que esta materia opaca de la que estamos hechos, que se resquebraja con el frío, exuda con el calor y muestra semejante placer insólito por la desintegración! ¿Qué recuerdas de la época anterior a tu nacimiento?

JIM: Mi recuerdo es un poco nublado.

BEN: Está en el lado oscuro de la luna. Y después de que mueres... eso también está en el lado oscuro de la luna. ¡Pero aquí en el medio... (*Clava su dedo en el centro de la mesa.*) hay un pequeño instante de luz... un puntito brillante... precisamente aquí en el mismísimo centro de la infinita... incesante... oscuridad! ¿Qué estás haciendo con él? ¿Qué uso maravilloso estás haciendo de este único instante?

JIM: No me gusta cuando te pones así.

BEN: ¿Así cómo?

JIM: Mórbidamente profundo... el Hamlet de Camiseros Continental.

BEN: Sí. He visto al fantasma de mi padre. Pero caminaba a mediodía y me dijo que había algo podrido en más que *Dinamarca*.

JIM: ¿Qué pasó? ¿Una discusión con Gum?

BEN: Sí.

JIM: Por amor a Dios, Ben... ¿no te habrá rajado?

BEN: Bueno... me amenazó con hacerlo. Me dio veinticuatro horas –desde el mediodía de hoy hasta el mediodía de mañana–, mientras considera mi caso y decide si va a arrancarme de este cómodo capullito que es mi trabajo y en el que me he acurrucado durante los últimos ocho años. (*Se pone de pie y se traga la cerveza.*) Así que... por sólo ese pequeño espacio de eternidad, Jim, soy un hombre que está suspendido entre dos vidas: ¡*con* empleo y *sin* empleo! ¿Qué te parece?

JIM: Mira, Ben, eres un hombre con responsabilidades. ¡Tu esposa Alma...!

BEN: Sí, mi esposa Alma... En una época una hembra deliciosa, ahora una *arpía*.

JIM: ¡Ben, estás loco como una cabra!

BEN: Tal vez lo esté, he tenido una conmoción violenta. Mentalmente soy un submarino al que hicieron subir a la superficie por primera vez en ocho años, a causa de la explosión de una terrible bomba de profundidad. Algo va a ocurrirme esta noche.

JIM: *¿Qué?*

BEN: No *sé* qué... ¡Hasta pronto! (*Sonríe, saluda y sale corriendo del bar.*)

JIM: ¡Ben!

(*Jim empieza a seguirlo... pero Ben no lo espera. Jim se queda inmóvil... pesca un reflejo de sí mismo en el espejo. Avanza hacia esa declaración carente de tacto que es su imagen. Se pone los anteojos, hace una triste inspección. "¡Hummmmm!" Se da vuelta hacia un lado y hacia el otro, tratando de levantar el pecho. Bertha sale alegremente del baño de damas y se dirige derecho hacia el desconsolado empleado de la Compañía Olimpic de Luz y Gas.*)

BERTHA: ¿Tiene cambio de un cuarto? Quiero tocar algo.

JIM (*dándole la bienvenida como si fuera la primavera*): ¡Pero claro que tengo! ¿Qué vamos a oír?

BERTHA: ¡Algo sobre la luna y las islas de los Mares del Sur!

JIM: ¡Personalmente prefiero el Círculo Ártico! (*Inserta una moneda, dejando que suene la tierna tristeza de las guitarras hawaianas.*) Precisamente ahora mi libido se está concentrando en las chicas esquimales... ¡con adornos de hielo! Un collar de cubos de hielo de la heladera... ¡más deslumbrantes que los brillantes! ¿Le importaría bailar con un hombre que alguna vez fue buen mozo?

(*Bailan.*)

APAGÓN

CUARTA ESCENA
"CIELO AZUL"

El escenario está oscuro. Hay un interludio musical, un tratamiento satírico de "Cielo azul" de Irving Berlin con agudas notas gorjeadas, etc. Un reflector azul ilumina una cama de dos plazas donde hay una mujer robusta, Alma, la esposa de Ben. Su cara está brillante de crema para el cutis y tiene ruleros puestos. Es una mujer que se corresponde con la araña de ciertas especies animales, que devoran a su compañero una vez que ha cumplido con su función procreadora.

En el vestíbulo, fuera de escena, un reloj de cucú comienza a dar la hora. Alma se sienta en la cama y escucha atentamente.

Se oye el ruido de alguien que entra con cautela. La puerta del dormitorio se abre apenas una rendija y se derrama luz del vestíbulo.

Una gata chilla con diabólica vehemencia.

ALMA (*furiosa*): ¿Qué hiciste? ¿La pisaste?

BEN: ¡No!

ALMA: No habría chillado así si no la hubieras lastimado.

BEN: Es sólo que me tiene entre ceja y ceja, eso es todo.

ALMA: Si te tiene entre ceja y ceja es porque le haces algún daño deliberado cada vez que puedes. ¿Dónde estuviste? ¿Bebiendo por ahí?

BEN: Salí con Jim.

ALMA: Eso responde la pregunta. ¿Cuántas cervezas bebiste?

BEN: Tres veces tres cuartos, sean los litros que sean.

ALMA: Pensé que habíamos decidido ahorrar el dinero de tu cerveza para el cochecito del bebé.

BEN: El hombre propone... y Dios dispone, Alma.

ALMA: Está bien. Simplemente pondremos al bebé sobre patines, supongo. Mamá acaba de colgar.

BEN: ¿Estaba en el teléfono?

ALMA: Le parece totalmente indignante.

BEN: ¿Qué le parece indignante?

ALMA: Sabes qué. Te esperé una hora entera y verdadera. Hice los spaghetti. Los mantuve calientes en el horno hasta cerca de las siete y entonces me los comí, hasta el último pedacito. Le dije a mamá: "¿Por qué voy a guardar esta comida para él? No vino a casa y ni siquiera llamó". "Si Ben te pone nerviosa", dijo, "simplemente empaca tus cosas y ven a casa; ¡en tu estado no puedes darte el lujo de ponerte nerviosa!"

(Ben se ha desvestido en la oscuridad. Se derrumba sobre la cama en calzoncillos.)

Supongo que deberíamos tener camas gemelas en verano. Quédate de tu propio lado, por favor.

BEN: No te preocupes, Alma. Me voy a quedar de mi lado.

ALMA: Fui al consultorio del médico. El doctor Robertson es un hombre joven y encantador. Tiene un conmovedor respeto por la maternidad. Me dijo: "Señora Murphy, está haciendo algo maravilloso. ¡Va a traer una vida flamante al mundo!"

BEN: Sí. Supongo que tiene razón.

ALMA: Algo milagroso lo llamó el doctor Robertson.

BEN: Alma, ¿qué derecho tengo yo a tener un bebé?

ALMA: Ni el más mínimo. Pero la naturaleza es indulgente, Ben, y te está dando uno. Ahora que te convertirás en padre vas a tener que serenarte.

BEN: ¿Serenarme, eh? ¿Qué he estado haciendo los últimos ocho años? ¿Armando lío?

ALMA: Sí. Armando un lío del demonio para mí y para todas mis relaciones en general. Vete a dormir.

BEN: Ustedes, las mujeres, son demasiado descuidadas.

ALMA: ¿Qué quieres decir con eso?

BEN: Antes de permitir que un hombre sea el padre de sus hijos deberían exigirle que fuera capaz de hacer algo para mejorar el mundo en el que tiene que crecer el chico. Yo, por ejemplo. ¿Qué he hecho yo para mejorar el mundo?

ALMA: ¡Nada!

BEN: Entonces no se me debería permitir reproducirme. Pero ustedes, las mujeres, son tan descuidadas que un hombre puede presentárseles sin otra cosa que el equipamiento común y ustedes le gritan "bienvenido" tan fuerte que las ventanas se rompen en todos los edificios de alrededor.

ALMA: Eso es indignante y no es verdad.

BEN: Lo es. Creen que cualquier cosa que haga ruiditos, regurgite y se babee sobre el pecho de ustedes es perfectamente bueno para poblar el mundo. ¿Mejoramiento de la raza? ¡Por qué preocuparse por ello! Los fabricantes de caramelos discriminan más. Por lo menos tienen regulaciones para que la comida sea sana. Algunos patrones de calidad para su producto. Pero ustedes, ustedes producen un idiota congénito y gritan al mundo: "¡Gracias a Dios tengo un bebé!" Milagroso es como lo llama el doctor Robertson. ¿Qué ocurre? El chico crece y trabaja para No-sé-cuantos Consolidados u otra empresa. Sus pulmones se resecan por la ventilación artificial y sus ojos se ponen bizcos y opacos de mirar libros todo el tiempo con 2-6-8 escrito en ellos. ¿Qué tiene que ver 2-6-8 con su "milagrosa existencia"? Un pito tiene que ver. Pero la mayor parte de sus horas despierto son 2-6-8, 2-6-8, 2-6-8... ¡Como si esos números fueran la combinación para la bóveda de seguridad donde Dios Todopoderoso mantiene encerrados los misterios del universo!

ALMA: Oh, Ben, cállate la boca.

BEN (*en un desesperado y creciente murmullo*): ¡Cuadrados de color, algodón fino, rayas, madrás, mercerizado, pre-lavado, lavable, etiqueta, común, género, color, tamaño! ¡Oh, Dios, por favor elimina las camisas!

ALMA: ¿Qué estás haciendo?

BEN: Diciendo mis oraciones.

ALMA: Ben... ¡algo te ha ocurrido hoy en la oficina! ¿No es cierto, Ben?

BEN: No.

ALMA: Ben, ¡estás mintiendo! Escúchame, Ben, si tiras este empleo a la basura, voy a dejarte, ¡voy a dejarte con tanta rapidez que te vas a quedar con tu tonta cabeza dando vueltas!

BEN (*sentándose de pronto*): ¿Sabes qué es la tierra, Alma?

ALMA: ¿Ben, te han despedido?

BEN: ¡Una rueda de ruleta que da vueltas! ¡En un enorme casino grandioso!

ALMA: ¡Respóndeme, Ben! ¿Te despidieron de la oficina?

BEN: Hoy es el impar, mañana será el par. Esta noche es el negro, mañana será el rojo. ¿En cuál vamos a detenernos?

ALMA: ¡Ben! ¡Sé que te echaron! Te echaron... ¿no es cierto?

BEN: ¿En cuál vas a detenerte, Alma?

ALMA: Sal de mi camino. Voy a llamar a mamá.

BEN (*retrocediendo hacia la puerta*): ¡La rueda se ha puesto en movimiento, el sistema solar, gira y gira!

ALMA: ¿Despedido? Sí, ¡despedido!

BEN: Todo el universo... ¡un gran casino!

ALMA: ¡Perdiste la cabeza! ¡Perdiste tu trabajo!
  (Él abre la puerta con la espalda, luego la cierra de un portazo.)
  ¡Despedido! ¡Voy a llamar a mamá!

  (Ben abre la puerta súbitamente y se apodera de sus ropas.)

BEN: ¡Mis pantalones! *(Vuelve a salir, golpeando nuevamente la puerta.)*

ALMA *(con absoluto disgusto)*: ¡Sus pantalones!

APAGÓN

(El señor E. se ríe fuera de escena.)

QUINTA ESCENA
"UN ACCIDENTE DE ÁTOMOS"

Al principio, el escenario está totalmente a oscuras y no se oye el menor sonido. Luego, a la distancia, oímos el eco vacío de pisadas sobre piedra. Gradualmente, contra el ciclorama, se proyectan los perfiles góticos de un patio universitario. Un reflector de luces fantasmales cae sobre la estatua heroica de un atleta que lleva una antorcha, en cuyo frontón de mármol está grabada la inscripción "Juventud". Debajo de ella se ve un pequeño banco de piedra, que tiene encima una gorra de graduado con borla.

Ben entra en el resplandor del reflector, mira gravemente la estatua y toma un trago de una botella de medio litro de whisky. Le hace una reverencia a la estatua y le ofrece la botella.

BEN: Sí, me olvidé, no debes romper las reglas del entrenamiento... no le gustaría al entrenador. ¡Juventud estadounidense: hermosa, resplandeciente, de cabeza y miembros limpios, yo te saludo! (*Se sienta en el banco.*)

(*Se oyen canciones lejanas. Se vuelven audibles voces fantasmales: fragmentos de conferencias recordadas, la sabiduría finalmente destilada y la pasión de videntes y poetas con los que la joven mente moderna está templada para el mundo, el cual la hace estallar en pedazos.*)

VOCES: ...Nosotros, los vivientes, que existimos en un momento fugitivo del tiempo que se llama realidad. ¿Qué es la realidad? ¿Lo sabe alguien?... Cada modelo teórico del universo a partir del de Einstein ha hecho el radio del universo miles de veces más grande que la parte ahora visible... Cien mil veces diez mil años luz es diez millones de años luz, una distancia que se extendería a través de todo el universo ahora visible para los astrónomos... ¡Ah, pero vivimos en un universo *en expansión*, un universo que exhibe una misteriosa pasión por el crecimiento!... Sí. Haría tropezar la imaginación concebir cuál puede ser, en última instancia, el alcance pleno de las cosas descriptas por ese importante y pequeño verbo "ser". Por cierto sería imposible para el pensamiento desarrollar una figura lo bastante enorme...

(*Ben se golpea la frente y se reclina contra el frontón de piedra de la estatua. Hay un súbito golpe de metales y redoble de tambores. Silencio. Luego un distante canto coral. Pausa. Una espectral luz celeste aparece en la arcada gótica cercana. En esta radiación del recuerdo, aparece la hermosa y delgada figura de una chica con capa de estudiante avanzada.*)

HELEN: Ben...

BEN: Sí, Helen.

HELEN: Anoche no pude dormir. Tenía molinetes en la cabeza. Supongo que no debería haber cursado astronomía esta primavera. Hace que veas demasiado grande el universo y demasiado pequeño el mundo. *Es* un mundo pequeño, ¿no es cierto? Parece ser tan terriblemente diminuto y perdido en todo ese tiempo y espacio que dicen que lo rodea. Y sin embargo... (*Ella delicadamente se toca las sienes.*) En esta pequeña estrella, como dicen, por algún milagroso accidente de átomos... la vida fue creada, se produjo la conciencia y aquí estoy, Ben Murphy, y aquí estás... (*Extiende sus manos y curva los dedos como si estuviera tomando la cabeza de él. Se oye una tierna canción sin palabras.*) ¡En esta querida, divertida cabecita tuya hay algo que retiene la imagen de todo lo que existe! La retiene hasta que se rompe y luego la deja ir... ¡Oh Ben, agárrame, Ben, me siento mareada! (*Sonríe y cierra los ojos.*) Sé mucho más que tú sobre ciertas cosas. Tal vez tendría que asumir tu instrucción. ¿Te parece?

BEN (*roncamente*): Sí.

HELEN: En cuanto a los besos, por ejemplo, hay dos tipos de besos. *Este* tipo, puro y simple y suficientemente satisfactorio para los chicos que vuelven a casa del cine... Pero hay otro...

BEN: ¿Cuál es el otro, Helen?

HELEN: ¿Te gustaría que te lo mostrara?

BEN: Sí.

HELEN (*inclinándose provocativamente contra la columna*): ¡Acércame mucho a ti y abre los labios cuando me besas!

(*Las luces se desvanecen en la arcada y* Helen *desaparece. Pausa. El canto coral se incrementa en un arrebato y se desvanece.*)

NUEVAMENTE LAS SUSURRANTES VOCES FANTASMALES: La luz no es recta sino curva. Este descubrimiento llevó a concepciones totalmente nuevas de... Ahora es posible determinar el peso de un átomo... ¡Se llegó finalmente al Estrecho de Magallanes!... ¡Silencio sobre un pico en Darien!*... ¡Latitud! ¡Longitud!... ¡Al este por el oeste!... ¡Islas! ¡Indias! ¡Archipiélago! ¡Hespérides!... Es sangre para recordar; es fuego... para retroceder vacilante... Es Dios... tu falta de nombre... Guitarras tocadas por el viento sobre cubiertas solitarias para siempre!**

(Un reflector capta a Jim en la arcada llevando un suéter del seleccionado. Una guitarra hawaiana toca débilmente "Canción de las Islas".)

JIM: Ah, ¡basta de decir idioteces!

BEN: ¿No la conoces a Helen?

JIM: Claro. Escribe versos. El perfume en la taza de veneno. Te digo, Ben, es instintivo en la hembra tapizar bien el nido. Cásate con ella y te pasarás el resto de tu vida coleccionando objetos. ¿Es lo que quieres?

BEN: ¡Cristo! ¿*Qué* quiero yo?

JIM: ¡Aventura, excitación! ¡Mira! ¡Apenas nos graduemos vamos a salir en un carguero hacia El Cairo... Shangai... Bombay! Sobreviviremos a los naufragios y escribiremos con vívidos detalles los levantamientos nativos. Seremos los calmos observadores de revoluciones o tal vez las fomentemos nosotros mismos... ¡nuestras vidas serán legendarias! ¿Qué es preferible: una vida como ésa o una que se vive detrás de un par de cortinas de encaje con esa pequeña y mediocre Edna St. Vincent Millay?***

---

* John Keats: "Al mirar por primera vez el Homero de Chapman".
** Hart Crane: "La Cruz del Sur" de *El puente.*
*** Poeta norteamericana nacida en 1892 y muerta en 1950, considerada el prototipo de la efusividad lírica cursi, adolescente y tradicional, especializada sobre todo en sonetos convencionales. (*N. de la T.*)

BEN (*frenético*): No sé, no sé... no puedo pensar. Hay tantas posibilidades...

JIM: ¡*Infinitas* posibilidades! ¡Eso es lo que he estado tratando de decirte, tonto! ¡Quieres tirarlas por todas partes... a cambio de *sexo* y un *soneto*!

(*El reflector dirigido sobre* Jim *se va apagando. Se escucha un coro que canta* Alma Mater.)

ORADOR DE LA COLACIÓN DE GRADOS: Ustedes, graduados de la promoción de 1934, se enfrentan con un desafío poco común. Los enviamos como un flujo de sangre revitalizador al mundo, que se está muriendo lentamente de anemia espiritual. Un mundo exhausto por la reciente guerra y ya rearmándose para otra. Atenaceado por una depresión económica sin precedentes, para la cual sólo se ofrecen como corrección los experimentos más crudos. Por lo tanto, afirmo que los miramos con una ansiedad casi frenética: ¡ofrézcannos ustedes, los jóvenes, una nueva vida, nuevo coraje y nuevas ideas! ¡Construyan para nosotros una fe flamante, que revitalice nuestros espíritus!

(*La luz se desvanece gradualmente. Aplausos. Una banda comienza a tocar. Un reflector se centra en* Jim *con birrete y capa, encendiendo una pipa en la arcada.*)

BEN: J. T. Faraway Jones vino y me felicitó por mi discurso de despedida.

JIM: ¿Sí? ¿No es el presidente de Camiseros Consolidados o algo por el estilo?

BEN: Sipi. Quiere darme un empleo en esa colosal fábrica de explotar empleados que tiene.

JIM: Es una empresa poderosamente sólida. Mejor que lo aceptes.

BEN: No lo dices en serio, ¿no es cierto?

JIM: Sí. Totalmente en serio. Uno de cada diez tipos de nuestra promoción tiene una mínima posibilidad de encontrar cualquier tipo de trabajo.

BEN: ¿Y qué pasó con ese carguero en el que nos íbamos a ir?

JIM: ¿Cuáles son tus activos de capital?

BEN: Ochenta y cinco centavos.

JIM: No basta para pagarte el pasaporte, hijo. Tenemos que acumular un poco más de dinero antes de navegar rumbo a la salida del sol. En rigor, yo mismo he aceptado un trabajo: manejar las quejas en la Compañía Olimpic de Luz y Gas.

BEN: Oh. Me diste un lindo discurso cuando quería casarme con Helen. ¿Te acuerdas? Estaba sacrificando una vida de aventura y excitación por la de un insignificante asalariado detrás de un par de cortinas de encaje blanco.

JIM: No me entiendas mal. Sólo acepto este empleo por tres o cuatro meses.

(El reflector sobre Jim comienza a disminuir.)

BEN *(amargamente):* ¡Tres o cuatro *años*... cinco años... seis años... siete... ocho! ¡Falso! ¡Farsante! ¡Cobarde! ¡Sucio mentiroso! *(Le arroja la botella vacía de whisky a la figura de Jim, que ahora está desvaneciéndose. Se estrella contra la arcada de piedra. Entonces roncamente y con la voz rota:)* "¡Oh, Harry... Me has robado mi juventud!"*

* *Enrique IV:* Parte Uno, Acto V, Escena IV, Hotspur.

(Se oye una distante canción coral. En lo alto de la torre gótica que se yergue sobre el patio, las campanas comienzan a tañer la medianoche. Ben se da vuelta lentamente hacia la exaltada estatua de la juventud. Levanta los brazos en un estupefacto gesto implorante. Pero las campanas siguen sonado, lenta y desmemoriadamente. Ben deja caer los brazos, cae sollozando contra el frontón de mármol de la estatua. Se oyen pasos sobre la piedra. El canto se eleva más fuerte y más claro. Aparece un Joven con uniforme militar. Ben se da vuelta para enfrentarlo. El Joven lo saluda y empieza a alejarse.)

¡Eh!

(El Joven se detiene con una sonrisa. Ben continúa, extendiendo el birrete con borla.)

¿Es tuyo?

JOVEN: Lo *era*. Pero tengo uno *nuevo. (Toca el visor de su birrete.)*

BEN *(lenta y amargamente)*: Tienes en tu cuerpo alrededor de cinco litros de sangre. ¿Es suficiente para lavar las manos sucias del mundo?

JOVEN: ¿Cómo voy a saberlo? Tal vez lo sea, tal vez no. Hasta pronto. *(Sonríe brillante y extrañamente y queda fuera de la vista.)*

(La luz se desvanece y la música también.)

APAGÓN

(El señor E. *suspira fuera de escena.)*

SEXTA ESCENA
"CORTINAS DE ENCAJE BLANCO"

Un reflector ilumina un rincón del living del chalet de Jim en la calle Durazno, ¿o es la calle Olmo? Hay cortinas de encaje blanco en las ventanas; hay un fonógrafo con radio ridículamente grande y adornado, que tiene encima una pecera conteniendo un pececito de color. En la pared, arriba de la radio, hay un cuadro de la "Esperanza" sentada con una venda en los ojos y tocando una lira de cuerdas cortadas. Jim está sentado junto al fonógrafo con un vaso de agua helada. Tiene puesto un pijama de shantung púrpura con alamares blancos en los ojales.

Su esposa Edna llama desde fuera de escena.

EDNA: ¡Jim!

JIM: Sí.

EDNA: ¿Vienes a la cama?

JIM: Apenas me tranquilice un poco. Estoy preocupado por Ben Murphy. Me temo que ha perdido el control.

EDNA: Ben siempre fue un delirante total. Hasta su mujer lo acepta. ¡Ayer me dijo que ha estado yendo a la oficina con botas de vaquero! ¡Confidencialmente, me dijo, estoy a punto de hartarme!

JIM: Está volviendo a hundirse en la adolescencia. Habla sobre la rebelión. La rebelión está bien para las clases altas y las clases bajas, pero en la clase media: ¡nunca funcionará! El medio siempre ha sido el medio.

EDNA: Por favor, cierra la puerta del dormitorio y conversa todo el asunto contigo mismo.

JIM (*con voz de cansancio*): De acuerdo, mi vida. (*Sale del reflector y se lo puede oír cerrando la puerta. Vuelve y enciende la radio.*)

H. V. KALTENBORN:* Se ha dicho que estaba envuelto en un mar de llamas. Los objetivos militares sufrieron muy pocos daños, pero la población civil padeció terribles bajas. A medianoche, el cielo era un infierno resplandeciente. Ola tras ola de bombarderos en picada se lanzaron sobre la metrópolis ya destruida. Todo el sector residencial fue devastado. Decenas de miles de mujeres y niños indefensos...

(Jim *sin prestar atención cambia el dial.*)

CANTANTE CON VOZ DE BEBÉ:
¡Pero este chanchito era un chanchito *malo*
Y bailó todo el tiempo volviendo a casa!

(*Suena el timbre.* Jim *apaga la radio y sale de la luz del reflector. Se lo puede oír haciendo pasar al visitante:* Ben.)

JIM: Oh, *tú* de nuevo.
BEN: Sí. Yo de nuevo.

(*Entran en la luz del reflector. El aspecto de* Ben *es totalmente demoníaco.*)

EDNA (*con tono cortante*): ¿Quién demonios tocó el timbre a esta hora de la noche?

---

* Comentarista de noticias estadounidense de la CBS y la NBC, famoso por sus emisiones de radio desde primera línea durante la Segunda Guerra Mundial.

JIM (*se pone un dedo en los labios*): Nadie, mi vida. Duérmete.

EDNA: ¿Nadie? ¡Ahhhhhhhh!... ¡Quieres decir el señor Benjamin Murphy!

BEN (*lastimosamente*): Qué bruja siniestra es esa mujer.

JIM: ¡Shhh! Siéntate.

BEN: Esto es un horno.

JIM: Edna tiene el ventilador.

BEN: También Alma.

JIM: ¿Por qué has venido aquí a esta hora de la noche?

BEN: En parte para pedirte perdón por lo que dije en lo de Mike. No quería ser desagradable al hablar de tu aspecto.

JIM: Oh, bueno. No soy una persona cohibida. Además...

BEN: ¿Sí?

JIM: Reconocí una cierta parte de verdad en algunas de tus afirmaciones.

BEN: ¿Sí?

JIM: Sí.

BEN: ¿En cuáles? ¿Lo que dije de tu pérdida de resistencia?

(Jim *asiente lentamente.*)

Entonces, ¿qué vas a hacer al respecto?

JIM: Nada.

BEN: ¿No harás nada?

(Jim *asiente.*)

¿Nada de nada?

JIM: ¿Qué *puedo* hacer?

BEN: ¡Resistirte!

JIM: ¿Resistirme a qué? ¿Cómo?

BEN: Para luchar contra la gangrena cortan los miembros afectados.

JIM: De acuerdo. Dame un hacha y me corto la cabeza.

BEN: No tienes que cortarte la cabeza.

JIM: Entonces, ¿qué?

BEN: La grasa superflua de tu espíritu. El cheque semanal que corrompió a un nadador de maratón.

JIM: ¡Shylock!... ¿Qué me prestaste?

BEN: ¡Te creí!... Una vez. ¿No te acuerdas?

JIM (*con un tonito burlón*): "Dulce Alicia... Ben Relámpago".

BEN: Acabo de dar un paseo alrededor del campus.

JIM: Ha de haber sido horrible.

BEN: Lo fue. Hablé con una serie de fantasmas, incluido el tuyo.

JIM: ¿Qué tenía que decir el mío?

BEN: Un montón de eso que sacan del piso del establo con una pala. Yo quería casarme con una chica que escribía versos líricos. No, espera, dijiste, no abandones las posibilidades infinitas a cambio de sexo y un soneto. No vivas tu vida detrás de un par de cortinas de encaje blanco. Bueno. Tuve el sexo, de acuerdo, pero sin el soneto. Aquí están las cortinas de encaje en tu ventana. Un par idéntico en la mía. ¿Qué ocurrió con el carguero en el que íbamos a navegar? (*Pausa.*)

JIM (*sombríamente*): Se fue a pique.

BEN: Sí. Se fue a pique. Una vez le hiciste una pregunta a la vida. No obtuviste respuesta. En lugar de aferrar un pico y una pala y demoler la Esfinge para forzar al oráculo a salir, te quedaste tendido frente a ella en el sol caliente del desierto y te dormiste envolviéndote la cabeza con la camisa. (*Pausa.*)

JIM (*con voz cansada*): Define los temas.

BEN: Sabes cuáles son.

JIM: Vagamente.

BEN: ¡La vaguedad es lo que convierte en ovejas a los pueblos! ¿No hemos aprendido que no podemos ser ovejas, sobre todo ahora que sabemos que a las ovejas simplemente se las mantiene para *esquilarlas*... y *degollarlas*? ¡Quiero volver a llenar mi vida!

JIM: ¿Con qué?

BEN: ¡Con cosas nuevas! Con *creencias*... ¡que son como armas de acero! Con *ideales*... ¡que captan la luz del sol!

JIM: ¿Dónde vas a encontrarlos? ¿En un partido político?

BEN: ¡En el partido político de mi corazón! ¡En mi instinto, que me dice que no debo estar enjaulado!

JIM (*suavemente, con dignidad*): Ben, estoy tan hambriento como tú de cosas en las cuales creer. Tenía convicciones sociales incluso antes de que tú las tuvieras. ¿Qué ocurrió? Vi qué poco significaban para la gente de quien las obtuve. Soy humano, estoy desilusionado... necesito una nueva fe. Encuéntrame una nueva fe, Ben. Hazlo y me enfrentaré con todo. Cortaré esa grasa cómoda que ofende tus ojos. ¡Venderé mis pertenencias, dejaré a mi esposa y mi trabajo, y me enrolaré en la nueva Cruzada! Pero no hasta que hayas producido el *corpus delicti*... Ben, tú no eres un genio, muchacho, y yo tampoco. ¡Pertenecemos a la clase de los empleados, la gente pequeña, hecha para los ajustes normales!

BEN: ¿Chalets en la calle Durazno?

JIM: Sí.

BEN: ¿Pijamas púrpura desvaídos?

JIM: Sí.

BEN: ¿Cortinas de encaje blanco?

JIM: Sí.

BEN: ¡NO! (*Aferra las cortinas de encaje blanco y las arranca.*)

JIM (*cariñosamente*): Un gesto estúpido, un acto de resistencia inútil. Edna, mi mujer, va a volver a ponerlas mañana por la mañana.

(Ben *retiene el aliento en un sollozo desesperado. Mira alrededor con expresión salvaje, luego sale violentamente. Se oye el portazo.*)

EDNA (*hecha una furia por teléfono*): ¿Alma? ¡Alma, el delirante de tu marido está aquí haciendo un flor de escándalo y no puedo soportarlo!... ¿Eh?

JIM: Ben se fue, Edna. (*Pausa.*)

EDNA: Acabo de llamar a Alma... Ha hecho las valijas y se va a casa de su madre... ¿Cómo llamarías a eso?

JIM: ¡La suerte de los irlandeses!

LA LUZ SE DESVANECE

(*El* señor E. *se ríe fuera de escena.*)

SÉPTIMA ESCENA
"LA CARTA"

Un reflector ilumina una cama en una pensión. En el borde está la Chica *sentada solitariamente en pijama. Entra* Bertha, *su compañera de cuarto.*

BERTHA: ¿Todavía despierta?... ¿Por qué no te encontraste conmigo en el bar de Mike?

CHICA: No me sentía con fuerzas.

BERTHA: ¡Te lo perdiste! El romance entró en mi vida con un estallido, pero el hombre estaba casado. (*Se sienta en la cama para sacarse los zapatos.*) Casado con una mujer llamada Edna que le masajea el cuello con Vick Vapo-Rub todas las noches. Se te ve la boca un poco caída. ¿Qué pasa? (*Se quita las medias.*) ¿Todavía teniéndole la vela al señor Warren B. Thatcher?

CHICA: Estoy desesperada, Bertha.

BERTHA: Olvídalo. Deja que todo se pierda. Déjalo caer como lo harías con un pedazo de hilo suelto. Repítete esta noche mientras te vas a dormir: "Mañana no voy a pensar en él".

CHICA: ¿Para qué mentirme cuando sé que lo haré? Además... no habrá ningún mañana.

BERTHA: ¿Sabes lo que debes hacer? Ve a la iglesia, lee un libro, aprende a jugar al bridge.

CHICA: Tú no entiendes.

BERTHA: ¿Te crees que nunca tuve un metejón?

CHICA: Este hombre no es un metejón.

BERTHA: ¿Cómo lo llamarías, entonces?

CHICA: Amor.

BERTHA: Porque es tu jefe y usa un traje de lino blanco y una corbata celeste todos los días crees que estás enamorada.

CHICA: ¡Oh, Bertha! (*Se pone de pie.*) Bertha, ¿soy invisible?

BERTHA: ¡Qué idea!

CHICA: ¡Nadie parece verme, nadie parece tener conciencia de que existo!

BERTHA: ¿A los hombres te refieres? No te desalientes. Por cada sorpresa hay por lo menos quince desilusiones. Y hoy en día los hombres se concentran en la guerra y en el costo del sexo. Qué me cuentas. ¡Ya te va a llegar el día! ¿Qué te parece un poco de bromuro?

CHICA: No, gracias.

BERTHA: Tenía otra amiga que se la pasaba pensando en un hombre que trabajaba en su oficina. Él ni siquiera la miraba. Déjalo caer, le dije, "como harías con un pedazo de hilo suelto". No quiso aceptar mi consejo. "Willard", decía, "¡Willard, Willard!"... Así se llamaba... ¿Sabes lo que hizo al final?

CHICA: ¿Se mató?

BERTHA: No. Tuvo *dementia praecox*, yo no podía lograr que parara. El shock insulínico no pudo salvarla.

CHICA: He hecho algo horrible.

BERTHA: ¿Qué?

CHICA: Oh, ¡no puedo decirte! ¡Le escribí una carta!

BERTHA: ¡Vamos! ¿Qué tiene de malo? ¿Al señor Warren B. Thatcher?

CHICA: ¡Sí!

BERTHA: ¿La despachaste?

CHICA: La dejé sobre su escritorio. Ya se había ido por el resto de la tarde.

BERTHA: ¿Qué le escribiste al señor Thatcher?

CHICA: Le escribí que lo amaba.

BERTHA: Oh... Lo confesaste abiertamente, ¿eh?

   (La Chica *se cubre la cara. Pausa.*)

   Querida, ponte tus cosas.

CHICA: ¿Que me ponga mis cosas?

BERTHA: ¡Sí, vístete!

CHICA: ¿Para qué?

BERTHA: Vas ir a esa oficina a recoger la carta antes de que el señor Thatcher la vea.

CHICA: El edificio está cerrado.

BERTHA: Despierta al sereno, chiquita, ¡y consigue esa carta! ¡Aprende de mí que sería un error espantoso que él la leyera! Una vez, yo le hice una confesión como ésa a un jefe y, Dios, oh, Dios, ¡me quedé *sin trabajo* a la mañana siguiente! Ponte tus cosas, queridita... ¡Hazlo rápido!

CHICA: Pero, Bertha...

BERTHA: ¿Sí?

CHICA: ¡Lo que decía en la carta era *verdad*!

BERTHA: Eso no tiene importancia. Es estrictamente accidental.

CHICA: ¡Lo *amo*!

BERTHA: Ponte tus cosas... ¿me oyes?

CHICA: Sí, lo haré, lo haré... ¡Pero eso no resuelve ningún problema! Estoy desesperada, Bertha.

BERTHA: Bueno, todo lo que te puedo decir es que es mejor estar desesperada con empleo que sin él... Aquí está tu... (*Le arroja la ropa interior a la* Chica.)

APAGÓN

(*El* señor E. *se ríe fuera de escena.*)

OCTAVA ESCENA
"¿ALGUIEN LLAMÓ AL SERENO?"

Las luces se encienden sobre una esquina del centro de la ciudad a medianoche. En la esquina está Camiseros Continental, la torre de dieciséis pisos (proyectada en el telón de fondo) se orienta hacia el cielo en una perspectiva exagerada. Alrededor de ella hay torres similares, un laberinto de edificios. Fríos y glaciales en su aspecto a medianoche, agudos como cuchillos, anulan la suavidad del cielo. Se erizan defensivamente chillándole a Dios "¡Quédate atrás!".

Se oye una música fantasmal.

Aparece la Chica, *diminuta, como una pulga entre estos gigantes de piedra. Los mira con una mezcla de maravilla, miedo y confusión. Rápida, tímidamente, corre hasta la puerta de Camiseros Continental.*

CHICA (*gritando quejumbrosamente*): ¡Sereno! ¡Oh, sereno!
  (*Se oye un eco vacío entre las paredes de piedra. Ella prosigue desesperadamente.*)
  ¡Sereno, sereno, sereno!

(*Se oye un eco a lo lejos. Un policía uniformado da vuelta la esquina y golpea su bastón.*)

OFICIAL: ¿Qué quiere, jovencita?
CHICA: Quiero entrar a ese edificio.
OFICIAL: Ese edificio está cerrado. No abrirá hasta la mañana.

CHICA: Si pudiera captar la atención del sereno creo que me dejaría entrar.

OFICIAL: El sereno es sordo.

CHICA: ¿Sordo?

OFICIAL: ¡Sí, sordo como una tapia! ¡No la oirá! También es ciego como un murciélago.

CHICA: ¿Entonces cómo puede vigilar?

OFICIAL: No puede.

CHICA: ¿Qué hago?

OFICIAL: Volver a su casa y dormir como otras damas respetables.

CHICA: No puedo dormir.

OFICIAL: ¿Algo le pesa en la conciencia?

CHICA: Sí.

OFICIAL: ¿Qué?

CHICA: Una carta. Escribí una carta.

OFICIAL: ¿Qué tipo de carta?

CHICA: Una carta de amor. Está encerrada en ese edificio. Tengo que recuperarla antes de que él la lea.

OFICIAL: Nunca antes oí que se escribiera una carta de amor adentro de ese edificio.

CHICA: Bien, ahora se ha enterado, sin embargo. Volveré dentro de un rato e intentaré de nuevo.

(La chica da vuelta la esquina triste y cansadamente... Se oye música fantasmal... Ben Murphy aparece con botas de vaquero y un sombrero color gris de ala ancha. Lleva varios tragos debajo de su cinturón cargado de esmeraldas.)

OFICIAL: ¡Momentito, vaquero!

BEN: ¿Qué tal, alguacil? Quería ver qué aspecto tiene este lugar de noche. Romántico, ¿eh? ¡Muy, muy romántico! Oh... quería hacerle una pregunta. ¿Cómo salgo?

OFICIAL: ¿De dónde?

BEN: De la jaula, la jaula universal... ¡La Jaula del Universo! Cuando estaba en jardín de infantes, ¿no jugaba con bloquecitos?

OFICIAL: Eh, un momento, ¡si usted...!

BEN: ¿No tenía un juego de bloquecitos con el alfabeto... un nido de bloquecitos como lo llamaban? Había uno que era grande y que se ponía sobre otro ligeramente más pequeño, uno un poquito más pequeño que ése que se ponía debajo de aquél y otro más, ligeramente más pequeño aún, que se encajaba abajo... y abajo... y abajo... *ad infinitum*, ¿no?

OFICIAL (*tras una pausa*): "Al" está bien... Pero no sé qué es eso de "infinitum".

BEN: Oficial, lo que estoy buscando es el bloque de arriba de todo, el bloque más grande de todos, ¡el que se encaja encima de todos las demás! Si puedo encontrarlo, tal vez logre salir afuera royendo como un ratoncito... y ser el primero y original ¡*HOMO EMANCIPATUS!* Es decir... ¡EL HOMBRE COMPLETAMENTE LIBRE! ¿No es una ambición hermosa?

OFICIAL: Sipi. Muy hermosa. ¿Dónde vive?

BEN: *Ahora* en ninguna parte... Buenas noches (*Lo saluda mareado y da vuelta la esquina corriendo.*)

(*El* Oficial *gruñe y se mueve en otra dirección. Se vuelve a oír la música fantasmal. Un vagabundo borracho con una hermosa voz de tenor pasa por la calle cantando "Me pregunto qué fue de Sally". La* Chica *reaparece. Se aplasta contra la pared mientras pasa el vagabundo.*)

VAGABUNDO (*haciendo una pausa*): ¿Eres Sally?
    (*La* Chica *niega sacudiendo la cabeza, aterrada.*)

Discúlpeme.. sólo me lo preguntaba. (*Retoma su canción y da vuelta la esquina.*)

CHICA (*cruza hasta la puerta y llama*): ¿Sereno? ¡Oh, sereno!

(*Ben vuelve a aparecer por la esquina. Se detiene frente a la puerta y enciende un fósforo. La* Chica *emite un jadeo fuerte.*)

BEN: Hola.

CHICA (*después de una pausa, tímidamente*): Ho... la.

BEN: Se la oye un poco nerviosa.

CHICA: Lo estoy.

BEN: No por mí, espero... Soy sólo un merodeador nocturno.

CHICA: ¿Un qué?

BEN: Un merodeador nocturno. Un hombre que merodea por la noche.

CHICA: No es una afirmación muy... tranquilizadora.

BEN: No deje que la alarme, señorita. Hay dos tipos de merodeadores nocturnos, los malignos y los benignos.

CHICA: ¿A cuál pertenece usted?

BEN: Benigno. Extremadamente benigno.

CHICA: Qué suerte.

BEN: ¿Cuál es su problema, señorita?

CHICA: Dejé una carta en este edificio y quiero sacarla antes de que salga el sol, pero el sereno es sordo; no puede oírme.

BEN: ¿Qué tipo de carta era?

CHICA: Una carta indiscreta.

BEN: Toda la buena literatura es una indiscreción. ¿Trabaja en este edificio?

CHICA: Sí.

BEN: Yo también. ¿Alguna vez subió al techo?

CHICA: No. ¿Usted puede?

BEN: Claro, hay escaleras al techo.

CHICA: Todavía no las descubrí.

BEN: Nadie lo ha hecho salvo yo. Soy el Cristóbal Colón del techo de Continental. Mire... en caso de que no suba más allí, me gustaría que usted hiciera algo por mí. Hay quienes dependen de mí ahí arriba. Una hermosa bandada de palomas. Están acostumbradas a que las alimente todos los días alrededor de mediodía. Tal vez deba irme de la ciudad por negocios y me gustaría dejar a alguna persona confiable a cargo.

CHICA: ¿Con qué las alimenta?

BEN: Con maíz Bantam Dorado.

CHICA: Me sentiré muy contenta de asumir esa responsabilidad por usted.

BEN: Muchas gracias. Vaya tan alto como llega el ascensor y entonces siga subiendo... Verá un tramo de escaleras.

CHICA: Suena excitante.

BEN: ¿Le gusta la excitación?

CHICA: No he tenido la suficiente para saber.

BEN: Entonces venga conmigo y merodearemos por la noche juntos. Haremos observaciones en el lado oscuro de la luna; penetraremos en el mismísimo corazón de la tiniebla. Y cuando salga el sol, sabremos todos los secretos prohibidos; tendremos la sonrisa de expertos de los conocedores más raros.

CHICA: Es una invitación muy tentadora.

BEN: No puede permitirse declinarla.

CHICA: La gente hace un montón de cosas que no puede permitirse.

BEN: ¿Cómo qué?

CHICA: ¡Escribir cartas que contienen revelaciones fatales! ¿Qué es eso allí? (*Señala una hilera de luces doradas que se mueve a través del espacio entre dos edificios.)*

BEN: Parece haber una rueda dorada en el cielo.

CHICA: ¡Parece estar moviéndose!

BEN: Sí.

CHICA: ¿Me pregunto qué puede ser?

BEN: Vamos a investigar, ¿qué le parece?

CHICA: ¿Cómo?

BEN: ¡Caminado derecho hacia donde está!

CHICA: Pero así probablemente atravesemos el parque.

BEN: ¿Y qué si lo hacemos?

CHICA: La gente me ha advertido que no camine por el parque a esta hora de la noche.

BEN: ¿Qué puede temer con mi protección?

CHICA: ¿Usted? ¡Usted es un absoluto extraño!

BEN: ¿Acaso usted no? ¿Y qué hay con eso? ¡Desafío a lo mejor que hay en usted!

CHICA: ¿Qué es?

BEN: La curiosidad... el coraje... ¡el placer de la aventura!

CHICA: ¿No es una exageración esperar eso de cualquiera que se encuentra por casualidad en la esquina?

BEN: ¡Usted no es simplemente cualquiera! ¡Usted es Alicia!

CHICA: ¿Quién?

BEN: Alicia. ¡La eterna Alicia que hay en el corazón de cada chica! ¡Buscando el País de las Maravillas! ¿No es verdad? ¡Dígame si me equivoco!

CHICA: No se equivoca.

BEN: ¡De acuerdo!... ¿Vienes, Alicia?

CHICA: ¡De acuerdo!... ¡Voy, Conejo!

(Ella se ríe y lo toma del brazo mientras se alejan juntos. El Sereno, muy viejo y decrépito, sale por la puerta, llevando su linterna y pestañeando con sus ojos ciegos.)

SERENO: ¿Alguien llamó? ¿Alguien llamó al sereno?

(Se escucha la triste, débil y lejana música de las esferas...)

LENTO APAGÓN

(El señor E. *se ríe suavemente fuera de escena.)*

NOVENA ESCENA
"LAS LLAVES DE LAS JAULAS"

Una sección densamente arbolada del parque de la ciudad está sugerida por el perfil de los árboles con moho y lianas colgantes contra el oscuro cielo nocturno. La rueda dorada apenas se ve a través de la vegetación selvática y hay una música débilmente audible.

Entran Ben *y la* Chica, *moviéndose inseguros en la oscuridad.*

CHICA: No alcanzo a ver nada, ¿tú?

BEN: No mucho. ¿Tienes miedo?

CHICA: No. No me importa lo que me ocurra.

BEN: ¿Por qué dices eso?

CHICA: No me preguntes, por favor. Oh, allí está la rueda dorada... se está acercando. Puedo oír música. Estoy empezando a sospechar qué es.

BEN: No seas suspicaz. Mantén tu fe en las posibilidades, Alicia.

CHICA: ¿Dónde estamos ahora?

BEN: Estamos cerca del zoológico. Puedo oír a los zorros llorando.

CHICA: Me pregunto por qué estarán llorando.

BEN: Por lo mismo que nosotros estamos llorando. Anhelan las colinas y la libertad, lo mismo que nosotros.

CHICA: ¡Viene alguien!

BEN: El cuidador. El hombre con las llaves de las jaulas.

(Un hombrecito con aspecto ceñudo que se parece

189

mucho al Sereno *aparece con un enorme manojo
de llaves y una linterna.)*
Hola, guardián.

GUARDIÁN (*gruñendo*): Un poco tarde para visitar el zoológico.

BEN: Nunca es demasiado tarde para echarles una mirada
a los zorros.

GUARDIÁN: No me gusta que los molesten tan tarde. Son
pequeños monstruos inquietos. Una de las hembras está
por tener cría, voy a echarle una mirada.

BEN: ¿Quiere decir que va a tener bebés en esa jaulita
maloliente?

GUARDIÁN: Claro. ¿En qué otra parte podría tenerlos?

BEN: En cualquier lugar del bosque sería mucho mejor.

GUARDIÁN: La alegre putita los va a tener aquí y eso le gusta.

BEN: ¿Supongo que tiene las llaves de todas las jaulas?

GUARDIÁN: Tengo la llave de todas y cada una de las jaulas del zoológico.

BEN: ¿Todas con su etiqueta?

GUARDIÁN: Sipi, todas con su etiqueta... Hasta pronto.

BEN: Sólo un minuto.

GUARDIÁN: ¿Eh?

(Ben *le da una trompada en la barbilla y aferra las llaves. La* Chica *grita. Aumenta el volumen de la música.)*

BEN (*seleccionando rápidamente las llaves*): ¡Elefantes!
¡Tigres! ¡Canguros! ¡Flamencos! Ah, aquí está, ¡zorros!

CHICA: ¿Qué vas a hacer?

BEN: ¡Estoy iniciando mi carrera de emancipador! ¡Espera
un minuto!

    (*Sale corriendo hasta quedar fuera de la vista. Se
oye una puerta de acero abriéndose. Se oye el exci-
tado ladrido de los zorros. Ben* vuelve corriendo.)

¡Ven rápido conmigo antes de que el guardián recupere el sentido!

CHICA: Oh, válgame el cielo, ¿qué has hecho?

BEN: Los dejé en libertad.

(El Guardián se sienta.)

¡Rápido! ¡Sígueme! *(Salen corriendo.)*

GUARDIÁN: ¡Eh! ¡Dios mío, los zorros! *(Se pone de pie de un salto y dispara dos tiros al aire.)* ¡Detente, ladrón! ¡Detente, ladrón! ¡Socorro, socorro! ¡Detente, ladrón!

(Todos los animales del zoológico se despiertan y todos rugen a la vez: el bramido del elefante que extraña la selva, el solitario rugido del león, el triste parloteo de los monitos.)

LA LUZ SE DESVANECE

(El señor E. se sacude de risa fuera de escena.)

DÉCIMA ESCENA
"TODAS LAS CHICAS SON ALICIA"

Del otro lado de un amplio lago negro, rodeado de sauces, vemos las luces en movimiento de la feria o parque de diversiones. Una débil música fantasmal viene de la calesita.
Ben *y la* Chica *entran por la derecha.*

CHICA (*sin aliento*): ¿Siguen persiguiéndonos?
BEN: ¡Rápido! ¡Ponte detrás de esos sauces!

(Se ponen en cuclillas detrás de un toldo de hojas de sauce. Entran dos guardianes del zoológico.)

UNO: Bien, no siguieron adelante en esta dirección.
DOS: Apuesto a que tomaron un atajo por los campos de golf hacia el bulevar Wilmington. Tú tomas por ese lugar y yo por éste.
UNO: ¡Eh! ¿Cuántos zorros había en esa jaula?
DOS: Quince.
UNO: ¿Todos se soltaron?
DOS: Todos y cada uno de los malditos.
UNO (*mientras salen*): ¿Adónde calculas que se fueron?
DOS: De vuelta a las colinas donde nacieron. (*Las voces y los pasos se desvanecen.*)

(La Chica *se ríe.)*

BEN: ¡Cállate!
(*La* Chica *se ríe más fuerte.*)
¡CÁLLATE!

(*La* Chica *se ríe incontrolablemente.* Ben *la sacude.*)

CHICA: ¡Ay!... Ahora estoy bien. ¿No sería mejor que vol-
viéramos a correr?
BEN: No, estamos mejor escondidos aquí.
CHICA: No podemos quedarnos toda la noche.
BEN: ¿Por qué no podemos?
CHICA: Porque... ¿qué va a pensar mi compañera de cuar-
to?
BEN: Probablemente se imagine que anduviste dando vuel-
tas como una gata.

(*La* Chica *sale cuidadosamente de los sauces.*)

CHICA: ¡Oh, mira!
BEN (*siguiéndola*): ¿Qué?
CHICA: ¡Las luces!
BEN: Sí, allí están. Es sólo un parque de diversiones. Te
advertí que sería una desilusión.
CHICA: No estoy nada desilusionada. ¿Sabes qué me pare-
ce a mí? La forma en que veía el mundo cuando era
pequeña. ¡Bello, misterioso y lleno de linda música!
BEN: Ya no es más así.
CHICA: No, pero supongo que podría serlo. En las circuns-
tancias adecuadas.
BEN: ¿Cuáles son las circunstancias adecuadas?
CHICA: El amor, supongo.
BEN: ¿Es ése tu País de las Maravillas, Alicia? ¿El amor?
CHICA: Ajá. Todas las chicas son Alicia y el amor es su
País de las Maravillas... Pero el mío parece estar del

otro lado del lago y no soy buena nadadora. ¿Cómo
está el pasto? ¿Está seco?

BEN: Perfectamente. Siéntate.

(Se sientan a orillas del lago.)

CHICA: Oh Dios. Este asunto es tremendamente loco para
que yo esté tomando parte en él. ¡La emancipación de
los zorros y jugar a las escondidas con los guardianes
enfurecidos del zoológico! ¡¿No se reiría mi jefe si se
enterara de esto?!

BEN: ¿Qué tipo de actividad hace? ¿Qué tiene que ver tu jefe
con esto?

CHICA: Nada... salvo que...

BEN: ¿Qué?

CHICA: Estoy *enamorada* de mi jefe.

*(La calesita empieza nuevamente con su música alegre
y fantasmal.)*

BEN *(apartándose disgustado)*: Ahhh.

CHICA *(ansiosamente)*: ¿Qué ocurre? ¡Por favor no te enojes!

BEN: ¿Enojarme? ¡Por qué!... Sólo estoy un poquito desilusionado, eso es todo.

CHICA: ¿Por qué lo estás?

BEN: Nos encontramos en una oscura esquina secreta. Eres
agradable, blanca y misteriosa. Tienes un encanto
remoto y no del todo claro. ¿De dónde eres? De alguna parte lejana del norte. No de Minneapolis ni de
Chicago, sino del norte, muy lejos, un lugar de lagos y
cedros y montañas cubiertas de nieve. ¡Entonces, de
pronto, como un muñeco a resorte metido en una caja,
tu jefe proyecta su fea cabeza en el cuadro! ¡Una cabeza que parece un tomate pasado!

CHICA: Su cabeza no es así.

BEN: ¡Está bien! ¿A qué se parece?

CHICA: A TI.

BEN: ¿*Qué*?

CHICA: ¡A ti, a ti, a ti! Se parece mucho a ti. ¿No te acuerdas como jadeé cuando encendiste ese fósforo en la esquina? ¡Vi tu rostro y el traje de lino blanco y me sobresalté tanto que tuve que jadear en voz alta! ¿Sabes lo que pensé por un momento?

BEN: ¿Qué?

CHICA: ¡Pensé que eras concretamente *él*!

BEN: ¡Absurdo!

CHICA: ¿Acaso no lo es? Si el amor pudiera ser digno, no sería tan horrible. Pero no es digno... Al menos para mí... Me convierto en una tonta. Hoy, por ejemplo, me pidió el nombre de un demandante que sostenía que unos burletes no habían sido puestos correctamente. Un hombre llamado... ¡Deisseldorff!... ¿Ves lo ridículo que es? Quería que encontrara la correspondencia. No pude encontrarla.

BEN: ¿No tienen archivos en tu oficina?

CHICA: Oh, por supuesto que tenemos archivos... ¿Pero alguna vez trataste de recordar el alfabeto cuando estás enamorado?

BEN: No. ¿Cómo comenzó esta horrible y frustrada pasión?

CHICA: Su secretaria se casó, necesitaba otra y yo acababa de terminar un curso de tres meses en la Escuela de Comercio Rubicam.

BEN: Muy excitante. Suena como el primer párrafo de algo llamado "Momentos robados" en una publicación de Macfadden.* ¡Prosigue!

---

* Fue el mayor editor estadounidense de revistas populares entre los años 1916 y 1950. Publicaba sobre todo revistas "confesionales", donde las historias de amor tenían gran importancia. (N. de la T.)

CHICA: No, no lo haré. (*Solloza*.) ¡No estoy pidiendo compasión... pero tampoco necesito sarcasmo!

BEN (*tomándola de la mano*): Perdóname, Alicia. Sigue... ¿Te presentaste para el trabajo?

CHICA: Me presenté para el trabajo. Estaba asustadísima.

BEN: ¿De qué?

CHICA: Siempre me asusto, es algo orgánico, supongo. Se me traba la lengua... Quiero ser encantadora y brillante... una persona que dice cosas inteligentes... Pero me quedo sentada con la boca cerrada... ¡muda como una piedra!... Sólo después... cuando estoy sola... ¡pienso en qué decir!... Así que cuando me presenté para el trabajo... perdí la voz. Sólo podía hablar en un susurro... pero él sonrió. Y recuperé el coraje... Él quería saber cuántas palabras escribía a máquina por minuto y me hizo un pequeño dictado. Vuelva el lunes, me dijo... ¡el cargo es suyo!

BEN: ¡Ahh!

CHICA: Tenía puesto un vestido rosa pálido...

BEN: Un lamentable error.

CHICA: Sí, resultó serlo. Porque cuando me levanté del escritorio... Warren... quiero decir el señor Thatcher... levantó los ojos rápidamente y dijo: "Preferiría que no usara rosa. Le tengo alergia al rosa". Esa es la única cosa personal que me dijo en todo el tiempo que he estado empleada allí.

BEN: ¡Dios mío!

CHICA: Y justo hoy... me puse de nuevo el vestido rosa.

BEN: ¿Por qué?

CHICA: ¡Por pura desesperación! Pensé que podía forzarlo a mirarme y decirme algo personal.

BEN: ¿Lo hizo?

CHICA: No, sólo frunció un poco el ceño cuando entré en la oficina. Sabes, usa un traje de lino blanco –uno diferente todos los días de la semana– y cuando yo tengo puesto el vestido rosa, supongo... supongo que piensa que las cosas se parecen demasiado a una fiesta en el jardín.

BEN: Probablemente eso sea lo que, en su opinión, hace que se parezca demasiado.

(Pausa. Se oye la música fantasmal.)

CHICA: No... fue gran cosa... al principio.

BEN: ¿Qué no fue?

CHICA: Mi amor por el jefe.

BEN: Oh. ¿Pero mejoró después?

CHICA: Se puso peor... y peor.

BEN: Ya veo.

CHICA: Al principio, sólo pensaba para mis adentros: "¡Me gusta la forma de su cabeza!" Es como la fiebre... empezó muy despacio. Apenas perceptible, sabes. Una fracción de grado un día, otra fracción al siguiente, hasta que de pronto –y como si no hubieras recibido ninguna advertencia– ¡estás literalmente ardiendo! Estás toda encendida. ¡Hasta los *huesos* se te derriten! ¡Ay, por qué no me dijo alguien que cosas como ésta pueden pasarle a la gente! ¿Sabes lo que tendría que haber? Un centinela afuera de la vida, un hombre con una gran linterna roja... ¡Un timbre de alarma, puertas como en los cruces de vías!... Con una gran señal que dijera: "¡PELIGRO! ¡AMOR ADELANTE!" Es lo que tendría que haber en la entrada de la vida. Así nadie, salvo los valientes, avanzaría y los que son débiles o se asustan –como yo– podrían darse vuelta y volver adonde las cosas son seguras y está oscuro...

(Pausa. Se vuelve a oír la canción de la calesita.)

BEN: Si, el amor es una enfermedad especial, me imagino.

CHICA: Si pudiera gritar, si pudiera aullar, si pudiera hacer una gran escena... Podría sentir un cierto alivio.

BEN: ¿No puedes?

CHICA: Por supuesto que no. Si lo hiciera perdería mi trabajo... Ves, señor Anónimo... ¡estoy atrapada en la jaula igual que esos quince zorros!

BEN: ¿Quisieras que durmiera a tu jefe de un trompazo, robara las llaves y te dejara salir de la jaula?

CHICA: ¡Ah, si pudieras!... Pero no es tan fácil. Me temo que el amor es una jaula de la que no hay ninguna salida. Tengo que caminar de arriba abajo, de abajo arriba con montones de papeles legales sobre asuntos tan poco importantes como gente llamada Deisseldorff y olores misteriosos... Abrir los archivos, cerrar los archivos... ¡golpear esas estúpidas teclitas blancas! A veces quiero parar y decirle muy, muy suavemente: "¡Señor Thatcher, señor Warren B. Tahtcher... todo lo que hay aquí... este negocio, estos papeles, estos archivos... van contra mi naturaleza!" ¿Crees que entendería? No. Diría: "¿No está satisfecha?"... y si yo dijera: "No", pensaría que me refiero al trabajo.

BEN: Si no es tonto, probablemente ha advertido algo.

CHICA: Es ciego para algunas cosas... igual que yo.

BEN: ¿Para qué es ciego?

CHICA: Para lo mismo que yo... el amor. Está enamorado de una chica casada, la llama y le pide que se encuentren esta noche en la Cabañas Despreocupadas de la Carretera 60. Cuando cuelga el teléfono, su cabeza se dobla sobre el escritorio y rumia y gime que la civilización se está viniendo abajo. Puedo ver las pequeñas arrugas rosadas de su cuero cabelludo, donde su cabello ralea, y tengo tantas ganas de estirar mis dedos y tocarlas para dale un poco de consuelo... ¡Aprieta tanto el lápiz que lo rompe en dos!... Pero no me atrevo... ¿Ves lo disparatado que es? Si algo pudiera ser muy recto... muy simple.

BEN: Sí. Muy blanco... y con aspecto fresco.

CHICA: ¡Qué alivio sería!

BEN: Sí, un bendito alivio. Nos permitiría salir de nuestras jaulas.

CHICA: Pero nada es así.

BEN: No.

CHICA: Todo está mezclado y confuso. Y el calor del día es aterrador. Fui a ver al sacerdote y le dije: "Padre, ¡necesito consuelo, necesito paz, necesito un poco de alivio!"

BEN: ¿Te dio algo de todo eso?

CHICA: No... Por supuesto que no... ¿Cómo podría haberlo hecho? ¿Qué puedo hacer?

BEN: No lo sé.

CHICA: Es irremediable, ¿no es cierto? ¡No hay ninguna ayuda posible!

(Se oye la música débil de la calesita.)

BEN: ¿No puedes olvidarlo?

CHICA: Eso es lo que dice mi amiga. "¡Déjalo caer", dice, "como lo harías con un pedazo de hilo suelto!"... Oh, Dios, pero yo *no puedo* hacer eso. Lo he intentado e intentado *tanto*.

> *(La música sube de volumen. Una forma opaca de color blanco se mueve ociosamente desde el centro del lago. La* Chica *se inclina súbitamente hacia adelante.)*
> ¡Oh, Dios!... ¿qué es eso? ¿Ves a lo que me refiero?... ¡Qué es eso!

BEN (*levantándose, suave y claramente*): Un *cisne.*

CHICA (*maravillada*): ¿Un cisne?... Pero, sí, ¡lo es! (*Se pone de pie y avanza rápidamente hasta la mismísima orilla del lago. Tratando de atraerlo, extiende su delgado brazo blanco hacia el pájaro espectral. Se oye un arpegio de música de arpa. La pose de la Chica se parece extrañamente a la forma concreta del pájaro.*) ¡Cisne! ¡Cisne! Pájaro hermoso, adorable, adorable... ¡Acércate más! ¡Ven un poco más cerca! ¡No tengas miedo! ¡Danos algo muy simple! ¡Muy blanco y de aspecto fresco! Sé bueno. Sé generoso con nosotros. ¡Tenemos tanto calor, estamos tan cansados y tan complicados! Tenemos una fiebre tan terrible. Ven más cerca y refréscanos con tu belleza.

(*La música débil se eleva, por un momento, a una arrebatada ternura, se oyen arpegios salvajes de música de arpa... ¡desvaneciéndose, desvaneciéndose, desvaneciéndose! El cisne comienza a retroceder sobre la suave superficie negra del lago. La Chica continúa desesperadamente.*)

¡Oh! ¡Se está alejando! ¿Por qué se está alejando?

BEN: No es doméstico... es salvaje. Está enterado de las jaulas que las criaturas domadas han construido para capturar a los que tienen corazón salvaje.

CHICA: Yo no tengo una jaula.

BEN: Oh, sí, la tienes... te ve parada en ella.

CHICA: ¡Cisne!... Se fue. Esa cosa adorable se fue.

(*Ben de pronto se arrodilla junto a ella al borde del agua.*)

BEN: Oh, no, no se ha ido... ¡la tengo en mis brazos! ¡He atrapado al cisne! (*La abraza con pasión.*) ¡Cisne! ¡Cisne!

CHICA (*proyectando sobre él la identidad de su amado*):
¡Warren!... ¡Warren, Warren!
BEN: ¿Cómo me llamaste?
CHICA (*susurrando arrobada*): ¡Warren!
BEN: Dios. ¡Es una transacción justa! ¡Yo seré Warren y tú
será el cisne!
CHICA: ¡Lo seré, lo seré, querido Warren!... ¡Soy el cisne!

(*Ella se reclina en éxtasis. Él la aprieta lentamente
contra el pasto. La calesita sigue y sigue con su distante y
fantasmal música mientras...*)

LAS LUCES SE APAGAN

(*El* señor E. *se queda respetuosamente en silencio
fuera de escena.*)

UNDÉCIMA ESCENA
"EL PARQUE DE DIVERSIONES – LA BELLA Y LA BESTIA"

Un parque de diversiones ocupa una sección de los jardines públicos. Es como el escenario para un ballet bastante fantástico a medida que la pieza se aleja más del realismo: esto puede justificarse, si es necesario, por la creciente borrachera de Ben *y la exaltación amorosa de la* Chica.

A la derecha del escenario hay un kiosco que contiene una ordinaria rueda de ruleta perpendicular, rodeada por el habitual conjunto de premios: un hermoso chal español o mantilla y brillantes baratijas entre otros artículos ponderados por el Pregonero.

Inmediatamente junto a él hay un pequeño tablado con brillantes telones de brocato rojo y dorado: las candilejas están encendidas, el telón cerrado. Debajo de la escena hay un letrero que dice: PETIT THEATRE PRESENTA "LA BELLA Y LA BESTIA". FUNCIÓN: MEDIANOCHE.

Sobre estas pequeñas estructuras maravillosamente coloridas, siempre girando a cierta distancia, con su mitad superior visible, está la resplandeciente rueda giratoria gigante que originariamente había arrastrado a nuestros dos protagonistas a la aventura. La calesita, que no es visible, sin embargo siempre puede oírse: se trata de una música ligera y repetitiva, en cierta forma menor –a veces rápida y a veces lenta-, con muchos comienzos y detenciones y, de tanto en tanto, la risa y los gritos infantiles e indistintos de los buscadores de placer que andan en ella.

Seis u ocho personas forman la "MULTITUD" y la "AUDIENCIA" ante la rueda y el escenario. Pueden muy bien ser los mismos actores que han actuado en las escenas de la oficina. Usan ropas de veraneo de colores fuertes, sombreros de paja con cintas brillantes, etc. Están afiebradamente ansiosos por reír, desesperados por moverse, impacientes por todo excepto la distracción trivial: son los cautivos de alma hambrienta de la ciudad que han sido liberados por una noche.

En el escenario real, vemos a Ben y a la Chica frente al juego de apuestas. Ben está jugando y su suerte es asombrosa. Una y otra vez la rueda da vueltas y él sigue ganando. Bajo sus brazos tiene sus ganancias: una enorme muñeca pepona, un gran bastón de caramelo rojo, un monopatín infantil.

La rueda de ruleta está girando de nuevo.

Un Payaso con el corazón roto entra por la izquierda.

PAYASO: ¡Lo perdí, lo perdí! ¡Nunca más lo voy a encontrar!

(Sostiene en lo alto un delicioso aro cubierto de lentejuelas, del tipo que se usa para hacer saltar a animales entrenados. Todos lo ignoran deliberadamente excepto la Chica.)

CHICA *(con simpatía)*: ¿Qué ha perdido?

PAYASO: ¡Mi perrito entrenado que solía saltar y saltar y saltar! ¡Justo por la mitad de este aro!

CHICA: ¿Qué le pasó?

PAYASO: ¡Saltó demasiado alto y desapareció por completo! *(Sale sollozando, sólo advertido por la Chica.)*

(Gritos y hurras fuertes. Ben ha ganado el espléndido chal español. Se da vuelta y se lo pone a la Chica, haciéndola parecer una de esas resplandecientes vírgenes mexicanas: Nuestra Señora de Guadalupe. Su pena momentánea

por el Payaso *ha desaparecido y ríe con los demás. Suena una trompeta. El telón se abre en el pequeño tablado. Un* Mimo *se adelanta con una máscara y anuncia:*

MIMO: Presentando: "La Bella y la Bestia".

(Aparecen otros dos Mimos. Uno es una encantadora chica morena con calzas y lentejuelas. El otro, una criatura fea con aspecto de gigante que luce ropajes de monje. El telón de fondo es un castillo medieval con un parque alrededor. El Primer Mimo *lee de un rollo mientras la pareja que actúa representa la pequeña moralidad.)*

EL LECTOR:
    Bella, que era joven, esbelta y morena,
    en la ruta encontró una criatura bestial.
    Pasarla por alto hubiera querido,
    mas su mole bloqueaba el sendero
    y, vestido de monje, le dijo:
LA BESTIA:
    ¡A rezar!
EL LECTOR:
    Mas Bella, que era joven, astuta y morena,
    se apartó cautelosa y repuso:
LA BELLA:
    ¡Jamás!
EL LECTOR:
    La Bestia se puso *furiosa...*
        (Aparte, la Bestia *se encarga de demostrar su furia*
        con gestos.)
    mas mostróse cortés.
    Le hizo grave reverencia mientras decíale...
LA BESTIA:
    ¡Adiós!

EL LECTOR:
 Cuando Bella a su lado pasaba,
 echóse atrás el pelo y ligera gritó:
 "¡Entregado a tu plegaria... te dejo yo!"
  (Apagón. Breve aplauso. Un letrero dice SEGUN-
  DO ACTO.)
 Al día siguiente la Bestia volvió a interceptarla
 y otra vez llegó Bella joven y morena,
 y de nuevo, cuando ella pasaba, él hizo reverencias,
 mas esta vez *siguióla...* pisando con tanta
 levedad el pasto, que su víctima ni se enteró
 hasta que él *lanzóse...* y contra el suelo la apretó!

  (Los actores hacen una pantomima de los versos ante-
  riores. Apagón. Siseos. Otro letrero dice TERCER ACTO.)

EL LECTOR *(continuando, antes del telón)*:
 Cuánto tiempo, con el rostro vuelto, ella estuvo fría
 debajo de la Bestia sufriendo su abrazo,
 decirlo no puedo... mas cuando pasó la lujuria de él
 y en sus venas la fiebre llameante cesó,
  (Vuelve a abrirse el telón.)
 sobre la muchacha empezó a incorporarse
 y tan frío como ella la Bestia se halló.
 Entonces, temblando en desnudez pareja,
 los dos se enfrentaron con mirada muda,
 el cielo estaba oscuro, las ramas sacudidas...
  (Luces de gelatina azul muestran a la Bestia erguida
  sobre la Bella. Ha dejado caer las ropas de monje y la
  fea máscara y ahora se lo ve como un joven austero y
  buen mozo, con calzas rosas y una hoja de parra.)
 un viento soplaba y a Bella revivió,
 quien, tras levantarse, en el camino permaneció.
 Él quedó estupefacto... Bella no estaba deshonrada,
 su rostro era tan santo como el de monja en misa.

(Entre tanto, la Bestia *demuestra asombro y ver-güenza, arrodillándose frente a ella.)*
Ella, tomándole la mano, susurró...

LA BELLA:

No te aflijas.
Belleza no tuve hasta sentir tu deseo
y al ser éste respondido,
¡Bestia has dejado de ser
Para ser Uno con la Belleza!

EL LECTOR:

Resplandeciendo como un cura
a su lado caminó de la mano aferrado
mientras fresca la lluvia caía
sobre la tierra afiebrada...

(Con el sonido de lluvia y viento, el telón se cierra sobre el pequeño escenario. Aplausos. El telón vuelve a abrirse para que los actores saluden, pero algo ha andado mal. La Bestia *se ha vuelto a poner su fea máscara y está ahogando a la* Bella. *El* Lector *se arranca la máscara y chilla:*
¡Socorro! ¡Eh, Rube!

(Hay gestos de confusión y desesperación por parte de la multitud. Ben, *de inteligencia rápida, salta sobre el pequeño escenario y le hace una finta a la* Bestia *con su bastón de caramelo. Con un gruñido, la* Bestia *suelta a la* Bella *y avanza amenazadoramente hacia* Ben.)
¡Eh, Rube! ¡La Bestia se volvió loca!

BEN *(haciendo fintas con el bastón)*: Vamos, Bestia, sé razonable... Sé sensata, Bestia.
¡Sometamos el problema a arbitraje!

(Pero la Bestia *sigue avanzando, gruñendo.* Ben *sigue hablándole aparte al* Lector.)
¿De qué nacionalidad es este tipo?

EL LECTOR (*frenético*): ¡Ruso! ¡No entiende nada de inglés! ¡Rube, eh, Rube!

BEN (*sonriendo de pronto*): *¡Tovarich! ¡Nitchevo, nitchevo! ¡Tovarich!*[*]

(Instantáneamente la Bestia rampante se convierte en una gentil oveja. Ronronea y extiende la mano para acariciar la cabeza de Ben. Ben le ofrece un mordisco del bastón. Él acepta resplandeciente. Hurras. Ben es un héroe público. De la multitud surgen gritos: "¡Que hable! ¡Que hable!")

¿Yo? ¿Un héroe? ¡No, no, no, sólo soy un lingüista exitoso! Llamen "hermano" a cualquier tipo en su propia lengua y las hostilidades se acaban. ¡Se restablece la paz! ¡El bastón de menta se ha roto en señal de amistad! ¡Ese, amigos míos, es el secreto de la buena sociedad internacional!

(Esto, por supuesto, es interpretado como una defensa de la pacificación. Hay una instantánea reversión de la opinión pública. Sigue una fuerte y hostil rechifla, junto con una lluvia de palomitas de maíz, maníes y monedas.)

Está bien, está bien, ¡no sé nada! ¡Soy sólo un idealista poco práctico!

GUARDIÁN DEL ZOOLÓGICO (*disparando la pistola al aire*): ¡Es un *ladrón*! ¡Acaba de escaparse del zoológico con quince zorros!

(Salta sobre el tablado persiguiendo a Ben alrededor de la Bestia. Se esquivan hacia un lado y hacia el otro.)

LA BESTIA (*agarrando al Guardián del zoológico y levantándolo a distancia*): *¿Tovarich?*

BEN: *¡Tovarich no!*

---

[*] *Tovarich*: camarada; *nitchevo*: nada.

(La Bestia agarra al Guardián del zoológico bajo el brazo y Ben salta de la plataforma, emprendiendo una huída espectacular en el monopatín infantil que ganó a la ruleta. La Chica corre tras él, pero abandona el intento con un grito de desesperación. El telón del tablado se cierra y las luces se apagan. En silencio, rápidamente, la multitud se dispersa. La rueda gigante deja de moverse y sus luces se apagan; la canción de la calesita es cada vez más lenta, débil y triste, y finalmente se detiene del todo. La chica está parada sola en esta súbita desolación, que tiene la misteriosa atmósfera azul de un paisaje de Salvador Dalí. Hace una serie de giros y gestos inútiles. Luego, envuelta en su hermoso chal se inclina con el corazón roto contra el kiosco cerrado y solloza para sí misma. De algún lugar improbable, súbitamente reaparece Ben, tal vez todavía está en el monopatín. Se le acerca sin hacer ruido y sonríe.)

BEN *(con voz cambiada)*: Discúlpeme, señorita... ¿tiene un fósforo?

(Todavía sin reconocerlo, la Chica se da vuelta lentamente, saca un fósforo de su cartera y lo enciende. En la luz del fósforo ve que es Ben y pega un sobresaltado grito de alivio. Se miran el uno al otro en silencio por un momento. Luego, con una risa agradecida e infantil, ella se acomoda entre los brazos de él. Él sigue suavemente:)

¿Lágrimas? ¿Lágrimas? ¿Por *mí*? Eres una mujer milagrosa, Alicia. Un momento eres un cisne... al siguiente eres un ave de paraíso... Ahora, de pronto, y más milagroso que todo, eres una mujer... derramando verdaderas lágrimas sinceras por mí, ¡la primera vez que esto ha ocurrido desde que volví a casa de mamá con mi primer ojo morado, hace unos veinte años!

(Se vuelve a mover el telón del tablado, comienza nuevamente la música de escena. El Payaso entra alegremente llevando su pequeño fox terrier con un collar y una traílla llenas de brillantes piedras.)

PAYASO *(en voz baja y arrobado)*: ¡Lo encontré! ¡Lo encontré! ¡Nunca más voy a perderlo!

(Salen haciendo ruido. Ben y la Chica se abrazan. El telón del tablado se abre para revelar a la Bella y la Bestia –en un resplandor blanco y fantasmal- unidos en un abrazo equivalente.)

TELÓN

(El señor E. se ríe entre dientes fuera de escena.)

DUODÉCIMA ESCENA
"ESTA ES LA ESQUINA DONDE
NOS ENCONTRAMOS"

*Nuevamente la esquina de la calle. La luz gris de la
mañana ha comenzado a filtrarse entre las torres del centro.
En las vidrieras de Camiseros Continental, el* Diseñador *está vistiendo un maniquí. Le pone la camisa con la
pechera púrpura y los botones de madreperla, dispone los
brazos y el torso en una pose muy elegante y amanerada,
luego se aparta para admirar su creación. Suspira y desaparece en el interior.*

Aparecen Ben y la Chica. *La* Chica *está colgada del brazo de* Ben, *con los ojos cerrados, los labios sonriendo desmayadamente.*

BEN: Estás caminando dormida.

CHICA: Creo que ha de ser así. Tuve un sueño tan adorable. ¿Es de mañana?

BEN: Sí. Esta esquina es donde nos encontramos hace un
rato.

CHICA: Hace siglos. ¡No sabía que la eternidad podía ser tan
linda! ¡Pobre Conejo! Necesitas una afeitada. (*Le toca
el rostro tiernamente.*) No tenía idea de que tuvieras
un aspecto tan gracioso. (*Se ríe.*)

BEN (*un poco resentido*): ¿Gracioso?

CHICA: Sí, gracioso y dulce. Me gusta tu aspecto.

BEN: ¿Porque me parezco a tu jefe?

CHICA: Creo que me he olvidado de mi jefe. ¡Parece perte-
necer al año mil antes de Cristo! ¡Ahora estás tú y

ahora estoy yo y no estoy buscando manzanas! (*Ella lo abraza. Él la empuja suavemente para separarla.*)

BEN: La mañana es el momento de mirar cara a cara la realidad, sabes.

CHICA (*mirándolo cariñosamente*): ¡La estoy mirando, la estoy mirando!

BEN: Me pregunto si es así. ¡No creo que sepas lo que es la realidad!

CHICA: Cuéntame de ella. Cuéntame sobre la realidad. Creeré. Sólo que, cuando me la cuentes, ¡tómame de la mano!

BEN (*tomando su mano*): La realidad está compuesta por algunos ingredientes muy ásperos, pequeña. Uno de ellos es el hecho de que estoy sin trabajo o casi sin trabajo. Otro es que... ¡estoy casado!

CHICA: Oh. (*Se da vuelta lentamente.*) Esto es la realidad, ¿no es así?

BEN: Sí. Algo así, supongo. (*Pausa.*) No te ofendas.

CHICA: No me ofendo.

BEN: Por favor, no te sientas herida por nada.

CHICA: No estoy herida.

BEN: Esta noche ha sido linda, ¿no te parece?

CHICA: Sí.

BEN: Cada uno le dio algo al otro. Yo te di a Warren, tú me diste al cisne.

CHICA: Me diste más que a Warren. ¡Me diste el País de las Maravillas! (*Extiende la mano.*) ¡Adiós!

(*Él toma su mano. Entonces, de pronto la abraza, besándola bruscamente. Corre a la esquina, se da vuelta y hace un extraño y torpe saludo.*)

BEN: ¡Hasta pronto, Alicia!

(La Chica comienza a sacudir la mano. Él desaparece del otro lado de la esquina. La Chica se da vuelta lentamente, como alguien que camina dormido, y avanza en la otra dirección. El Diseñador vuelve a aparecer en la vidriera. Hace un gesto extático y abraza al maniquí. La música de la mañana se eleva entre los edificios, rápida y marcial. El día ha comenzado.)

APAGÓN

(El señor E. se ríe entre dientes fuera de escena.)

DECIMOTERCERA ESCENA
"ESTOY PREOCUPADA POR MI COMPAÑERA DE CUARTO"

Las escenas que van de la decimotercera a la decimo-sexta son ilustraciones laterales de la acción principal y deberían representarse en rápida sucesión, iluminando aquellas partes del escenario donde tiene lugar la acción.

Un reflector ilumina a Bertha *hablando con la dueña de la pensión.*

BERTHA: ¡Oh, señora Hotchkiss, estoy terriblemente preocupada por mi compañerita de cuarto! Salió anoche tarde y no ha vuelto, ¡y no sé adónde fue!

SEÑORA HOTCHKISS: ¡*Probablemente* fue a hundirse en la *degeneración*!

APAGÓN

DECIMOCUARTA ESCENA
"VEN A CASA CON MAMÁ"

Un reflector ilumina a la esposa de Ben *en el teléfono.*

ALMA: Larga distancia, por favor. Quiero hablar con mi madre. ¿Hola, mamá? Te llamo desde la estación de ómnibus, voy a dejar a Ben.

(Un reflector ilumina a la Madre *en el otro extremo del proscenio hablando por teléfono.)*

MADRE: ¿Cuál es el problema, preciosa?
ALMA: Ha perdido la cabeza y ha perdido su trabajo, además nunca me gustó.
MADRE: ¡Ven a casa con mamá, querida, ven a casa con mamá!

APAGÓN

DECIMOQUINTA ESCENA
"A LEVANTARSE Y LUCIRSE"

Un reflector ilumina el lecho matrimonial de Jim, *ningún lecho de rosas por cierto. El despertador suena alegremente.* Edna *se sienta, una visión pero no un sueño. Sacude bruscamente a* Jim *para despertarlo.*

LA VOZ DE EDNA (*como un taladro neumático*): ¡A levantarse y lucirse! ¡A levantarse y lucirse! ¡A levantarse y lucirse!

JIM (*incorporándose lentamente sobre sus codos*): ¿Eh?

EDNA (*todavía con más entusiasmo*): ¡A levantarse y lucirse! ¡A levantarse y lucirse! ¡A levantarse y lucirse!

(Jim *mira durante un momento el rostro de* Edna *con absoluta incredulidad.*)

JIM (*gimiendo abismalmente*): ¡DIOS MÍO! (*Se vuelve a dejar caer sobre la cama y se tapa la cara.*)

APAGÓN

DECIMOSEXTA ESCENA
"HOLA DE NUEVO"

Un reflector ilumina a Jim *avanzando por un extremo del proscenio,* Bertha *por el otro. Se detienen súbitamente al reconocerse. Se miran uno al otro con sonrisas cariñosas y añorantes. Se oye música hawaiana.*

BERTHA: Hola, ¿no eres el tipo que conocí anoche en el bar?

JIM: Eso es. ¿Cómo estás?

BERTHA: Estoy muy bien. ¿Recuerdas a la chica que estaba conmigo?

JIM: Sí.

BERTHA: Desapareció.

JIM: Eso sin duda es gracioso. El tipo que estaba conmigo también desapareció. Su esposa acaba de llamar a la mía por teléfono para contárselo.

BERTHA: Qué coincidencia, ¿eh? ¡Sin la menor duda yo desearía poder desaparecer!

    (Los dos empiezan a caminar. Bertha *se detiene.)*

    ¡Eh!

JIM. ¿Sí?

BERTHA: ¡Desaparezcamos!

APAGÓN

DECIMOSÉPTIMA ESCENA
"¿QUIÉN VINO PRIMERO?"

Un reflector ilumina la oficina del señor Thatcher.
Éste está sentado tristemente en su escritorio.
Entra la Chica.

THATCHER (*pesadamente sarcástico*): Buenos días.

CHICA (*brillante*): Lo mismo para usted y mucho más, señor.

THATCHER: Si hubiera llegado nueve minutos más tarde
debería haber tenido que decir buenas tardes.

CHICA: ¿No hubiera sido horrible? ¿Puedo hacerle una
pregunta, señor Thatcher?

THATCHER: ¿Usted? ¿Qué usted me haga a *mí* una pregunta?

CHICA: Sí. Que yo le haga una pregunta... ¿Qué vino primero, en su opinión: el hombre o el reloj? Porque si el
reloj vino primero, entonces supongo que es simplemente natural que nuestras vidas estén reguladas por él.
Pero si el hombre vino primero, entonces me parece que
el reloj ha dado las cosas demasiado por sentadas...
¡y habría que ponerlo en su lugar! (*Levanta el reloj
del escritorio de él y lo deja caer en el papelero.*)

THATCHER: ¿Qué le ha pasado, señorita?... ¿Eh...?

CHICA: ¡Mi nombre no es señorita... eh! Supongo que ha
leído la carta que dejé en su escritorio anoche.

THATCHER: Sí. Estaba a punto de mencionar esa carta.

CHICA: No hace falta. Era sincera en ese momento, pero
esta mañana... Bueno, todo es diferente esta mañana.
Sabe, pasé la noche a la orilla de un lago. Por casuali-

dad miré el agua y vi mi reflejo. No soy fea, señor Thatcher, no soy un pato feo... soy un cisne blanco como la nieve... Y de ahora en adelante voy a esponjarme las plumas, voy a susurrar y a deslizarme... ¡y a ser admirada por la gente! (*Abre los archivos y saca un montón de papeles.*) ¡Mire! No estoy hecha unos dedos de manteca esta mañana. ¿Ve con cuánta firmeza puedo sostener estos papeles? Pero no quiero sostenerlos; ¡va contra mi naturaleza! (*Los arroja por el aire.*) ¡Siempre está gimiendo sobre el colapso de la civilización! ¿Realmente cree que la civilización ha terminado?

THATCHER: Mi última duda se desvaneció hace justo un momento.

CHICA: De acuerdo, señor Thatcher. Pero déjeme decirle esto: si la civilización se está cayendo, ¡usted no va a dar vueltas suspirando suavemente alrededor de las hermosas ruinas mientras que nosotros, la gente pequeña, yacemos *aplastados debajo*! No, nosotros también vamos a estar en la cima de la pila de escombros. Y no va a haber ningún suave suspiro por lo ocurrido. Va a haber un montón de trabajo duro para volver a armarla. Y los planos para la reconstrucción no van a hacerlos los viejos arquitectos, ¡los que ponen tanta agua en el cemento que no se sostiene!... ¡No! ¡No, nosotros, la gente común, vamos a trazarlos! ¡Oh!... ¡Es hora de almorzar!

THATCHER: ¿*Qué*?

CHICA: Discúlpeme, ¡voy arriba!

THATCHER: ¿Arriba?

CHICA: ¡Sí! ¡Al techo, señor Thatcher! (*Se ríe y sale.*)

LA LUZ SE DESVANECE

(*Fuera de escena, el* señor E. *se ríe fuerte
y desde un lugar cercano.*)

DECIMOCTAVA ESCENA
"ARRIBA, AL TECHO"

La escena se desarrolla en la oficina de la Sucursal Continental de Camiseros Consolidados. El enorme reloj indica que es casi mediodía. Con regularidad similar a la de un pistón, la fuerza laboral de la oficina está cumpliendo sus numerosas funciones.

La puerta del ascensor se abre y de allí salen el señor P, el señor D, el señor Q y el señor T, cabezas de la empresa. Tal vez ha habido algún tipo de convención nacional. De todos modos, cada uno de ellos tiene una ancha banda de satén extendida sobre el pecho, que lleva las iniciales enumeradas antes. Parecen estar en un terrible estado de excitación. Los sigue el Cadete de la oficina que exclama:

CADETE: ¡Señor P! ¡D! ¡Q! ¡T! ¡Las acciones están cayendo, hay un bajista en el mercado!

P: Eso no importa ahora.

D: ¡Tenemos algo más importante entre manos!

Q: ¡Gum!

GUM (*levantándose respetuosamente*): ¿Sí, señor Q?

Q: Un rumor horrible acaba de llegar a nuestros oídos.

P: Tenemos entendido...

D: Que un empleaducho de su departamento...

T: ¡Ha descubierto escaleras al techo!

Q: ¿Es... eso correcto?

GUM: ¡Correcto!

T: Ahhh, Dios...

D: Bendito...

P: ¡No! Habrá que eliminarlo...

D: ¡De inmediato!

Q: Posee conocimientos que pueden perturbar muy seriamente los negocios de la empresa...

P: ¡Si los comunicara indiscriminadamente!

Q: ¿Quién es ese hombre?

GUM: Benjamin D. Murphy.

P: ¡Sáquelo, despídalo, infórmele que está despedido ya mismo!

Q: ¡Espere, espere, espere! ¿No está adoptando una actitud un poco obtusa? Despida al señor Murphy y estará fuera de nuestro alcance. ¿Qué va a impedirle, entonces, contarles a *todos* sobre las escaleras al techo? Tengo una contrapropuesta. Ofrézcale algo lo bastante atractivo como para que valga la pena ser... ¡discreto!

D: Q tiene razón.

P: Gum, ¿conoce a este hombre?

GUM: Ha sido empleado de la Sucursal Continental de Camiseros Consolidados desde hace ocho años.

Q: ¿Qué tipo de propuesta le resultaría atractiva al señor Murphy?

GUM: No puedo decirlo con certeza. Juzgo que es un hombre que ansía el movimiento.

Q: ¿El camino?

P: ¡El camino, el camino!

Q: ¡Póngalo en el camino, lo más lejos de la oficina que pueda!

GUM: Mencionó algunos recuerdos lindos de Arizona.

Q: ¡Arizona!

P: ¡Perfecto! ¡Nada más que indios!

GUM: Por cierto, no puedo darles ninguna seguridad

definitiva de que Benjamin D. Murphy esté interesado en cualquier tipo de propuesta, por atractiva que fuera, cuyo objeto sea obstruir lo que considera la voluntad hacia adelante y hacia arriba del espíritu humano.

Q: Hummmm. ¿Qué tipo de hombre es este Murphy?

GUM: ¿Alguna vez leyó Oliver Twist?

Q: Ahhh. ¿Un huérfano?

P: ¿Con tendencias criminales?

GUM: ¡Un huérfano, caballeros, que no se siente satisfecho con un plato lleno de sopa sino que camina directo hasta el asombrado bedel y pide más! "¿Más?", dice el asombrado bedel.

Q: Él no *consiguió* nada más.

P: No, *recuerdo* la historia. No consiguió nada más. ¡Caminó con su plato de sopa vacío de vuelta a la mesa y la mesa estaba desnuda!

GUM: Pero ahí es donde empieza la diferencia. Benjamin Murphy no vuelve a la mesa desnuda con el plato de sopa vacío. Enfoca directo al asombrado bedel y le dice: "*¡Sí! ¡Más!*"

Q: Siempre supe que ese libro era el tipo de lectura equivocada para jóvenes mentes impresionables. ¿Dónde está él?

P: Sí, ¿dónde *se encuentra* esta última edición del huérfano intrépido?

GUM: Sin duda en este mismo momento está arriba, en el techo.

Q: ¡Búsquelo!

P: ¡Vaya allá arriba y hágale saber nuestra propuesta!

GUM: Caballeros, se olvidan de que soy un buen hombre de la "compañía". ¿Qué sé yo sobre las escaleras al techo? ¿Dónde están, P? ¿D? ¿Q? ¿T?

Q: ¡Caballeros!... ¡Debemos buscar las escaleras al techo!

(Se oye un redoble de tambores.)

LAS LUCES SE VAN DESVANECIENDO

(El señor E. *ríe fuera de escena pero muy cerca.)*

DECIMONOVENA ESCENA
"¿EL TECHO? ¿QUÉ TECHO?"

El techo.

Es el techo de un edificio de oficinas de la ciudad. Pero ¿es concretamente el techo? Todo apunta hacia arriba como otros tantos dedos que dicen "¡En esa dirección!" Tenemos el cielo (lo más azul que se lo pueda hacer), la parte superior de diversas torres de piedra blanca, unas pocas nubecitas como de lana de oveja. Las torres tienen ondulantes gallardetes con curiosos símbolos y resplandecientes veletas. Debajo de esta región, el mundo puede ser una repetición rutinaria, pero aquí estamos en lo trascendente: ¡luz, luz, luz! La última cima del espíritu, el rechazo de la materia, el centro abstracto de la religión que es pureza, maravilla y amor.

A este techo sale Benjamin Murphy. *Momentáneamente se queda estupefacto y enceguecido por el brillo que lo rodea. Se saca sus anteojos de contador y los arroja, lo mismo que el libro que contiene los registros de ventas de agosto. De su bolsillo saca la pequeña bolsa de maíz Bantam Dorado. Desparrama los granos moderadamente al principio, luego con descuidado abandono, finalmente, abriendo la bolsa por completo y arrojando todo el maíz restante por el aire... Si es factible, debería haber unas pocas palomas.*

De pronto, la Chica *sale detrás de él. Está toda de blanco como un cisne y su delgado echarpe blanco ondula como un ala detrás de ella. Se miran entre sí arrobados durante varios momentos y hay un débil, débil susurro de música.*

CHICA (*sonriendo tímidamente*): Hola, Conejo.

BEN: Hola, Alicia. ¿Cómo llegaste aquí?

CHICA: Anoche me contaste sobre las escaleras al techo. Me hiciste prometer que alimentaría a las palomas después de que te fueras, así que aquí estoy, con diez centavos de maíz Bantam Dorado. (*La* Chica *desparrama un puñado en el aire.*)

BEN (*maravillado y mirándola alegremente*): Nunca sospeché que tuvieras coraje para seguirme aquí arriba.

CHICA: ¿No te seguí al País de las Maravillas anoche?

BEN: Sí, pero eso era relativamente fácil. Esto es mucho más difícil que aquello.

CHICA: No importa lo difícil que pueda ser llegar a un lugar: si el *hombre* está *allí*, la mujer en última instancia honrará ese lugar con su presencia. ¡No importa lo alto que esté... no importa lo bajo que esté... no importa cuán precariamente suspendido en el medio! ¡Para la mujer, se convierte en el País de las Maravillas en el mismo instante en que puede extender sus manos y con la punta de los dedos tocar la punta de los dedos de él!

BEN: Qué pequeña idealista eres. Casi me haces pensar que puede valer la pena.

CHICA (*desparramando granos*): ¿Valer la pena qué?

BEN: Emprender tu futura emancipación.

CHICA: Eres tan modesto. ¿Cómo sabes que hace falta emprenderla?

BEN: Veremos.

CHICA: Veremos, veremos, veremos... ¡tan lejos que me quita el aliento! ¡Allí está el parque al que fuimos caminando anoche!

BEN: ¡Allí está la jaula de los zorros... vacía!

CHICA: Ahí está el lago.

BEN: Donde yo encontré el cisne y tú encontraste a un hombre llamado Warren.

CHICA: Sí, un *conejo*-warren.

BEN: Allí están los terrenos del parque de diversiones. ¡Las luces están apagadas pero esta noche se encenderán y la Bella bailará para la Bestia y el acróbata saltará del trapecio más alto!

CHICA: Oh, no nos bajemos nunca de este lugar tan alto.

BEN (*sonriendo extrañamente*): Tal vez no sea necesario hacerlo.

CHICA: ¿Cómo podemos evitarlo?

BEN: *Subiendo.*

CHICA: No podemos subir más. Ya estamos en el techo.

BEN: ¡El techo! ¡Qué techo! Para un hombre con mis ambiciones, el techo es sólo el lugar desde donde saltar.

(Sonido: gran risa.)

CHICA (*con temor reverencial y asustada*): ¿Qué es eso?

BEN (*con temor reverencial pero no asustado*): ¿Eso? No lo sé. Pero he oído ese sonido antes.

(Se oye un trueno y se levanta una nube de humo. El señor E. aparece sobre el techo. Luce una hermosa túnica azul cielo espolvoreada con símbolos cósmicos y en su mano lleva un enorme chispero. De pronto se ha desvanecido la luz del día y las primeras escasas estrellas están empezando a salir entre las torres de piedra. La barba del señor E. flota pura y blanca en el viento refrescante de un crepúsculo de verano. Hay un débil y adorable acorde de música de las esferas en movimiento. La Chica se aferra tímidamente del brazo de Ben, pero Ben da un paso osadamente hacia adelante.)

BEN: Hola, doctor. ¿Cómo anda usted?

SEÑOR E (*profunda y graciosamente*): Hola, Murphy. ¿Cómo le va, jovencita?

CHICA (*aferrándose al brazo de* Ben): Estamos... estamos bien, me parece.

SEÑOR E: ¡Ben Murphy!

BEN: ¿Sí, señor?

SEÑOR E: ¿Le oí decir que usted es un hombre cuyas ambiciones se extienden más allá del techo?

BEN: Eso es, doctor.

SEÑOR E: Muy bien, Murphy. Puede ser el hombre que estamos buscando.

BEN: ¿Para... qué?

SEÑOR E: Murphy, ¿qué le parecería emprender la colonización de una estrella flamante?

(*Pausa... se oye música débil.*)

CHICA (*asustada*): ¡Oh, Conejo!

BEN (*intrépidamente*): ¿Cuál es, doctor?

SEÑOR E: Pues, ésa, allí arriba. (*Señala con su chispero.*)

(*Ben espía a través de sus manos curvadas formando largavistas.*)

BEN: Sí, ésa, ¿eh? La flauta, claro que brilla. Parece flamante.

SEÑOR E: Acabamos de crearla esta mañana. La llamamos Mundo Número Dos.

BEN: ¿Completamente amueblada?

SEÑOR E: Todo lo que le hace falta a un hombre para vivir.

CHICA: ¿Y a una *mujer*?

SEÑOR E: Jovencita, estoy hablando con el señor Murphy.

CHICA: Oh, pero está hablándome a mí, señor...

SEÑOR E: Señor E es el nombre... ¡señor E!

CHICA (*agitada*): Usted ve... ve... *ve*, señor E... ¡él y yo somos socios indisolubles!

BEN: ¿Desde cuándo?

CHICA: ¡Ayer... y siempre!

BEN: Tengo una esposa.

SEÑOR E: *Tenía* una esposa, señor Murphy. Su esposa lo dejó.

BEN: Voy a tener un bebé.

SEÑOR E: ¡Definitivamente, señor Murphy! Está destinado a ser el padre de innumerables millones.

BEN: ¿En esa... estrella nueva?

SEÑOR E: ¡En esa estrella nueva!

BEN: ¡Oh, entonces, entonces... no puedo ser *soltero*!

CHICA: ¡No! ¿Ve?

BEN: ¡Shhh!... ¡El señor E. está hablando!

SEÑOR E: Hemos estado pensando en intentar algo nuevo. Algo que hasta ahora sólo se ha intentado en el reino vegetal. Nuestro motivo para este experimento es el lío bastante lamentable que tener dos sexos ha producido aquí, en el Mundo Número Uno.

BEN: ¿Cómo es eso, doctor?

SEÑOR E: ¿Supongo que ha oído hablar de la reproducción monosexual?

BEN: ¿Qué?... Sí... ¡*vagamente*!

SEÑOR E: ¡Un sexo hace todo el asunto solo!

BEN: Quiere decir... ¿yo?... ¿Tener bebés?

SEÑOR E: Un hombre con sus ambiciones... ¿por qué no, señor Murphy?

CHICA (*alarmada*): ¡Ahhhhhhhhhhhhh!

BEN (*aterrorizado*): ¡No! ¡Ni soñando, doctor!

SEÑOR E: ¿Qué?

BEN: No me gusta la idea. ¿Qué piensa *usted* doctor? El sexo es agradable, ¿pero es necesario?

SEÑOR E: Bien, Murphy, es cuestión suya.

BEN: ¿*Yo, tener bebés*? ¿*Solito*? ¡Fuera de toda consideración! Hermanita, te ganaste el pasaje, ¡ella va conmigo allá arriba!... ¡O yo no voy!

CHICA (*bailando de alegría*): ¡Hurra.......!

BEN: ¡Vamos, querida mía! (*Alza a la* Chica.) ¿Cómo vamos allá, doctor?

SEÑOR E (*moviendo su chispero en un amplio círculo*):
> ¡Jack sé ágil!
> ¡Jack sé rápido!
> ¡Jack salta por encima...
> > de la *aritmética*!

(*Hay un resplandor enceguecedor. Trueno. El humo invade el escenario. Más risas. Cuando el humo se dispersa,* Murphy *y la* Chica *han desaparecido. El señor E. está parado solo sobre el techo, hay un débil sonido sibilante y la delicada música lejana de las esferas. El señor E. mira hacia arriba y su risa se apaga lentamente. Levanta un brazo y rápidamente se enjuga una lágrima con el borde de su manga llena de estrellas.*)

SEÑOR E (*al público*): Qué tonto que soy. Qué viejo tonto y sentimental que soy. Al final, llego a la inevitable conclusión de que cometí un terrible error cuando creé la raza humana en la tierra. Decidí corregirlo anulando todo el asunto. ¡Bien!... Pero ¿qué ocurre? Mi largavista celestial cae de casualidad sobre un pequeño empleado llamado Murphy. Ningún héroe como el de los libros, ningún genio, imagínense, sino sólo un empleado común en una empresa de venta al por mayor de camisas, un hombre cuya capacidad de ganancia no ha superado los dieciocho con cincuenta por semana. Al principio me divierten un poco sus travesuras. Luego me río entre dientes. Después me río en voz alta. De pronto me encuentro... llorando un poco. (*Se suena la nariz con un pañuelo estrellado.*) Este cómico payasito de hombre llamado Murphy de pronto se ha

convertido en el protagonista trágico de una pieza llamada "Coraje humano". Sí, el maravilloso, lamentable,
inextinguible coraje de la raza humana me ha tomado
por idiota una vez más. En medio de mi risa, de pronto lloro. ¿Qué hago? ¿Rectificar el error, como lo pla-
neé, por medio del fuego y la condenación eterna? No.
Todo lo contrario: en lugar de exterminar a la raza
humana, la envío a colonizar una estrella flamante en el
cielo. (*Mira arrobado hacia arriba. Su larga barba flota en el viento. Se oye la música de las esferas.*) Y bien,
no hay tonto peor que un viejo tonto, como dicen...
¡Y yo, por Dios, soy el tonto *más viejo* de *todos* ellos!
(*Con una risa agradable levanta el chispero y empieza
a describir un círculo.*)

>   ¡Jack sé ágil!
>   ¡Jack sé rápido!
>   ¡Jack salta por encima...

(*Gum y los cuatro accionistas de pronto irrumpen en
el techo.*)

GUM: ¡Murphy! ¡Murphy! ¡Murphy!
Q (*alcanzando a ver al* Señor E): Eh, abuelo, ¿ha visto a
    Murphy?
SEÑOR E (*enojado*): ¡De la *aritmética*!

(*Luz resplandeciente. Trueno. El señor E. desaparece
en medio de humo. Distante música de banda. Con un grito ansioso, el señor Gum corre nuevamente a la puerta.*)

GUM: ¡P! ¡D! ¡Q! ¡T! ¡Nos están siguiendo!
Q: ¿Quién?
GUM: ¡Todos! ¡Están todos en las escaleras al techo!

(Se oye la banda a mucha distancia.)

Q: ¡Échele llave a esa puerta!
P: ¡Manténgala cerrada!

(Se amontonan contra la puerta del techo.)

GUM *(asumiendo el mando de la crisis)*: No intenten eso. El juego se acabó. Ahora es demasiado tarde para tratar de obstruir su avance.

(La música de banda sube de volumen.)

Q *(asustado)*: ¿Qué vamos a hacer?
GUM: ¡Sonrían, hijos de puta! Actúen como si estuvieran encantados. ¡Actúen como si esto fuera lo que siempre quisieron!

(Todos adoptan sonrisas falsas y forman una fila en actitud de bienvenida junto a la puerta, mientas todos los empleados de la Sucursal Continental de Camiseros Consolidados se dispersan alegremente por el techo. Arrojan sus carpetas, sus papeles y lápices con alegres gritos de libertad.)

EMPLEADOS *(juntos)*: ¡Queremos a Murphy, queremos a Murphy!

(Trueno.)

MURPHY *(desde muy lejos)*: ¡Hola... adiós a todos!

(Se oyen hurras estentóreos. La banda toca una melodía marcial inspiradora. ¡Días celestiales! ¡Las campanas suenan por toda la creación! ¡Velas romanas y ruedas gira-

torias de fuegos artificiales están llenando el crepúsculo celeste con el júbilo más extraordinariamente ebrio! ¿Qué es? ¿El Milenio?... ¡Posiblemente! ¿Quién sabe?

Voces en la multitud repiten, "¿Qué es? ¿El Milenio?" "El Milenio" crece hasta ser un murmullo repetido mientras la multitud mira hacia arriba, por donde Ben ha desaparecido. Tal vez una enseña que dice EL MILENIO aparezca desde esa dirección.)

CAE EL TELÓN

FIN

El cuaderno de Trigorin

Una adaptación libre de *La gaviota*
de Antón Chéjov

Nota del intérprete

Chéjov era un escritor silencioso y delicado, cuyo enorme poder siempre se mantenía dominado. Sé que, en un sentido, esto puede descalificarme como "intérprete" de la presente obra, que se cuenta entre las primeras y mayores piezas teatrales modernas. Si le he fallado, fue a pesar de un intenso anhelo por utilizar de alguna forma mis cualidades como dramaturgo, bastante diferentes de las suyas, a fin de traerlo más cerca, hacerlo más audible para ustedes de lo que he visto que se lo presentaba en cualquier producción estadounidense.

Nuestro teatro tiene que gritar para que por lo menos lo oigan...

TENNESSEE WILLIAMS

Personajes de la pieza
(por orden de aparición)

Semión Semiónovich MEDVEDENKO, un maestro
MASHA, hija de Shamráiev
KONSTANTÍN Gavrílovich Tréplev, hijo de Arkádina
IÁKOV, un peón
Piotr Nikoláievich SORIN, hermano de Arkádina
Boris Alexéievich TRIGORIN, un escritor
NINA Mijáilovna Zaréchnaia
POLINA Andréievna, mujer de Shamráiev
Evgeni DORN, médico
Iliá Afanásievich SHAMRÁIEV, administrador de la propie-
dad de Sorin
Irina Nicoláievna ARKÁDINA, actriz
COCINERO
ANCIANA
MUCAMA
PEONES

PRIMER ACTO

La pieza se abre junto al lago que hay en una sección del parque de la propiedad de Sorin. *En la parte delantera del escenario, un tablado improvisado bloquea la vista. Hay arbustos a izquierda y a derecha de aquél. Se ven unas pocas sillas y una mesita. El sol acaba de ponerse.*

Iákov *y otros peones están sobre el tablado, detrás del telón; se oyen ruidos de toses y martillazos. Entran* Masha *y* Medvedenko, *que vuelven de un paseo.*

MEDVEDENKO: Masha, dígame, ¿por qué siempre se viste de negro?
   (Ella evidentemente no le está prestando atención.)
   No tiene motivos para estar deprimida. Goza de buena salud. Su padre tiene dinero. (*Le toma la mano.*)
MASHA: No, por favor no. Me conmueven sus sentimientos por mí, pero simplemente no los puedo corresponder, eso es todo.
MEDVEDENKO: Si no fuera tan miserablemente pobre, ¡veintitrés rublos por mes!
MASHA: No es cuestión de dinero. Podría amar a un mendigo si...
MEDVEDENKO: El mendigo fuera Konstantín. ¿No es cierto?
MASHA: Su madre lo trata como a un... ¿lo ama?... Oh sí, pero el amor puede ser tan cruel como el odio. Esta noche va a despreciar su pieza y no hará ningún secreto de ello, además será fríamente cortés, cortés como

el hielo con Nina, ya verá. Quedará claro que ella es lo que cree ser: la estrella más grande de Rusia. Probablemente piensa que es la estrella más grande del mundo.

MEDVEDENKO: Veintitrés rublos por mes es lo que gano.

MASHA: Creo que ya dijo eso.

MEDVEDENKO: De esos veintitrés rublos, algo se deduce para el fondo de pensión.

MASHA: Cómo insiste con el dinero, el dinero y en voz tan alta.

MEDVEDENKO: Sostengo a mi madre, que es una bruja.

MASHA: Sáquesela de encima montada en una escoba.

MEDVEDENKO: Dos hermanas, para siempre a mi cargo porque son caseras como novillas.

MASHA: Entonces póngalas a pastar.

MEDVEDENKO: Mi hermanito... imposible de controlar.

MASHA: Semión, creo que ese chico le escupiría el ojo al niño Jesús.

MEDVEDENKO: Claro que lo haría. (*Suspira profundamente.*) Sin embargo, la gente tiene que comer y beber.

MASHA: Comer, no, beber, sí. Mire, pobre estúpido, ¿tiene esta abrumadora familia a su cargo y encima me quiere a mí junto con ellos? No sería sensato aceptar esta propuesta suya, tan curiosa, lo lamento, pero... no, Semión.

MEDVEDENKO: ¡Cuatro millas hasta aquí, cuatro millas de vuelta!... Y siempre nada más que rechazo de su parte. Oh, yo...

(Konstantín *aparece delante del telón:* Masha *involuntariamente se levanta del banco.*)

KONSTANTÍN: Quédense callados, por favor, tengo que darles instrucciones a los utileros. No han armado... (*Se vuelve hacia ellos, detrás del telón.*) Nina no puede saltar sobre la plataforma como una langosta.

IÁKOV (*fuera de escena*): Pensamos que esta escalera podría...

KONSTANTÍN: ¡Entonces que alguien se la sostenga y la ayude a subir! Va a llegar tarde y estará muy nerviosa porque la celebridad literaria de mi madre ha condescendido a asistir.

SASHA: No se preocupe. Es sólo para una representación.

MASHA (*gritando*): ¡Tendrá muchas representaciones! No sólo esta noche aquí, sino...

KONSTANTÍN: ¡No debe caerse! ¡Claven la escalera! ¡A la parte trasera de la plataforma! No al *costado*, no deben verla antes de que se levante el telón.

(*Aparece* Sorin *en la parte trasera del escenario, inclinado sobre un bastón.*)

SORIN: Kostia...

KONSTANTÍN: Tío Petrusha, no te muevas, hay una pendiente.

SORIN: Sí, una larga pendiente... cuyo nombre es edad.

KONSTANTÍN: Quédate allí, iré a buscarte, tío... ¿Qué era lo que me estaba gritando, Masha?

MASHA: Que yo... que yo sé que... (*No puede continuar.*) Discúlpeme... mi idea... ¡es que se representará por toda Rusia, no sólo una noche junto a este lago! (*Su voz tiembla de sentimiento.*)

KONSTANTÍN: ¿Masha, estuvo bebiendo?

SORIN: ¡Kostia!

(Konstantín *se apresura a ayudar a* Sorin. *Éste desciende la pendiente con la ayuda de* Konstantín.*)

No puedo ser yo mismo en el campo, nunca me acostumbraré a la vida aquí, que no es lo que llamo vida.

Quiero dormir todo el tiempo, sí, todo el tiempo me quedo dormido. ¿Despertar?... ¿Por qué? ¿Para qué?... Sueño con la vida en la ciudad... es todo lo que sueño, Kostia. ¡Por favor! Cuando te vayas de aquí... sé que lo harás... por favor no me dejes solo aquí.

KONSTANTÍN: Sé paciente. Encontraremos una forma. Espera un momento. (*Ayuda a* Sorin *a sentarse.*)

MASHA: Han parado con ese martilleo infernal en el escenario, es decir que la representación va a empezar pronto. Oh, espero que la madre de Kostia y su... ¿cómo se refiere uno a su compañero escritor?

MEDVEDENKO: Su nombre es Boris Alexéievich Tri...

MASHA: Sé su nombre. Quiero decir su relación. ¿Es realmente amante de ella o sólo un compañero de viaje?

MEDVEDENKO: ¿No duermen acaso en el mismo cuarto?

MASHA: Mamá dice que no siempre: en rigor, menos que más. Él realmente está más cerca de la edad de su hijo que de la de ella.

MEDVEDENKO: ¿Qué edad tiene ella?

MASHA: Considerablemente más de lo que se le daría por su aspecto, pero su álbum de recortes la muestra representado a Ofelia antes de que Kostia naciera.

MEDVEDENKO: ¿Ofelia es...?

MASHA: ¡*Era*!... una chica enamorada de Hamlet. (*Toma rapé.*) ¿Sabe quién era Hamlet?

(Medvedenko *parece desconcertado.*)

¿Y bien? ¿Lo sabe o no lo sabe?

MEDVEDENKO: Naturalmente, un actor inglés, pero, Masha, Masha, van a venir aquí pronto y... usted sabe que durante largo tiempo he intentado encontrar la ocasión adecuada, la privacidad, el momento, para...

MASHA: Lo sé y lo he evitado.

MEDVEDENKO: ¿Quiere decir?

MASHA: Podría tomarme un coñac. Semión, tráigame un coñac en una taza de té.

(Él camina hacia la izquierda, tristemente.)

SORIN: No me siento yo mismo en el campo y nunca lo haré.

KONSTANTÍN: Tío Petrusha, iremos a la ciudad, a...

SORIN: ¿Quién va a llevarme? Por cierto que Irina no. ¿Presentarme como su hermano, a mi edad y en mi estado de... con mi dolencia?

KONSTANTÍN: Yo lo haré... en cuanto gane un poco de dinero por mi obra. (*Ve a* Masha.) Masha, cuando la pieza comience la llamaremos. Perdón, pero por algún motivo...

MASHA: Naturalmente, comprendo, pero será hermoso, Kostia, estoy de lo más ansiosa. (*Ha comenzado a caminar hacia la casa.*)

SORIN: María Ilínichna, pídele a tu papá que le saque la cadena al perro para que no aúlle la noche entera y mantenga despierto a todo el mundo.

MASHA: Por supuesto, ¿pero acaso escuchará? (*Sigue saliendo por la izquierda.*)

SORIN: Te digo que ese hombre ha empezado a comportarse como si fuera el dueño de la propiedad. ¿Y sabes por qué? Está pendiente de mi mala salud. De manera que el perro aullará y yo no dormiré... nunca he vivido en el campo como quería. En una época solía tomarme una licencia de un mes y venía aquí a descansar. Pero apenas llegaba, empezaban a molestarme con todo tipo de tonterías, de manera que al día siguiente estaba listo para irme. Kostia, no era bienvenido ni en mi propia casa. Quería irme al día siguiente.

IÁKOV: Vamos a nadar. ¡Sasha!

IVÁN: ¡Sasha!

KONSTANTÍN: ¿Está listo el tablado?
IÁKOV e IVÁN: ¡¡¡Sí!!!

(Salen corriendo.)

KONSTANTÍN: Tío, déjame arreglarte un poco el cabello. (*Peina el cabello de su tío. Debe ser evidente la ternura que hay entre ellos.*) Tu barba necesita un recorte. Me ocuparé de eso mañana.

SORIN: Hasta cuando era joven solía tener aspecto de haber estado bebiendo días enteros.

KONSTANTÍN: ¿Y noches?

SORIN: No tenía suerte con las damas. Siento que hasta mi hermana... sé que le avergüenza mi aspecto: ¡una vez me presentó como su abuelo!

KONSTANTÍN: Esta noche verá una nueva forma teatral y dudo de que le guste. Celosa. ¿Y tacaña? Por casualidad me enteré de que tiene setenta mil rublos depositados en un banco de Odesa. Pídele dinero para comprarte un traje decente: "Mi querido muchacho, ¿no sabes que tengo que comprarme mi propio vestuario, incluso en el Teatro Imperial, porque el vestuarista me da vestidos que ni un perro usaría?"

SORIN: A pesar de todo eso sabes que tu madre te quiere...

KONSTANTÍN (*deshojando una flor*): Me quiere, no me quiere, me... Mi madre desea una vida brillante sólo para ella, amor sólo para ella y yo existo para ella sólo como un constante recuerdo de que tiene un hijo de veinticinco años. Cuando no ando cerca, ella sólo tiene treinta y dos. Cuando estoy presente, cuarenta y tres. Además, nada le importa fuera del teatro.

SORIN: No podemos prescindir del teatro. Nuestra cultura no puede prescindir de él, Kostia.

KONSTANTÍN: Está bien, pero necesitamos nuevas formas... hacen falta nuevas formas.

SORIN: *D'accord, d'accord...* de paso, ¿entiendes a este escritor Boris Trigorin? ¿Que nunca abre la boca?

(Trigorin ha entrado por la parte trasera del escenario.)

TRIGORIN: Bueno, bueno, no es así, sólo ocurre que soy un conversador tan aburrido que no me escuchan... Oigo ruido de agua, alguien está nadando. Saben que a mí también me han dado ganas de darme un baño. ¿Viene conmigo, Kostia?

KONSTANTÍN: No, gracias, señor. Estoy esperando a Nina Mijáilovna que va a actuar en una especie de pieza teatral que he escrito.

TRIGORIN: Por supuesto, lo sé, estoy... ansioso de que comience. Entiendo que está en una forma nueva... bien... bien, muy bien.

(Oye que Arkádina *lo llama por su nombre, "¡Boris!" y se vuelve tristemente hacia la casa.)*

KONSTANTÍN: Si eso es lo que realmente espera, no se quedará desilusionado. Necesitamos nuevas formas. Y si no podemos tenerlas, entonces mejor no tener nada. (*Mira su reloj.*)

SORIN: Trata de quererla, Kostia... a pesar de...

KONSTANTÍN: Quiero a mi madre, eso lo sabes. Simplemente no comprendo su apego a este...

SORIN: Kostia, antes de que el agua me arrastre de la orilla de este viejo lago como a un pez agonizante, debes saber que hubo dos cosas que quise lograr en la vida, es decir, las deseaba apasionadamente. (*Deja caer su cabeza en sus manos.*) Quería casarme, ésa era una. La otra era ser escritor. Oh, no un escritor importante, simplemente me hubiera bastado ser un escritor menor, un escritor al que publicaban de vez en cuando... no tuve éxito en ninguna de las dos. No tuve éxito en nada.

KONSTANTÍN: Tío.

NINA (*desde la parte trasera a la izquierda*): ¡Aquí estoy! ¡Aquí estoy!

KONSTANTÍN (*parándose de un salto*): Sí, aquí está... es Nina. Veo su vestido blanco. Tío, no puedo vivir sin ella.

NINA: No llego tarde. No llego tarde, ¿no es cierto?

KONSTANTÍN: No, no.

NINA: Intenté desesperadamente estar a tiempo. Incluso... este hombre, un extraño total, pasó a mi lado en un carruaje. Me ofreció traerme... fue aterrador. Me miraba tan raro... por suerte estábamos casi aquí... salté del camino y me caí... ¿se me arruinó el vestido?

KONSTANTÍN: No, no, no, pero...

NINA: Estoy sin aliento.

KONSTANTÍN: *Soyez tranquille, maintenant,* pero...

SORIN: Kostia puede ser demasiado tímido para decirle esto, pero yo no. Él la ama, tiembla cuando usted está con él.

KONSTANTÍN: Tío Petrusha...

NINA: Tonterías, tío, está preocupado por cómo recibirán su pieza. (*Le da un abrazo a* Sorin.)

KONSTANTÍN (*avergonzado*): Es hora de reunir a nuestro pequeño público. Yo...

SORIN (*levantándose reumáticamente*): No, tú te quedas aquí con tu hermosa actriz. Yo los reuniré aquí *tout de suite.* (*Se va cantando desentonadamente "Los dos granaderos". Se detiene para recuperar el aliento.*) Una vez me puse a cantar así ante el Fiscal Asistente, un hombre poderoso que podía ayudarme en mi carrera. Bien.

Me interrumpió con este comentario: "Tiene una voz
fuerte, su excelencia. Sí. Fuerte pero repugnante". (*Sale.*)
NINA: Imagínese esto. La esposa de mi padre lo ha convencido de que no debo venir aquí. Dice que la atmósfera es demasiado bohemia para mí. Tan luego ella lo
llama demasiado bohemio para mí. (*Hace una pausa
tímidamente.*)
KONSTANTÍN: Nina, estamos solos.

(*Pausa. Tras aspirar con fuerza, él la besa. Ella sonríe
tristemente.*)

NINA: ¿Qué árbol es ése?
KONSTANTÍN: Es un olmo.
NINA: ¿Por qué es tan oscuro?
KONSTANTÍN: Después de la caída del sol llega la noche.
La noche es más oscura que el día… Nina, no se vaya
apenas termine la representación… *por favor* no, Nina.
NINA: No sé cómo llegaré a casa. Pero tengo que hacerlo
y temprano, antes de que ellos vuelvan. Mi padre y su
horrible esposa.
KONSTANTÍN: Bien, entonces iré yo a su casa.
NINA: *Sabe* que es imposible, Kostia.
KONSTANTÍN: Me quedaré toda la noche en el jardín, miran-
do su ventana.
NINA: Es una idea ridícula. El guardián lo verá.
KONSTANTÍN: Me introduciré en el jardín descalzo.
NINA: Tesor ladraría.
KONSTANTÍN: ¿Nina?
NINA: Sí.
KONSTANTÍN: Sabe que la amo y sabe cuánto.
NINA: Shhh. Alguien viene.
KONSTANTÍN: Iákov.
IÁKOV: ¿Eh?

KONSTANTÍN: Es hora de empezar. ¿Está subiendo la luna?

IÁKOV: Todavía no.

KONSTANTÍN: ¿Tienes el alcohol? ¿Está el azufre ahí? Sabes que cuando aparecen los ojos rojos tiene que haber olor a azufre. Las dos cosas deben ocurrir exactamente en el mismo momento.

NINA: Oh, Dios, ¿qué pasa si estornudo? Porque si estornudo una vez, estornudo una docena de veces.

KONSTANTÍN: No va a estornudar. Ni una ni una docena de veces. ¿Sigue nerviosa?

NINA: Sí, muy.

KONSTANTÍN: ¿Por mamá?

NINA: No es por ella. Estoy acostumbrada a ella. ¡Es Trigorin! Y teniendo que representar una pieza tan difícil.

KONSTANTÍN: ¿Qué tiene de difícil mi pieza?

NINA: Ningún personaje viviente y prácticamente nada de acción.

KONSTANTÍN: Oh, ¿quiere correr alrededor de la plataforma, arrancándose el cabello, tirando cosas por todas partes?

NINA: Cualquier cosa sería mejor que sólo quedarme allí sentada, recitando.

KONSTANTÍN: ¿Tengo que explicarle lo que pensé que había comprendido? ¡Esta! es una pieza sobre los sueños. La realidad más profunda, la más significativa, si no la única, está en nuestros sueños.

NINA: No comprendo para nada mis sueños.

KONSTANTÍN: El misterio de un sueño es su belleza, Nina.

NINA: Seguro, seguro. Pero desearía que hubiera una escena de amor en esta pieza sobre los sueños.

KONSTANTÍN: ¿Una escena de amor? Con un ordinario escritor exitoso, supongo. ¿Con Trigorin?

NINA: Ahora me está insultando. Y también al escritor al que más admiro. Creo que me volveré a casa.

KONSTANTÍN: Usted no hará nada de eso. Siéntese en el escenario. La luna está casi por salir.

(Cuando avanzan hacia el tablado, él la abraza.)

NINA: ¡No, por favor! Lo quiero, Kostia, pero no en este sentido.

(Desaparecen detrás del tablado. Entran Polina y Dorn.*)*

POLINA: Se está poniendo húmedo. ¿Se siente cómodo?
DORN: No, está húmedo, pegajoso.
POLINA: Usted es médico, pero no se cuida.
    (Silencio. Él tararea.)
Se lo veía tan transportado hablando con Irina Nikoláievna. Admita que la encuentra atractiva.
DORN: Parece preferir a los hombres más jóvenes. Hombres considerablemente más jóvenes que ella.
POLINA: Usted todavía es buen mozo, Evgeni, y atrae a las mujeres. Es evidente.
DORN: ¿Entonces qué quiere que haga?
POLINA: Los hombres siempre están dispuestos a arrojarse a los pies de una actriz.
    (Dorn tararea irritado.)
Las mujeres tienen tal debilidad por los médicos.
DORN: Gracias. El público se está reuniendo.

(Entran Arkádina *del brazo de* Sorin, Trigorin, Shamráiev, Medvedenko y Masha.*)*

SHAMRÁIEV: En 1873, en la feria de Poltava, actuó asombrosamente. Una delicia absoluta.
ARKÁDINA: ¿A quién demonios se refiere?

SHAMRÁIEV: ¿Acaso sabe dónde está ahora Chadin...

ARKÁDINA: ¿Quién?

SHAMRÁIEV: ...el comediante, Pavel Semiónovich Chadin? Su Rasplúiev era inimitable, mejor que el de Sadovski, se lo aseguro, mi estimada dama. ¿Dónde está ahora?

ARKÁDINA: Todo el tiempo me pregunta por esos actores antediluvianos. ¿Cómo voy a saber dónde está? (*Se sienta.*)

SHAMRÁIEV: ¡El teatro ha declinado, Irina Nikoláievna! En los viejos tiempos había robles poderosos, pero en la actualidad no vemos nada más que tocones.

ARKÁDINA: Encuentro esa observación en cierta forma ofensiva...

DORN: Hay menos talentos brillantes en la actualidad, eso es cierto...

ARKÁDINA: Estoy en desacuerdo con eso. No sé cómo ustedes, personas que viven en el campo, pueden pretender ser autoridades de teatro.

SHAMRÁIEV: Es una cuestión de gusto, Madame. *De gustibus aut bene, aut nihil.**

(*Aparece* Konstantín.)

ARKÁDINA: Mi hijo querido, ¿cuándo va a empezar? Estos hombres están insultándome deliberadamente. Por favor, comienza con eso, Kostia.

KONSTANTÍN: En un momento. Tengan un poco de paciencia, por favor.

ARKÁDINA: ¡Mi hijo! (*recitando de* Hamlet):

---

* El pretencioso Shamráiev, tratando de mostrar que es tan culto como sus patrones, confunde dos proverbios latinos: *De gustibus non est disputandum* ("Sobre gustos no hay nada escrito") y *De mortuis nihil nisi bonum* ("De los muertos se dice bien o nada"), y se despacha con un "Sobre gustos... o se dice bien o nada". (N. del Autor).

"Hamlet, ¡no hables más!
Mis ojos a mi propia alma has dirigido
y tan negras y profundas manchas veo allí
que su color no podrá borrarse".

KONSTANTÍN (*parafraseando a* Hamlet):
Pues no viviendo
en la perversidad, ni amor buscando
en el abismo del pecado...
(*Se oye un toque de cuerno detrás del tablado.*)
Damas y caballeros, estamos a punto de comenzar.
¡Atención por favor!
(*Pausa.*) Comenzaré. (*Recita mientras golpea con una vara.*) Oh, vosotras, antiguas sombras venerables que flotan sobre el lago por la noche, haced que nuestros ojos duerman y hacednos soñar con lo que ocurrirá de aquí a doscientos mil años.

SORIN (*dolorosamente*): Dentro de doscientos mil años no habrá nada o algo peor que nada. Por supuesto, para cada uno de los que estamos aquí reunidos... Kostia, déjame hablarte un momento.

KONSTANTÍN: ¡Un momento!... ¿Qué pasa, tío? (*Lleva a Sorin aparte.*)

SORIN (*susurrando*): Interrumpí para advertirte. A menos que invites a tu madre al escenario no le va a gustar la representación.

KONSTANTÍN: ¿Qué va a hacer sobre el escenario?

SORIN: Déjala improvisar algo o, o... actuar como coro, así será completamente diferente su respuesta, lo sabes. Si no... eres un chico tan sensible que si ella no lo valora, o lo compara desfavorablemente con la obra de ese escritor con el que anda, te vas a deprimir tanto que...

ARKÁDINA (*parándose y subiendo los escalones hacia la plataforma*): Ya que parece haber cierta demora...

KONSTANTÍN: Mamá, ¡por favor no subas al escenario!

(Arkádina sigue subiendo como una reina.)

ARKÁDINA: ¿Esta plataforma improvisada un escenario?
Cruje debajo de los pies. Caramba, esa pobre chica
podría lastimarse seriamente si sube aquí con tan poca
luz, y a mí me harían un juicio tremendo.

KONSTANTÍN: Nina es joven y liviana como un pájaro, cosa
que tú no eres, si me perdonas, mamá.

(Trigorin se pone de pie y sube al escenario hasta donde está Arkádina.)

TRIGORIN *(susurrándole, con urgencia)*: Sé buena esta
noche, es la noche de ellos, has tenido tantos escenarios,
permíteles que tengan este tablado, Irina.

ARKÁDINA: Sólo quería...

(Trigorin prácticamente la arrastra abajo desde la plataforma.)

TRIGORIN: Lo sé, lo sé, pero...

ARKÁDINA: Ocurre que soy dueña de esto, ésta es mi propiedad.

SORIN: Todavía no, hermana, todavía no. La propiedad
sigue siendo mía por un tiempo.

ARKÁDINA: ¿Quién paga los impuestos?

*(El telón se levanta sobre una visión del lago, la luz de
la luna y Nina toda vestida de blanco.)*

NINA *(con voz trémula)*: ¿Empiezo ahora o se ha suspendido?

KONSTANTÍN: ¡Comience!

NINA (*en un susurro*): Hombres y leones...

KONSTANTÍN: Hable un poco más alto, no tenga miedo... ¡*Comience!*

NINA: Hombres y leones, águilas y perdices, ciervos, gansos, arañas, los silenciosos peces que moran en las profundidades, las estrellas de mar y las diminutas criaturas invisibles a los ojos, éstas y todas las formas de vida, todas las formas de vida; todas las formas de vida han terminado su ronda de dolor y se han extinguido.

ARKÁDINA (*en su susurro fuerte*): ¡Eso! ¡Un recitativo!

(Nina *hace una pausa.*)

KONSTANTÍN: Continúe.

NINA: ¿Por dónde iba?

KONSTANTÍN (*dándole el pie*): Por miles de...

NINA: ¿Miles de...?

KONSTANTÍN: Por miles de siglos...

NINA (*siguiendo rápidamente, con la voz temblorosa pero con algo que sugiere su pasión por el teatro*): Por miles de siglos la tierra no ha dado a luz ninguna criatura viviente. En vano esta pobre luna enciende su lámpara. Ya las grullas no se despiertan y gritan en el médano y en los bosquecillos de tilos no se oye más el zumbido de los escarabajos. Todo está frío.

ARKÁDINA: ¡Decadencia!

TRIGORIN: Shhh.

SHAMRÁIEV: Ella tiene razón en eso.

NINA: Y vacío, terrible. (*Estornuda tres veces.*)
(*Pausa.*)
Los cuerpos de todos los seres vivientes se han disuelto en el polvo. La materia eterna los ha transformado

en piedra, agua y nube, y sus espíritus está fundidos en uno.

SHAMRÁIEV: Qué incómodo.

NINA: Yo, yo soy el alma del mundo. En mí está el espíritu de Alejando Magno, de César, de Shakespeare, de Napoleón y de la forma más baja de gusano.

DORN: Bueno, ése es un abrupto descenso para nosotros.

NINA: En mí, la conciencia del hombre y los instintos de los animales son uno. Recuerdo todo, todo. En mí, vive cada vida...

(Arkádina pega un salto y se acerca a su hijo.)

ARKÁDINA: Kostia, déjame hablar con ella, ¡la chica está en pleno ataque de pánico!

KONSTANTÍN (*con un susurro implorante*): Vuelve y quédate en tu asiento.

ARKÁDINA (*con un dramático encogimiento de hombros, volviendo*): El muchacho es un descarado y, lo lamento, pero el trabajo no vale nada.

NINA: Estoy sola.

KONSTANTÍN: Te saltaste una página.

DORN: Por suerte.

NINA: Una vez cada cien años abro la boca para hablar. Mi voz tiene un eco triste en este vacío y nadie la oye. Hasta entonces horror, horror. Mirad, mi poderoso enemigo Satán se acerca. Veo sus terribles ojos rojo sangre. (*Un peón levanta dos linternas rojas, mientras que otro mezcla botellas para el "humo".*)

ARKÁDINA: Azufre, olor a azufre, me ahogo, no puedo soportarlo, mi garganta...

KONSTANTÍN (*enfurecido*): ¡*Basta, basta*! Nina, mi madre ha...

ARKÁDINA: Mi garganta es indispensable para mi profesión... es un órgano delicado.

(Konstantín *sube al tablado: se baja el telón de un golpe.*)

TRIGORIN: Irina, la garganta no es un órgano.

ARKÁDINA: ¡La mía ha sido comparada con un órgano!...
¡por su riqueza y alcance! Sabes eso.

(Konstantín *salta del tablado para enfrentar a su madre.*)

KONSTANTÍN: Por favor, perdónenme los dos por mi pre-
sunción de esta noche. Desestimé el hecho de que el arte
es un monopolio exclusivo de los pocos a los que Dios
ordenó actuar o escribir... y yo no soy uno de ellos,
¡nunca podré ser uno de ellos! ¡Perdonen mi audacia!
(*Avanza a tropezones como si estuviera borracho hacia
la parte trasera del escenario, hasta el banco.*)

ARKÁDINA (*inocentemente*): ¿Pero qué provocó este estallido?

SORIN: Irina, mi querida, no deberías herir de esa forma el
orgullo de un joven.

ARKÁDINA: No lo llames orgullo, es vanidad, ¡*vanitas vani-
tatum*! Boris, Boris, ¿adónde vas?

(Boris *se dirige hacia* Konstantín.)

TRIGORIN: Kostia, Kostia, ¿puedo hablar con usted?

KONSTANTÍN: No, no, quédese con mi madre, ¡consuélela!
Está desesperada.

(Konstantín *mira ferozmente a* Trigorin *por un momento y luego sale corriendo solo.*)

ARKÁDINA (*acercándose*): ¡Y mi hijo es tan delirante!

TRIGORIN: ¿Quieres destruirlo?

ARKÁDINA: Él nos *dijo* que era un chiste.

SORIN: Por modestia, exactamente por temor a esa actitud despectiva que tú...

ARKÁDINA: ¡Tonterías! ¿Quieres que le haga falsas alabanzas a esta tontería? No, siempre la verdad. La verdad es la única ayuda posible para aquellos que aspiran a lo que está fuera de su alcance y...

TRIGORIN: ¿Desde cuándo adoptaste la verdad?

ARKÁDINA (*estupefacta*): Desde... ¿qué?

(Nina entra tímidamente.)

SORIN: ¡Bravo, bravo!

ARKÁDINA: Sí, bravo. Hizo lo mejor que pudo sin ninguna formación, mi querida, no debe sentirse humillada. Después de todo, un recitativo es la cosa más exigente que puede asumir una actriz formada. Mire, hasta yo, después de toda mi experiencia profesional en escena, me acerco al recitativo con inquietud. Tengo que apelar a todos mis recursos para...

TRIGORIN: ¿Puedes presentarme a la joven estrella de la noche, Irina?

ARKÁDINA: ¡Por favor, discúlpame! Nina Mijáilovna, le presento a Boris Alexéievich Trigorin.

NINA (*abrumada de vergüenza*): Oh, me siento tan feliz de... siempre leo sus... (*Se detiene, confusa.*)

ARKÁDINA: Termine sus oraciones, querida.

NINA: Yo debería pensar que una persona, un hombre, con dones creativos... con talentos como los suyos se sentiría terriblemente aburrido con...

ARKÁDINA: Vamos, mi querida, no lo avergüence, Boris no soporta semejantes efusiones.

SORIN: ¿Podrían subir ese telón?... Ahora se lo ve siniestro.

NINA: Me temo que ha de haber parecido una pieza muy extraña.

TRIGORIN: Sí, hecha en una forma nueva pero fascinante, y bellamente... recitado.

ARKÁDINA: Nina, vino aquí en carruaje, ¿supongo?

NINA: No, vine caminando, me encanta caminar y de todos modos nuestro carruaje...

ARKÁDINA: Comprendo. La nueva esposa de su padre sin duda salió de paseo. Bien, debe volver a su casa en el nuestro, tiene que estar exhausta. No la demoraremos.

NINA: Le debo decir algo a Kostia, algo, sí, pero, no sé qué.

ARKÁDINA: Resérvelo para una noche en que esté menos histérico y usted no esté a tal punto sin aliento. Cuando la vuelva a ver, recuérdeme que le enseñe algunos ejercicios de respiración.

NINA: ...Buenas noches, señor.

TRIGORIN: ¿Vive cerca de aquí?

NINA: Puede ver la casa de mi padre, justo detrás del bosquecillo de abedules que llamamos Punto Plateado.

SORIN: ¿Hermana? ¿Le dirás unas pocas palabras a tu hijo?

ARKÁDINA: Sí, pero serán honestas. No hay nada más trágico que seguir una profesión para la cual evidentemente no se tiene talento.

SORIN: Eso no es cierto de...

ARKÁDINA: Petrusha, ¿cómo lo sabrías tú? He conocido a hombres y mujeres jóvenes que consagraron sus vidas a la esperanza de convertirse en artistas. Descubrieron que carecían de talento demasiado tarde para encontrar ocupaciones a las que se adecuaran naturalmente. ¿No es así, Boris?... ¡Boris! ¡Te estoy hablando!

TRIGORIN: Nina me estaba mostrando su casa. Es una gran casa, blanca como el hueso a la luz de la luna.

ARKÁDINA: Un mausoleo es lo que... nunca, nunca la mires,

¡*ça porte malheur*! Discúlpeme, Nina. No puedo dejar de recordar el sufrimiento de su madre.

NINA: Me temo que quería irse mucho antes de que se la llevaran.

ARKÁDINA: Lo sé, lo sé, no me lo recuerde. Niña, si no va inmediatamente a nuestro carruaje, ese tirano de Shamráiev volverá a mandarlo a los establos.

NINA (*a Trigorin*): Buenas noches. (*Se va.*)

SHAMRÁIEV: Recuerdo una noche en la ópera de Moscú, cuando el famoso Silva dio un do de pecho. Resulta que el bajo del coro de nuestra iglesia estaba sentado en la galería y de pronto –pueden imaginarse nuestro absoluto asombro– oímos: "Bravo, Silva", desde la galería... ¡pero una octava entera más bajo! Así (*en bajo profundo*): "Bravo, Silva"... El público se quedó pasmado. (*Pausa.*)

DORN: El ángel del silencio ha volado sobre nosotros.

ARKÁDINA: Esa chica está condenada. Alguna gente está tan completamente condenada que es contagioso, es peligroso quedarse cerca de ella. Su madre le dejó su enorme fortuna entera, sí, hasta el último kópek, a su padre, un hombre que traía a sus amantes a la casa antes de que su mujer muriese; él se casó con una chica que tiene la mitad de su edad, poco más que una prostituta, y en su testamento le ha dejado todo a ella y nada a su hija.

TRIGORIN: Discúlpame, la acompañaré al carruaje y luego le diré algunas palabras a Kostia.

SORIN (*frotándose las manos para calentárselas*): Vamos, vamos. Está tan húmedo. Me duelen las piernas.

ARKÁDINA: Bien, ven conmigo, pobre viejo. (*Lo toma del brazo.*) Debes recordar que estoy cansada. Y que soy temperamental hasta con mi hijo. Sabes cuánto lo quiero.

SHAMRÁIEV (*ofreciéndole el brazo a su mujer*): ¿Señora?

SORIN: Oigo a ese perro aullando de nuevo. (*A Shamráiev:*) Iliá Afanásievich, sea bueno y sáquele la cadena.

SHAMRÁIEV: No puedo hacerlo, Piotr Nikoláievich, tengo miedo de que entren ladrones en el granero. Tengo mijo allí. (*A Medvedenko, que camina junto a él:*) Sí, toda una octava más bajo: "¡Bravo, Silva!" Y ni siquiera era un cantante, imagínese, sólo un miembro común del coro.

MEDVEDENKO: ¿Miembro del coro de la iglesia? ¿Cuánto les pagan?

(*Todos se van excepto* Dorn. *Entra* Konstantín.)

KONSTANTÍN: *¡¡Nina!!*

DORN: Caramba, ¡qué muchacho nervioso eres, tienes lágrimas en los ojos!

KONSTANTÍN: ¿Alguna vez fue herido por las burlas de...

DORN (*interrumpiéndolo*): ...Madame Arkádina?

KONSTANTÍN: Mi madre.

DORN: ¡Pero lágrimas, lágrimas! Son para las mujeres.

KONSTANTÍN: Todos los seres humanos pueden ser injuriados y ultrajados al punto de las lágrimas, doctor Dorn. Por supuesto que eso puede no aplicarse a usted.

DORN: No se puede hacer teatro interesante con ideas abstractas. Y los efectos escénicos que incluyen azufre. Es risible, discúlpeme, pero...

KONSTANTÍN: ¿Dónde está Nina?

DORN: Se fue, supongo. Tampoco ha sido una noche de gloria para su actriz. (*Se va, riéndose entre dientes, hacia la casa.*)

KONSTANTÍN (*llamando roncamente*): ¿Nina? ¿Nina?

(*Trigorin aparece en el fondo del escenario y se acerca a Konstantín.*)

TRIGORIN: Ah, aquí está, Konstantín.

(Konstantín *empieza a alejarse.*)

Todos felicitamos a la jovencita.

KONSTANTÍN: ¿Dónde está?

TRIGORIN: La acompañé a un carruaje.

KONSTANTÍN: No esperó para verme.

TRIGORIN: Quería, pero me temo que su madre estaba decidida a enviarla a su casa rápido.

KONSTANTÍN: Tal vez da lo mismo. No había mucho que decir.

TRIGORIN: Acerca de su escritura, y de la escritura en general, ¿podemos hablar un poco?

KONSTANTÍN: ¿Por qué?

TRIGORIN: Comprendo su estado de ánimo actual pero... quiero que sepa que me conmovió la intensidad de sentimientos de la pieza. ¿Se da cuenta de lo joven que es usted? Tiene un montón de tiempo para aprender el oficio de escribir. El talento ya lo tiene, simplemente debe seguir, seguir, al margen de las reacciones frívolas.

(Masha *aparece en el fondo del escenario.*)

MASHA: Konstantín, su madre quiere hablarle, tiene miedo de que la haya malinterpretado.

KONSTANTÍN: Dígale que me fui y, por favor, todos ustedes, déjenme solo, no sigan viniendo tras de mí con estos pedacitos de consuelo, esas migajas que se le arrojan a un perro apaleado. (*Se va.* Masha *empieza a seguirlo, llamándolo.*)

MASHA: Konstantín, Kostia... (Masha *estalla en lágrimas.*)

TRIGORIN: Y usted también se preocupa por él.

(Pausa. Música.)

MASHA: ¿Preocuparme por él? Amo a Konstantín mucho más que a mi propia vida...

TRIGORIN: ¡Juventud, juventud!

MASHA: Cuando no hay nada más que decir, la gente siempre dice "juventud, juventud".

TRIGORIN: A ella se debe la tortura a que están sometidos ustedes dos. Y al amor. No correspondido... de acuerdo. La juventud, el amor, valen ese precio, lo valen, no importa cuál sea... ¡Qué embrujo tiene este lago! Le dice algo a uno. Lo que el lago nos dice es lo que Dios nos dice... sólo que no conocemos su lenguaje.

LAS LUCES SE APAGAN

SEGUNDO ACTO

La escena se desarrolla en el jardín, donde hay muebles de verano. Es mediodía. Se sugieren los restos de un picnic: una canasta de picnic, un mantel. Dorn *está leyéndoles a* Arkádina y a Masha.

DORN (*leyendo*): "...mimar a los novelistas y atraerlos a su propio círculo es tan peligroso para la gente de sociedad como para los mercaderes de maíz criar ratas en sus propios graneros."

ARKÁDINA (*a* Masha): Vamos, pongámonos de pie. Lado a lado. Tú tienes veintiún años y yo tengo casi el doble. Doctor Dorn, ¿cuál de las dos parece mayor?

DORN (*guiñándole el ojo a* Masha): ¿Qué edad dijo que tiene, Madame Arkádina?

ARKÁDINA (*enojada*): ¡No voy a servir vino en el almuerzo nunca más! Los vuelve a todos aburridos y zonzos. No mencioné mi edad.

DORN: No tendría que ser tan sensible a eso.

ARKÁDINA: ¿Está negándose deliberadamente a entender lo que yo...?

DORN: Para nada, mi querida señora... Se ha sonrojado, siéntese... En este momento, sólo aquí, en el campo, se sabe que tiene un hijo de veinticinco años. Ni siquiera lo saben en la ciudad. Mire, ayer la mujer del farmacéutico me dijo: "¡No puedo creer que Madame Arkádina tenga más de cincuenta años!"... ¿De qué se ríe, Masha?

MASHA: Usted tiene tendencia a ser cruel a veces.

ARKÁDINA: Basta de vino al almuerzo. Pondré la llave del gabinete de bebidas alcohólicas en mi caja fuerte.

(Masha *se ríe detrás de su mano.*)

Parece que está divertida. Yo no... no soy vanidosa en relación con mi aspecto juvenil. ¡Se debe al trabajo! Mantenerse andando, ¡el *qui vive*! Hacer una regla de no contemplar el futuro, no, ignorar el futuro como si no existiera. ¿Cosas como la vejez y la muerte? ¡Oh, quién es inmortal!

DORN: Posiblemente usted, querida señora. Al haber engañado a los años con tanto éxito hasta ahora, ¿por qué no sería posible que su suerte continuara con lo que se considera el destino final?

MASHA (*en un suspiro a medias*): No tengo el mínimo deseo de seguir adelante.

DORN (*que está flirteando con* Masha): Usted se está permitiendo la melancolía. Tengo una receta para eso. (*Se inclina hacia ella.*) ... Pase por mi consultorio mañana antes de que abra o después de que cierre.

MASHA: ¿Desea que yo reemplace a mi madre en su supuesto afecto?... ¡Ja, no! Usted no es el deslumbrante Casanova joven por el que se toma.

ARKÁDINA: ¿Qué está pasando aquí?

DORN: Nada con consecuencias, Madame.

(Arkádina *se ha levantado y está caminando de arriba abajo como un pavo real.*)

ARKÁDINA: Me mantengo bajo control. Siempre correctamente vestida para la ocasión. Mi cabello sigue abundante, ni un solo pelo descolorido.

DORN: La esposa del farmacéutico es más joven que usted, mi querida señora, pero casi lo tiene gris.

ARKÁDINA: ...¿Qué?

DORN: Nada... ¿Masha?

ARKÁDINA: ¿Acaso siquiera aquí saldría de la casa al jardín, en bata, sin acomodarme el cabello? ¡Nunca!... Cuando una mujer se pone desaliñada, ha perdido su vida. ¡Miren cómo camino! (*Prosigue pavoneándose, los bazos en jarras.*)... Ligera como un pájaro, podría representar a una chica de quince.

DORN (*aparte a* Masha): El problema de ella es el autoengaño, el suyo la melancolía. El suyo puede ser exitosamente tratado si...

ARKÁDINA: ¿Qué están susurrando ustedes dos?

DORN: Sólo me preguntaba dónde está el libro.

MASHA (*fríamente*): En su mano.

DORN: Ah, bien, bueno, ¿dónde habíamos dejado? Ohh, síííí... ¡Mercaderes de maíz y ratas!... ¡Qué tema interesante!

ARKÁDINA: Deme el libro, yo leeré, usted arrastra la voz. Y las ratas... aquí está... (*Lee.*) "Y va de suyo que mimar a los novelistas y atraerlos a su propio círculo es tan peligroso para la gente de sociedad como para los mercaderes de maíz criar ratas en sus propios graneros. Y sin embargo la gente los ama. Así, cuando una mujer ha decidido capturar a un escritor, lo sitia por medio de cumplidos, cortesías y favores..." Bien, eso puede ser cierto en el caso de los franceses, pero nosotros no somos tan calculadores. Aquí, una mujer generalmente está enamorada de un escritor antes de disponerse a capturarlo. Para no ir más lejos, tomen a Trigorin y a mí...

(*Entra* Sorin, *inclinado sobre un bastón, con* Nina *a su lado.* Medvedenko *empuja una silla de ruedas vacía tras ellos.*)

SORIN (*en el tono acariciante que uno usa para dirigirse a un niño*): ¿Sí? Estamos encantados, ¿no es cierto? ¡Y hoy estamos alegres y todo eso! (*A su hermana.*) ¡Estamos encantados! El padre de Nina y su madrastra se fueron a Tver y ahora somos libres por tres días enteros. ¿No es así, Nina?

(Nina *se sienta junto a* Arkádina *y la abraza.*)

NINA: Sí. ¡Y soy tan feliz! Ahora pertenezco a ustedes, pertenezco a esta casa.

DORN: A Nina se la ve muy linda hoy, ¿no es así, Madame?

ARKÁDINA: Y muy inteligentemente vestida, interesante... Aquí tenemos a una chica brillante. (*La besa.*) Pero no debemos alabarla demasiado... trae mala suerte, saben. ¿Dónde está Boris Alexéievich?

NINA: Está en el lago, pescando.

ARKÁDINA: ¿No les parece que se tendría que aburrir con los peces? Díganme, ¿qué pasa con mi hijo? ¿Por qué está de tan mal humor? Se pasa días enteros junto al lago. Casi nunca lo veo.

MASHA: Es un hombre emotivo. (*A Nina, tímidamente.*) Nina, por favor, vuelva a leer algo de su pieza.

NINA (*encogiéndose de hombros*): ¿Realmente quiere que lo haga? ¿Después de la otra vez?

MASHA (*dominando su entusiasmo*): Cuando él mismo lee algo, sus ojos resplandecen de sentimiento. Tiene una hermosa y triste voz y las actitudes de un poeta. Es un poeta.

(Se puede oír a Sorin *roncando.*)

DORN: El pronunciamiento está hecho. Buenas noches.

ARKÁDINA: ¡Petrusha!
SORIN: ¿Eh?
ARKÁDINA: ¿Estás dormido?
SORIN: Para nada.

(Pausa.)

ARKÁDINA: Tal vez pueda ayudar a Petrusha. No está recibiendo ningún tipo de tratamiento médico y cada vez que vuelvo aquí advierto que se encuentra más deprimido y menos activo. ¡Me rompe el corazón!
SORIN: Alegremente probaría cualquier tratamiento pero tu devoto amigo, Evgeni, me aconseja que me reconcilie con mis enfermedades, sean las que fueren.
DORN: Lo lamento, pero su estado no es algo que pueda mejorar la medicina. Oh, los charlatanes le darán píldoras de azúcar, pero un médico reputado no practica el engaño en un hombre de su edad.
SORIN: Mi edad es sólo sesenta años y deseo seguir viviendo.
ARKÁDINA: ¿Qué le parecen los baños termales? Hay una fuente termal no lejos de aquí. ¿No le harían bien?
DORN: Puede que sí y puede que no.
MEDVEDENKO: Por lo menos debería dejar de fumar.
DORN: Le diré que no hace ninguna diferencia que lo haga o no lo haga. Lamento decir que no puedo recomendar nada para ayudarlo.
SORIN: Todo lo que prescribe para mí es... resignación. ¡Prescripción rechazada! Usted no se ha resignado a nada. Vivió una vida disoluta de... autoindulgencia. Oh, alguna vez va a tener que pagarlas. Pero seguirá aprovechándose, mire que darle consignas filosóficas como... ¡resignación! ¡ríndase!... a un hombre que no tuvo una sola cosa en su vida, ¡ni siquiera en su juven-

tud!… que le diera cierta sensación de haber logrado algo de lo que deseaba.

ARKÁDINA: Petrusha, no te quejes tan amargamente, en voz tan alta.

SORIN: ¿Por qué no? ¿A quién le importa fuera de mí? ¿Les gustaría a todos que fuese caminando como un pato hasta el lago y simplemente… me alejara flotando? A… a veces tengo esa impresión.

ARKÁDINA: Petrusha, ven, siéntate a mi lado. Sabes cuánto te queremos todos nosotros.

SORIN: Oh, sí, lo sé, lo sé… Todos ustedes tan sanos, con logros que recordar y otros nuevos en el futuro, pero yo… ni siquiera el recuerdo de un gran placer cuando era joven. No, ni siquiera entonces…

ARKÁDINA: Petrusha, has tenido una hermana devota que es famosa aquí y en el exterior. Sin embargo es más feliz que nunca junto a ti. Queridos amigos, es tan bueno estar un tiempo junto a ustedes… tan cálidos, tan silenciosos, pasando noches nada más que de lotería y filosofía, redondeadas por un sueño totalmente tranquilo. Maravilloso por un tiempo, pero sólo por un tiempo… Luego de nuevo las ciudades y el teatro, ¡debo confesar que es maravillosamente revitalizante tener eso a lo cual volver!… ¡Mi carrera!… ¡Mi vida!

NINA: ¡Sí, sí!… ¡La comprendo tan bien! Si sólo…

(Entra Shamráiev, *seguido por su esposa,* Polina.*)*

SHAMRÁIEV: ¡Hola, hola! (*Se vuelve hacia* Arkádina.) Mi esposa me dice que usted quiere ir a la ciudad, pero lamento decirle que hoy cargamos centeno: todos los hombres y todos los caballos me resultan indispensables.

ARKÁDINA: Pero, como le dije, tengo una cita con la mujer que se ocupa de mi cabello. Y me propongo mantenerla.

SHAMRÁIEV: Mi querida señora, usted se niega a entender lo que significan los trabajos de granja.

ARKÁDINA: Esto es claramente demasiado, esto es insultante. Yo, yo... ¡yo me voy de inmediato a Moscú! ¿Ordenará que me traigan caballos de la aldea o tengo que ir a pie hasta la estación?

SHAMRÁIEV: ¡Imposible!... ¡Renuncio! Usted y su hermano tienen que buscarse otro administrador. (*Vuelve caminando enérgicamente hacia la casa.*)

SORIN: Les diré que la insolencia de este hombre supera todo.

(Arkádina *corre hacia la casa.*)

ARKÁDINA: ¡Boris! Boris, nos vamos.

SORIN: ¡Que traigan todos los caballos aquí de inmediato! (*Pega un golpe con su bastón.* Polina *estalla en lágrimas.*)

POLINA: ¡No puedo hacer nada, nada! ¡Póngase en mi posición! ¿Qué puedo hacer con ese hombre?

NINA: ¿Cómo se atreve a dirigirse a Irina Nikoláievna de semejante manera?

(Sorin *intenta ponerse de pie.*)

¡Tío, está temblando! ¡Llevaremos su silla de nuevo a la casa! Le diré que es casi tan horrible, tan chocante como la situación que vivo en casa...

SORIN: Oh, sí, es horrible... pero él no puede irse más de lo que yo puedo escapar.

(Se van. Dorn y Polina *quedan solos.*)

POLINA: ¿Evgeni? Nuestro tiempo está pasando. En una época querías que yo viniera a vivir contigo, pero Masha era tan pequeña entonces. Ahora podría... por el resto de nuestras vidas.

DORN: Oh, Señor, lágrimas. No las muestres aquí para que se den cuenta y hablen de ellas.

POLINA: ¿Cómo es posible que una mujer encuentre a un hombre despreciable como yo te encuentro a ti, *sepa* que lo es y sin embargo... siga deseando estar con él? Para los dos el tiempo está pasando, sí, para ti también, a pesar de tu agua de colonia y tu talco, tus suaves modales sociales. Caramba, he oído que vas al barbero todos los días para que te ayude a mantener esta ilusión de juventud. Sin embargo... la ilusión no es la verdad.

DORN: Tengo cincuenta años.

POLINA: *Cincuenta y cinco.* ¿Estás planeando una carrera escénica? Por eso tratas de hacerte pasar por más joven de...

DORN: Si como máximo parezco cincuenta, entonces tengo cincuenta como máximo y si tú representas tu edad, es tu castigo por tomar en serio el chiste de la existencia humana. ¡Pues aquí viene la verdadera juventud!

(Nina aparece en la parte trasera del escenario con un ramo de flores silvestres.)

POLINA: Te aconsejo que no pruebes tus encantos con ella.

DORN: Las jóvenes pacientes a menudo son tan susceptibles como las más viejas... y más atractivas. (*Se levanta y se dirige hacia* Nina.) Bien, cómo andan las cosas aquí, espero que se haya restaurado la calma, no me gustan los estallidos emocionales.

NINA: Irina Nikoláievna está llorando y Piotr Nikoláievich tiene un ataque de asma.

DORN: Mientras, usted tiene el buen sentido de recoger un ramo de flores.

NINA: Para usted si...

DORN: *Merci bien.*

(Polina se ha dirigido a él.)

DORN: Ahora, si me disculpan por sólo uno o dos momentos, voy a administrarles algunas gotas de valeriana a la gran actriz y a su hermano.

POLINA: Deme las flores a mí, encontraré un jarrón para ellas. *(Se las arrebata a Dorn y se aleja con rapidez, rompiéndolas salvajemente en pedazos y arrojándolas al suelo. Nina se queda absorta mirando al lago. Dorn se acomoda el cabello, la corbata y desciende los escalones hacia ella.)*

NINA: ¿Tan rápido volvió? Doctor, no comprendo cómo una actriz famosa puede llorar por un motivo tan trivial.

DORN: Oh, las lágrimas de mujer... no significan nada.

NINA: ¿Y que un autor tan aclamado como Boris Trigorin pase todo el día pescando y se muestre encantado por haber atrapado dos peces? Pensé que la gente como él e Irina pertenecían a un mundo totalmente diferente.

DORN *(con impaciencia)*: Oh, pertenecen, pertenecen. Mi querida, se la ve un poco pálida...

NINA *(ignorándolo)*: Pero ahí están, llorando, pescando, jugando a las cartas, riéndose y saliéndose de quicio.

DORN: Necesita un tónico, mi querida. Tengo muchos pacientes hoy, pero si pudiera pasar por mi oficina, digamos, a las seis y media... Oh, Señor, aquí viene el desesperado poeta joven... ¿la espero?

(Konstantín se detiene bruscamente, clavándole los ojos a Dorn.)

Ah, mi querido Konstantín. ¿Cuándo nos gratificará con un nuevo entretenimiento?

KONSTANTÍN: ¿Me haría el gran favor de volver a la casa o a... sea donde fuere que vaya?

DORN: ¡El temperamento!... Señal invariable de genio. (*Sale malhumorado.*)

KONSTANTÍN: ¡Cristo!... Tratando de atraer su atención, ¿no es así? ¡Famoso viejo libidinoso! Si me quedara otro tiro en esta escopeta... (*Pausa. Abruptamente deja caer el pájaro muerto a los pies de ella.* Nina *pega un grito de sobresalto.*)

NINA: ¿Qué es esto? ¿Qué quiere decir?

(*Él recoge el pájaro y se lo tiende a ella.* Nina *lo mira, muda.*)

KONSTANTÍN: ¿Bien? ¿Ve lo que he hecho? ¡Le disparé a esta gaviota!

NINA: ¿Accidentalmente?

KONSTANTÍN: No.

NINA: Entonces no comprendo. Oh, no la tenga extendida hacia mí, ¿qué le pasa? Se lo ve tan trastornado que... apenas lo reconozco.

KONSTANTÍN: Yo la encuentro igualmente cambiada: me trata con absoluta indiferencia, mi presencia parece avergonzarla.

NINA: Sabe que no están actuando normalmente, Kostia. Usted, usted... ¿acaso está hablando en símbolos y me regala este pájaro muerto como uno de ellos? Bien, me temo que soy una persona demasiado simple como para interpretar el símbolo.

KONSTANTÍN: Todo esto empezó, este, este... distanciamiento entre nosotros... la noche en que se rieron de mi pieza. Usted se fue sin decirme una palabra y me ha esquivado desde entonces... Las mujeres nunca perdonan un fracaso.

NINA: No soy una mujer, soy... sólo una chica confundida, Kostia.

KONSTANTÍN: Hice pedazos la pieza.

NINA: No creo que pueda escuchar más de esto, Kostia. (*Comienza a alejarse y él la retiene.*)

KONSTANTÍN: ¿No le importa lo que me ha hecho, no lo sabe ni le importa? ¡No puedo creerlo!... es como si hubiera caído bajo el embrujo de alguien. (*Aparta la mirada de ella.*) Y creo que veo a su hechicero acercándose. No voy a interponerme en su camino. (*Sale. Trigorin entra con su cuaderno.*)

TRIGORIN: Buenas tardes, señorita Nina. Espero no haber espantado a su joven amigo.

NINA. Buenas tardes, señor. No. Él... últimamente no puedo sacar nada en claro de su conversación o su conducta.

TRIGORIN: ¿Todavía molesto por la pieza?

NINA: Honestamente no lo sé. No lo discutamos ahora.

(*Se la oye a* Arkádina *gritando: "¿Dónde está* Boris?*"*)

TRIGORIN: De pronto Irina quiere irse del lago y acabo de imaginar una historia, con personajes que son a medias sustanciales y a medias sombras, pero... perdón, usted no es escritora.

NINA: Desgraciadamente, no cuento con ningún logro... creativo, oh, un gran anhelo de ser actriz, pero... ¿tiene que irse hoy de aquí?

TRIGORIN: Sí, de nuevo estamos en el largo y tedioso camino hacia su próximo compromiso.

NINA: Tal vez... tal vez puede usar el trayecto en tren para completar su cuento.

TRIGORIN (*después de una desesperada pausa*): ¡Ja, ja, ja, ja! ¿Usar el tiempo? ¿En el tren? ¿En el compartimiento de nuestra dama mientras ella estudia su papel? ¿El papel de Medea? ¿Aullidos? ¿Lamentos? "Por favor, querida, no tan alto"... "¿Puedo tratar de buscar un compartimiento diferente?" "Boris, Boris, ¡simplemente escucha esto! ¡Luego vete!"... Quedo sometido a un parlamento. "No, no sobreactué, ¿o sí?"... "Sí, querida, sólo un poquito."... "¿Qué te parece si comienzo en un tono más bajo?"... "Sí, en un tono mucho más bajo, y sigue en ese tono y trata de terminar en él."... El tren se ha detenido, estoy bajando para buscar café. "Boris, no seas tan grosero, no des a tal punto la familiaridad por sentada. Cuando estás viajando con una dama, no es correcto preguntar: '¿Puedo traerte un poco de café?'"... Disculpe este... estallido, no tengo ganas de irme.

NINA: ...Entonces... quédese. ¿No puede seguir ella adelante?

TRIGORIN: ¿Joven dama? ¿Del lago?... Me temo que la situación es mucho más complicada de lo que usted puede imaginar o yo explicar si... me atreviera a...

NINA: Lo que me, eh, rodea, sí, este lago y la casa de mi padre... nuestras pocas pequeñas... distracciones: juegos de cartas, improvisaciones dramáticas, a veces una escena escrita. Pero...

TRIGORIN: ...¿Sí?

NINA: Está el... mundo... interior...

TRIGORIN: ...Tenga cuidado de él. Puede ser invadido y acosado...

NINA: Está claro para mí que usted no tiene... en absoluto ganas de... irse...

TRIGORIN: Si fuera posible que volviéramos a encontrarnos, y más tiempo la próxima vez... Oh, siento..., cuando usted dijo "mundo interior" súbitamente sentí que podríamos... hablar de... más de lo que había imaginado...

NINA: ...¿No volverá?

TRIGORIN: Sólo si hay un intervalo adecuado en su crono-
grama profesional... pero es una estrella popular y, en
la medida en que está envejeciendo un poco y piensa
más en cómo mantenerse joven... bueno... el teatro es
cada vez más su obsesión.

NINA: Como la de usted es escribir.

TRIGORIN: Exactamente.

NINA: Dos obsesiones correlativas... dos personas consa-
gradas al arte...

TRIGORIN: Y en su corazón y en mi corazón, una secreta
desconfianza de...

NINA: ...¿Qué?

TRIGORIN: Del verdadero valor de lo que estamos haciendo.
Oh, hágame callar. A veces me excito demasiado.

NINA: ¿Por qué no se toma vacaciones solo?

TRIGORIN: Debería hacer eso... y lo he intentando, entonces
me llega un telegrama... "Por favor, por favor, por
favor, vuelve... estoy viniéndome abajo"... Me he libra-
do de la correa una semana. Hasta dos. Pero siempre
vuelvo, temiendo que ella haya sufrido alguna desgracia dolorosa... algo de ese tipo, pero nada. Siempre está
estallando de satisfacción, ha sido un triunfo sin precedentes en toda su carrera... según ella.

NINA: ¿Me está diciendo que no es totalmente feliz con
este... arreglo?

TRIGORIN: ...Se expresa con madurez para ser una chica
tan joven... no me encuentro a menudo con jóvenes
que tengan intuiciones de adultas. He olvidado cómo
es tener dieciocho o diecinueve años. No puedo repre-
sentármelo con mucha claridad, por eso las jóvenes
de mis novelas y cuentos generalmente son falsas. He
olvidado mi juventud a los treinta y siete años.

NINA: Parece tanto más joven. Casi tan joven como...
Kostia...

TRIGORIN: Cuídense uno al otro. Él es vulnerable como usted... posiblemente todavía más...

NINA: Siente por mí algo que no puedo corresponder.

TRIGORIN: Qué es...

NINA: Algo más que...

TRIGORIN: ¿Cariño?

NINA: Sí, siento un profundo cariño, a veces siento temor por él pero... amor, no...

TRIGORIN: ...Tal vez después de este encuentro pueda escribir con más sabiduría sobre las jovencitas, tal vez pueda traerlas a la vida.

NINA: Oh, no, yo... está tan equivocado. Permítame decirle que es el único escritor que conozco que comprende el carácter femenino.

TRIGORIN: Usted es una joven hermosa y muy buena. Tomé parte de una discusión bastante, en rigor muy... interesante en un café de Moscú que es popular entre los escritores y otros artistas. Alguien dijo que hay algunos escritores que no pueden crear personajes femeninos convincentes, y agregó: "Boris, tú eres uno de los pocos que pueden". (*Se ríe con tristeza.*) Sentí que me sonrojaba... avergonzado. En realidad, sabía que yo no le gustaba a esa persona y que siempre había menospreciado mi trabajo. Siguió diciendo que yo tenía cierta suavidad en mí, en mis ojos y... Bien. Estaba dando a entender que yo era deficiente en... virilidad para... la práctica de una profesión totalmente masculina como es la escritura. Me di cuenta de eso. Dejé de sonrojarme. Lo miré directamente a los ojos y dudo de que mis ojos fueran suaves en ese momento. Le dije: "Por una vez, es excesivamente delicado en su ataque a mí. Pero ¿a qué se debe? ¿Qué quiere decir realmente? Dudo de que yo no lo sepa o de que cualquiera que está en esta mesa no lo sepa, así que ¿por qué duda en decirlo directamente, como el escritor mercenario y desvergonzado que es?"

No dijo nada. Seguí mirándolo a los ojos. Finalmente habló... Una sola palabra obscena, se tomó su vino y me lo escupió en la cara...

¿Si le digo que creo que un escritor necesita un poco de ambos sexos?... No... Usted no es escritora... Acerca de la escritura, no es una obsesión... envidiable, porque es sólo eso, una obsesión... Entre una obra y la siguiente uno vive siempre obsesionado por la idea... ¿estoy terminado? ¿Haré otro?

Además, uno está en manos de otros que se hacen la misma pregunta que uno, pero de una manera muy diferente. Uno se hace la pregunta porque, sin un nuevo trabajo al cual dirigirse, la vida estaría totalmente vacía. Pero ellos se hacen la pregunta porque, si uno no produce la nueva obra, dejará de tener valor financiero o cualquier otro interés para ellos.

Un escritor es un loco en libertad condicional... Y sin embargo, cuando estoy escribiendo, lo disfruto. Incluso al leer las pruebas, pero... cuando veo el texto impreso, me siento... devastado. Siempre se queda tan corto respecto de la meta que me había establecido, entonces... entonces me deprimo tan profundamente que debo correr hacia, hacia... Sicilia o Venecia o una isla griega y... convertirme por un tiempo simplemente en una... bestia... sin cerebro...

...Sabe, cuando me muera la gente que pase por mi tumba dirá: "Aquí yace Trigorin, un buen escritor a su manera pero a mucha distancia de Tolstoi o Turgénev"... Y yo estaré de acuerdo.

NINA: ...No es posible que esté simplemente malcriado por el éxito, un escritor traducido a lenguas extranjeras, admirado por miles, por... miles...

TRIGORIN: Preferiría, preferiría mucho más, ser amado
  por...
NINA: ...¿Por?
TRIGORIN (*tocándole el rostro*): Una...
NINA: Quiere decir como...
TRIGORIN: Conocido y completamente comprendido sólo
  por una.
NINA: ¿No se da cuenta de que lo es?

(*Pausa.*)

TRIGORIN: ¿Qué es esto?
NINA: Una gaviota muerta.
TRIGORIN: Está manchada de sangre. ¿Fue...?
NINA: No sé por qué, pero Konstantín le disparó y me...
  la regaló a mí...

(Trigorin *se inclina para recoger el pájaro muerto con*
suavidad.)

TRIGORIN: No sé por quién sentirme más apenado, por
  Kostia o... por este hermoso pájaro muerto... ¿Por
  qué se lo regaló a usted? Comprendo cosas que ocu-
  rren en cafés de Moscú, pero esto es un... misterio
  para mí. Un misterio que me intriga. No quiero irme
  de aquí.
NINA: ¡Entonces no se vaya!

(*Se oye a* Arkádina *llamándolo a gritos.*)

TRIGORIN: ¿Quién podría desafiar una convocatoria como
  ésta? (*Saca su cuaderno y garabatea algo en él.*)
NINA: ¿Qué está escribiendo?
TRIGORIN: Sólo anotando una idea para una historia que

se me ocurrió. Una adorable jovencita... vive toda su vida junto a un lago... que es encantador. Lo ama como una gaviota y como una gaviota, es feliz y libre. Pero... viene un hombre por casualidad y, al no tener nada mejor que hacer...

ARKÁDINA (*fuera de escena, gritando desde la casa*): Boris, Boris, ¿dónde estás?

TRIGORIN: ¡Ya voy! (*Se dirige hacia la parte trasera del escenario.*) ¿Qué pasa?

ARKÁDINA (*fuera de escena*): Nos quedamos... ¿Me oíste?

(Trigorin *vuelve hacia* Nina.)

TRIGORIN: ¿Alguna vez alguien no alcanzó a oír a la dama? Pueden captar cada sílaba de esa voz hasta en la segunda galería.

(*Hay una ligera pausa.*)

NINA: ...Decía que un hombre viene por causalidad y...

TRIGORIN: La destruye... Cuidado, podría ocurrir.

ARKÁDINA (*fuera de escena*): ¡Boris!

TRIGORIN: ¡Ya voy! (*Se oye el ruido de un somorgujo.*) Qué encantador es. Qué hechizante. (*Empieza una música de piano.*) Especialmente con la niebla que sube... Un somorgujo grita, hay un movimiento en las hojas y alguien está tocando un *valse triste* en el piano, ¿quién es?

NINA: Kostia.

TRIGORIN: Su compañero del lago...

NINA: El lago debe dejarme ir y también Kostia. Por cierto, son como usted los describe, están románticamente cubiertos de niebla...

TRIGORIN: Misteriosos como sueños...

NINA: Pero tengo que huir de ellos si alguna vez quiero realizarme en la vida... Seguramente usted comprende. ¿Qué no comprende usted?

TRIGORIN: Comprendo que usted quiera irse algún día. Pero espero que cuando se hunda en la excitación que ello implica, en las luces de lo que se llama el mundo –ciudades, teatros, cafés–, espero con toda sinceridad que no experimente amargura y no se sienta obsesionada como yo... por los remordimientos y... la culpa de abandonar a alguien o algo... que la retuvo en un sueño. Perdóneme estos sentimientos, Nina... es sólo la música, la niebla...

ARKÁDINA (*fuera de escena, llamando imperiosamente*): ¡Boris!

TRIGORIN: Sí, ¡pon la mesa para la lotería!

ARKÁDINA (*fuera de escena*): Nos quedamos un poco más. ¡Acaban de informarme que el teatro no será redecorado como insistí y que ni siquiera han comenzado a trabajar en mis vestidos! Es absolutamente...

(*Durante este parlamento,* Trigorin, *riéndose entre dientes, avanza hacia la casa, haciendo una pausa para mirar a* Nina *y sale.*)

NINA: Un sueño.

LAS LUCES SE APAGAN

TERCER ACTO

El comedor de la casa de Sorin: *hay puertas indicadas a la derecha y la izquierda. Se ve un aparador y hay una mesa en medio de la habitación. En el piso hay un baúl y cajas de sombreros, señales de preparativos de partida.* Trigorin *está almorzando;* Masha *se encuentra de pie junto a la mesa. Los sirvientes están llevando el equipaje al carruaje.*

MASHA: Le estoy diciendo todo esto.

TRIGORIN: Estamos solos usted y yo.

MASHA: ...Bien. Usted es escritor y tal vez pueda usarlo. Si Kostia se hubiera herido fatalmente, yo no hubiera seguido viviendo un minuto más.

TRIGORIN: Usted tiene más coraje que eso.

MASHA: Pero él no está tan gravemente herido como lo he estado yo por largo tiempo. Y ahora he decidido arrancar de raíz este amor imposible de mi corazón.

TRIGORIN: ¿Cómo va a hacerlo?

Masha (*sirviéndose otro vodka*): Voy a casarme.

TRIGORIN: ¿Oh? ¿Con quién?

MASHA: El maestro... Medvedenko.

TRIGORIN: ¿Está decidida a una acción tan drástica como ésa?

MASHA: ¿Nunca amó sin esperanza?

TRIGORIN: Nunca con demasiada.

MASHA: Pasé años enteros esperando que me dieran algo más que atención accidental. El matrimonio, por lo

menos, me dará nuevas preocupaciones que parcialmente me distraerán de las viejas. Un cambio, por lo
menos un cambio... ¿Tendremos otros?

TRIGORIN: ¿No ha tenido suficiente Masha?

MASHA: ¿Para soportar esta súbita decisión? ¿El matrimonio con un maestro que piensa que Hamlet es un actor
inglés y habla constantemente de lo mal pago que está?

TRIGORIN: Siéntese. Deme esa jarra.

MASHA (*alejándose de él*): ¿No sabe que las mujeres beben
más de lo que se sospecha? No tan abiertamente como
yo lo hago... la mayoría en secreto. Siempre vodka o
coñac. ¿Por qué? ¿Por qué? Una transacción como
entregarme a Medvedenko, compartir su casa, ¡su
cama! ¡Y deséeme suerte! ¡Escucharlo, escucharlo a
él! ¡Una sentencia de por vida!

TRIGORIN: Hay una forma de fingir que lo hace. Sólo diga.
"¿Sí? ¿Sí? ¿Sí?"... sin realmente oír una palabra. Lo
sé, lo he hecho. Vuélvase experta en eso.

MASHA: ¡Buena suerte!... Es maravilloso hablar con usted.
Usted escucha. ¿Boris Alexéievich?... ¿Cuál es su
impresión sobre mí, cómo... me ve?

TRIGORIN: Muy superior al... negocio que dice que ha
hecho. Pero... espero que sea soportable para usted.
Una cosa soportable no es tan fácil de encontrar...

MASHA: ¿No puede convencer a su...?

TRIGORIN: ...No. Ahora no se quiere quedar. Su hijo se
está comportando muy raro. Primero se dispara a sí
mismo y ahora dicen que me quiere retar a duelo. ¿Y
por qué? ¿Porque soy escritor? Pero si hay espacio
para todos, los viejos y los nuevos.

MASHA: Bueno, están los celos. Sin embargo, no es cuestión
mía.

(*Pausa. Iákov cruza de derecha a izquierda llevando una valija.*)

Mi maestro no es para nada inteligente, pero es bueno
y una pobre alma, además me quiere mucho. Lo lamento por él y lo lamento por su anciana madre. Bueno,
le deseo todo lo mejor. No piense mal de mí.
(Entra Nina.*)*
Estoy muy agradecida con usted por haberme concedi-
do este tiempo. ¿Sería mucho pedirle que me enviara
uno de sus libros… y escribiera en él: "Para María, que
no sabe de dónde viene ni por qué está viviendo en este
mundo". (*Ve a* Nina *acercándose.*) Adiós. (*Se va.*)

NINA (*extendiendo el puño de una mano*): Par o impar.

TRIGORIN: Par.

NINA (*riendo*): Estaba tratando de decidir si me dedicaba
a las tablas o no.

TRIGORIN: Eso es algo que no puede decidir por el número
de garbanzos que tiene en la mano.

NINA: ¿No puede aconsejarme sobre eso? Después de todo
lo que ha visto del teatro… ¿de la vida?

TRIGORIN: …No me atrevo a aconsejarla sobre un tema
tan serio. Es demasiado trascendente. Trae consecuencias y pasiones demasiado peligrosas. Realmente es
cuestión de cuán intensamente lo quiera. Dígame. ¿Por
qué cree que Konstantín se pegó un tiro? Masha dice
que fue cuestión de celos. ¿Pero celos de qué?

NINA: Creo que algún día podrá imaginarse. Entre tanto
–y dado que de nuevo deja el lago y yo me quedo, y uno
nunca sabe si usted volverá– guarde este pequeño
medallón como un recuerdo mío. Tiene el título de un
libro suyo en el otro lado, *Noches y días.*

TRIGORIN: Un regalo encantador. (*Besa el medallón.*) Así
que Konstantín *está* celoso, ¿pero por qué de mí? ¿Por
qué no se siente atraída por un joven tan románticamen-
mente buen mozo y que se ha visto impulsado a pegar-
se un tiro por usted?

NINA: Crecimos juntos. Estoy demasiado acostumbrada a verlo como un simple amigo.

TRIGORIN: Y me mira a mí, un hombre que se acerca a la mediana edad...

NINA: Sin señales de ello. Tenía la esperanza de que usted... ¡viene alguien! Justo a tiempo para impedirme hacer una confesión indiscreta.

TRIGORIN: ¿Más tarde?

NINA: Permítame tener sólo uno o dos minutos a solas con usted antes de irse, si puede.

(Entran Arkádina, Sorin y Iákov ocupado con el equipaje.)

ARKÁDINA: Petrusha, quédate en casa, estás rengueando por el reumatismo. (*A Trigorin.*) ¿Quién era ésa que acaba de irse? ¿Era Nina?

TRIGORIN (*con tono casual*): Sí, estaba despidiéndose.

ARKÁDINA: Perdón por la intrusión. Empaqué todo. (*Los sirvientes intercambian miradas.*) Estoy agotada...

IÁKOV (*levantando la mesa*): ¿También tengo que empacar sus cañas de pescar?

TRIGORIN: Sí, supongo que las querré de nuevo.

IÁKOV: Sí, señor.

TRIGORIN: ¿Hay algún ejemplar de mis libros en esta casa?

ARKÁDINA: Sí, en el gabinete de trabajo de mi hermano, en la biblioteca del rincón ¿Por qué?

TRIGORIN: Sólo me preguntaba. (*Para sí mismo, leyendo la inscripción del medallón.*) Página veintiuno... (*Sale.*)

SORIN: No a Moscú, sólo al pueblo.

ARKÁDINA: ¿Qué pasa en el pueblo?

SORIN: Ponen la piedra fundamental de la alcaldía.

ARKÁDINA: Sólo cemento húmedo.

SORIN: He estado tirado como una boquilla vieja demasiado tiempo. En cuanto a Kostia, sabes que podrías llevarlo a Moscú contigo.

ARKÁDINA: Imposible, está medio loco. Quédate aquí, mi viejito querido, ocúpate de ti y de mi hijo... No me voy para siempre. Vigila a Kostia hasta que se encuentre en un estado más calmo. Nunca sabré por qué trató de... hacer el gesto juvenil tonto y romántico de...

SORIN: Tratar de matarse.

ARKÁDINA. Sospecho que los celos fueron el primer motivo, esa chica tonta por la que está loco y –¡puedes imaginarte!– ella anda atrás de Boris Alexéievich. Cuanto más rápido saque a Boris de aquí, mejor.

SORIN: Hermana, sé un poco más comprensiva. Un hombre joven de semejante inteligencia, incrustado aquí, en este remoto lugar del campo. Con talento pero sin ocasión de... sin dinero para... se siente un parásito, un satélite. Y tiene orgullo.

ARKÁDINA: ...¿Por qué no entra en el ejército, como la mayoría de los jóvenes con... talento? ...No, no lo veo...

SORIN: Al menos sé buena y dale un poco de dinero, suficiente para vestirse como el joven caballero que es, no como un siervo, ¡cosa que no es!... Y podrías incluso enviarlo al exterior, para que conociera un poco el mundo que hay más allá de este lago... sé generosa, hermana, antes de que... podría ser demasiado tarde...

ARKÁDINA: Un traje, tal vez pueda hacerme cargo de eso, pero respecto de ir al extranjero, sólo se metería en problemas. Aquí está seguro. Además... sabes cómo se me va el dinero, los gastos que implica mantener el aspecto que se espera de mí. (*Está frente a un espejo reluciente, poniéndose pinchos en un complicado sombrero.*) No estoy segura de que siquiera me las pueda arreglar para comprarle ropa nueva ahora mismo. Tan apretada estoy.

(Sorin se ríe tristemente.)
¿Qué es lo divertido?

SORIN: ¿Cuánto pagaste por ese gran sombrero con plumas de avestruz?

ARKÁDINA: ¿No sabes que una actriz en mi posición debe usar sombreros hechos en París?

SORIN: Por supuesto... por supuesto... discúlpame por olvidar momentáneamente hasta qué punto eres una madre generosa y noble de corazón. Me las arreglaré de alguna forma para conseguirle a Kostia algo que ponerse. Shamráiev se lleva toda mi pensión, lo sabes, y la gasta en agricultura, cría de ganado. Después las cosechas fracasan, el ganado se muere... Sin embargo, de alguna forma haré que tu hijo esté presentable.

ARKÁDINA: Bien, hazlo, mi hijo es lo suficientemente buen mozo como para ser atractivo hasta en harapos.

(Sorin tropieza.)

SORIN: Qué me... ¡mareado!... me siento... mareado...

ARKÁDINA: ¡Petrusha! *(Lo abraza.)* Cuidado, no te caigas. ¡Socorro, socorro, venga alguien!
(Entran Konstantín y Medvedenko.)
Se ha descompuesto, de pronto.

SORIN: Nada, nada... fuera de lo común...

KONSTANTÍN: Ahora esto le ocurre a menudo al tío. Recuéstate un rato, tío.

SORIN: Sí, sólo un poco... igual voy a la estación, no se vayan sin mí.

MEDVEDENKO *(ayudando a Sorin)*: He aquí un enigma para usted. ¿Qué anda en cuatro patas por la mañana, en dos al mediodía y en tres por la tarde?

SORIN: Sí, sí, y de espaldas a la noche... Gracias pero puedo arreglármelas solo.

MEDVEDENKO: Descanse un poco primero. (*Sale.*)

ARKÁDINA (*volviendo al espejo*): Qué susto me dio. Y sabes... ¿te gusta mi sombrero? ¡Importado de París! Siempre me sacan fotos en la estación de Moscú y es importante para mi imagen pública que esté lo mejor posible. ¿Puedo darme el lujo del sombrero? ¡No! ¿Puedo darme el lujo del vestido? ¡No!

KONSTANTÍN: ¿Entonces por qué los compraste? ¿Los robaste de las tiendas?

ARKÁDINA: ¡Kostia!

KONSTANTÍN: Mamá, no dejes a tu pobre hermano para siempre en las manos de ese déspota de Shamráiev.

ARKÁDINA: Kostia, Shamráiev se ocupa de manera excelente de mi hermano y su esposa es devota de él.

KONSTANTÍN: Sí, todos quieren al tío Petrusha o dicen que lo quieren, sí, ¡y más les vale! Quién sino el tío estaría tan preocupado por mí y por mi...

ARKÁDINA: Tu ambición totalmente irreal de destacarte como escritor. ¡Escribir!... Para *divertirte* si te aburres aquí sí. Pero... Kostia, por qué no te cambias el nombre y haces pequeños papeles en teatro. Tienes la apostura. Puedo conseguir que los administradores te contraten, no para grandes papeles antes de que estés listo para ellos, pero...

KONSTANTÍN: ¡No! ¡No! Seguiré mi camino como escritor, creando nuevas formas. Haré eso o... yo tengo tiempo, pero el tío Petrusha no. No se queja pero está desesperado por disfrutar un tiempo de la vida de ciudad. ¡Si dejaras de hacerte la pobre a pesar de que sabemos que tienes una fortuna! Mamá, préstale al tío un par de miles de rublos para que sea feliz en la ciudad. Sabemos que es una persona excepcional y merece generosidad de tu parte el poco tiempo que todavía le queda.

ARKÁDINA: Por favor, por amor a Dios. ¡Soy la actriz más prominente de Rusia, no un banquero! ¿No estás orgulloso de tener una madre a quien celebran como a mí?

KONSTANTÍN: Estoy orgulloso de ti cuando te olvidas de tu vanidad y eres... buena... ¿Me cambiarías la venda? Quiero recordar tu ternura de la época anterior a que dejaras de ser humana y te convirtieras en una actriz famosa.

ARKÁDINA: ¿Es *eso* una observación bondadosa? Kostia, no he cambiado contigo. (*Saca una solución estéril y una caja de vendas.*) El médico se ha retrasado. No importa. Siéntate. La herida está casi curada. Mientras yo no esté aquí, sino trabajando como una esclava en el escenario para que puedas subsistir... prométeme que no harás más clic-clic con eso... ¡Dame esa pistola a mí! ¡No está segura en este lugar! (*Un perro aúlla.*) *¡Que se calle!*... Libéranos de ese perro aullante y entrégame la pistola antes de que me vaya.

KONSTANTÍN: No, mamá, no te preocupes. Creo que he aprendido la lección de control, así que... no volverá a ocurrir. (*Ella le limpia la herida con desinfectante.*) Tienes dedos mágicos... ¿Recuerdas cuando actuabas en el teatro estatal? Yo era un chico. En el patio se produjo un disturbio entre inquilinos, una lavandera fue duramente golpeada y la recogieron inconsciente. ¿Reacuerdas con qué ternura los cuidaste a ella y a sus hijos?

ARKÁDINA: ¡Sí, de eso me acuerdo!

KONSTANTÍN: Sabes, en estos últimos días me he sentido tu hijo nuevamente, tu chiquito. No me queda nadie más que tú... ¿Por qué te has entregado a ese... hombre inmoral que no te ama ni te respeta?

ARKÁDINA: *¡No es verdad!*... No comprendes a Boris porque estás celoso de él. Es... tiene... un carácter muy noble. A pesar de tu actitud hacia él, te considera con verdadera preocupación, valoración... ¡interés!

KONSTANTÍN: No es el tipo de interés que deseo atraer... En cuanto a su nobleza... Va a nadar con Iákov... después de la caída del sol...

ARKÁDINA: Lo que no quiere decir nada... qué podría querer decir. Kostia, el mundo exterior no es un mundo inocente. Sea como fuere, se va. Me lo llevo. (Trigorin *se acerca*.) La venda no está apretada.

KONSTANTÍN: Yo puedo apretar la venda. (*Se apresura a salir para evitar a* Trigorin.)

ARKÁDINA: Por supuesto, no estás empacando nada. Y sin embargo, tus cosas están empacadas.

TRIGORIN (*leyendo de su libro*): "Si alguna vez mi vida puede serle útil, venga y tómela".

ARKÁDINA: ¿Tome qué?

TRIGORIN: Una frase que me había olvidado de haber escrito.

(Ella le arranca el libro.)

ARKÁDINA: ¡Marcado! ¿Por quién?

TRIGORIN: Una nativa muy inocente de las orillas de tu lago.

ARKÁDINA: ¿Te crees que soy tan estúpida como para no saber a quién te refieres?

TRIGORIN: Pórtate como una amiga conmigo, Irina... Quedémonos un tiempo.

ARKÁDINA: Ningún amigo tuyo te permitiría actuar como un tonto de semejante calaña.

TRIGORIN: ¡Por favor, por favor, quedémonos!

ARKÁDINA: ¿Estás tan locamente enamorado de esta, esta... criatura... ambiciosa y pretenciosa?

TRIGORIN: Un escritor tiene necesidades: la mía es quedarme.

ARKÁDINA: La mía mantener un compromiso con un teatro de Moscú y nunca he dejado de cumplir un compromiso en mi vida.

TRIGORIN: Por supuesto que yo no soy un compromiso teatral... pero me estás fallando... Podría ser el romance más importante que jamás haya escrito.

ARKÁDINA: Es patético ver qué poco te conoces... ¡Penoso! ¡Patético! ¡Es casi trágico!

TRIGORIN: ...Déjame ir... Irina.

ARKÁDINA: ...¿Te oí bien? ¿Dijiste: "Déjame ir"?... *¡No puedes hablarme así!*

TRIGORIN: Es sólo eso... en mi juventud no tuve tiempo de ser joven: eso lo sabes... Acechando en las oficinas de los editores, aceptando los insultos, las migajas, los centavos, los...

ARKÁDINA: Oh, sí. Pero aparecí yo, ¿no es cierto? ¿Acaso no entré en tu vida famélica, Boris, y le di sustento? Dime: ¿sí o no? ¿No te llevé al editor más importante de San Petersburgo con tu pequeña colección de cuentos en tu carpeta? ¿No me arrojé sobre él, no le grité: "Le traigo a un GENIO. ¡El Tolstoi de mañana!"... ¿No grité eso mientras te arrebataba la carpeta, a ti, joven y tembloroso Don Nadie, y ACASO NO ESCUCHÓ ÉL, ACASO NO SE SENTÓ Y ME OYÓ?

TRIGORIN: Sí. Fuiste un poco... ¡gritona!

ARKÁDINA: ¡Eficazmente gritona!... Se lanzó tu carrera.

TRIGORIN: *¿Sólo por el volumen de tu voz? ¿Por nada de lo que había en mi carpeta?*

ARKÁDINA: ¡CÓMO TE ATREVES A GRITARME!

TRIGORIN: Estábamos hablando de la eficacia del volumen vocal, según me pareció. ¿Es posible que lo haya adquirido por contagio, por la constante familiaridad con Júpiter tonante?

(Pausa. Ella suspira larga y sonoramente: luego se arroja a los pies de él.)

ARKÁDINA: ¿Realmente me he vuelto tan vieja y fea a tus ojos que no te da ninguna vergüenza hablarme de este enamoramiento loco por esta niñita de los gansos provinciana?

TRIGORIN: ¡*Basta*!... Estás hablando de alguien en... compañía humana de... ángeles...

(De pronto ella cambia de táctica.)

ARKÁDINA: Me he lastimado el... me temo que me dislocado el... ¡por favor! ¿Serías tan bueno de ayudarme a ponerme nuevamente de pie?

TRIGORIN: ¿No sería más conveniente que descansaras un rato en el piso, con una almohada bajo la cabeza?

ARKÁDINA: No... no... ¡no lo sería!... ¡Mira, me he parado sin ayuda!... ¿Boris? ¿Boris?... Eres el último capítulo de mi vida...

TRIGORIN: Tengo la sensación de que, con un poco de esfuerzo, de alguna forma podrías arreglártelas y componer un epílogo desgarrador para él...

(Esta respuesta vuelve, silenciosamente, a enfurecerla.)

ARKÁDINA: Boris... me encontré con algo muy curioso cuando estaba empacando tus cosas... Una fotografía envuelta en una carta de... ¡un lugar extranjero! ¡Sí, de Sicilia!... Ahora, ¿por qué este joven corresponsal, un muchacho de cabellos largos, sí, un chico con grandes ojos oscuros y largas pestañas y... ¡*en traje de baño*!... se dirige a ti como "*Mio Cuore*" y escribe en la foto incluida "*Con Amore*"?

(Pausa, Trigorin realiza alguna acción violenta: hace trizas una botella o tira una silla al suelo.)

TRIGORIN: Irina, ha llegado el momento de la verdad entre tú y yo: hubo otros. Nápoles... Venecia... Atenas. Oh, no muchos otros, pero otros sí, y hubo, cuando me conociste en el café de Moscú, un estudiante que... sufrió un accidente... fatal, se inclinó demasiado por la ventana de la habitación que compartíamos en...

ARKÁDINA: Boris, soy una mujer de teatro y de mundo. ¿Te imaginabas que yo no era consciente de tu atracción perversa hacia *eso* que se considera... *¡innombrable!*... *¡Abominación! ¿Pero yo?*... Tengo compasión, yo...

TRIGORIN: ¡Tú, tú, tú, siempre tú!

ARKÁDINA (*gritando*): ¡BAJA LA VOZ, BORIS!... Son asuntos que no me parece que quieras que se sepan... Estos son tanto mis secretos como los tuyos. ¡Y seguirán siendo tanto mis secretos como los tuyos hasta el día en que me traiciones, el día en que me descartes por una chica o un muchacho que sólo quiera usarte!

TRIGORIN: ...Por supuesto esto no tiene ni el más mínimo parecido con el chantaje... (*Sigue dando vueltas, respirando pesadamente.*)... No recibía prostitutos como tu amigo, el señor Wilde.

ARKÁDINA: Boris, creo que tú hubieras tomado ese barco por el canal hasta Calais, no hubieras esperado a la policía en el Hotel Cadogan, oh, yo...

TRIGORIN: No. No estoy hecho de esa materia, concretamente soy un cobarde... moralmente fofo... suave... sometido. ¿Son estas características las que encuentras atractivas en mí, Irina?

ARKÁDINA: Boris, te conozco y te acepto y –esto lo juro– te amo con todo mi corazón.

TRIGORIN: ...Entonces sácame de este lago... ¡Llévame contigo nuevamente para ser testigo de tus triunfos! Sí, hazlo, pero ten cuidado de no dejar que me aleje un paso de ti, nunca.

ARKÁDINA: Tonterías. Ve adonde gustes y cuando gustes, Boris. Sé que volverás, de la misma manera en que tú sabes que estaré esperándote con idéntica devoción inalterable... ¿Realmente quieres quedarte aquí un tiempo más? ¿Por qué no? ¡Quédate! El general Prokoboski se sentirá muy feliz de escoltarme por todo Moscú.

(Trigorin *se ríe en silencio: la mira abruptamente con plena comprensión del coraje y las pretensiones de ella.*)

TRIGORIN: ...Los celos me consumirán cada noche. Pero, ¡el General no puede tener un día más de setenta años! Ja, ja, ja...
    (Arkádina *ríe con él, lo aferra en un abrazo apasionado.*)
    ... Desvergonzada... libertina... (*Él se suelta suavemente y abre su cuaderno.*)

ARKÁDINA: Escribe en tu cuaderno, que es mi único rival serio, estas palabras: "Soy adorado para toda la vida por...

TRIGORIN: ¡La divina Sarah Bernhardt rusa!"... Sí, haremos eso después... concretamente estaba escribiendo una frase que saltó en mi mente, Dios sabe de dónde... "Un bosquecillo de abedules se vuelve plateado a medida que baja el atardecer." ¡Ya está! (*Cierra su cuaderno.*) ¡Vuelta a partir, amada mía, *madre di cuor mio!*... Vagones de ferrocarril, estaciones, bares donde tomar refrescos, guisos recalentados y... oiré tu *Medea* y sugeriré... algunas lecturas moduladas...

(Entra Shamráiev.*)*

SHAMRÁIEV (*con sus modales más corteses y burlonamente obsequiosos*): Si puedo interrumpir... ¿era un ensayo para su *Medea*?
TRIGORIN: Sí, lo era.
ARKÁDINA: ¿Qué pasa ahora? ¿Ha venido aquí para decirme que todos los animales de cuatro patas del lugar están ocupados en trabajos de granja?
SHAMRÁIEV: Con la debida pena he venido a informarle que los caballos del carruaje están a su inmediata disposición, querida señora.

(Una mucama trae la capa y las otras cosas de Arkádina. *Entran* Sorin *y* Medvedenko.*)*

SORIN: Bueno. Una vez más partes rumbo a nuevas glorias.
POLINA: Madame, aquí tiene unas ciruelas para el viaje. Sé que detesta la comida de los restaurantes de estación.
ARKÁDINA: Y así son las cosas, vueltas, partidas, los saludos de recibimiento empiezan a convertirse en adioses. La vida es la acuarela de un niño, con todos los colores mezclados. Sentémonos para la plegaria...

(Es una costumbre rusa que todos se sienten para rezar por un viaje seguro.)

TRIGORIN (*aparte*): Perdón, deseo un choque de trenes, pero dado que implicaría a otros...

(Nina se hace visible en la creciente oscuridad y niebla de la orilla del lago, en la parte delantera del escenario. Trigorin sale de la zona interior de representación.)

ARKÁDINA: Boris, ¿adónde vas?

TRIGORIN: Olvidé mi cuaderno.

ARKÁDINA: Recién tenías ese cuaderno infernal aquí, en este cuarto.

TRIGORIN: Me he permitido la compra de uno nuevo por si acaso encuentro tiempo para trabajar en... un nuevo cuento. Sé exactamente dónde está, en el banco junto al lago.

ARKÁDINA (*mientras él se va*): Los cuadernos se multiplican...

SHAMRÁIEV: Más tarde o más temprano el primer cuaderno de un escritor se agota. Entonces compra uno nuevo o deja de escribir.

ARKÁDINA: Si eso tiene una *double-entendre*... (*Empieza a seguir a* Trigorin.)

POLINA: ¡Por favor, la plegaria!

ARKÁDINA: ...Sí,... por supuesto... la plegaria... (*Se sientan de nuevo con la cabeza baja.*) ...La plegaria corta es la más dulce para los ocupados oídos de Dios, queridos amigos. ¡Qué constante tormenta de súplicas humanas se le pide que oiga a todas horas!

SHAMRÁIEV: Si por casualidad encuentra al actor Suzdaltsev, Madame, le daría...

ARKÁDINA: Hace dos años que murió ¿usted no lo sabía?

(Shamráiev *se hace la señal de la cruz.*)

POLINA: Sólo recibimos las noticias que nos manda usted, Madame... Iliá, ¿está el equipaje en el carruaje?... ¡Iliá!

SHAMRÁIEV: Estaba... recordando algo. El trágico Izmáilov –trabajaban en el mismo melodrama– tenía que decir: "Estamos presos en una trampa", pero como estaba borracho salió con un: ¡"Estamos trampos en una presa"!

POLINA: *¡Iliá! ¡El equipaje en el carruaje!* (Shamráiev *sale.*)
ARKÁDINA: Oh, la plegaria... ¿tenemos tiempo?
POLINA: Sí, sí, el tren no se irá sin usted.

(Rezan en silencio. La luz disminuye sobre ellas y aumenta sobre Trigorin *y* Nina, *cerca del lago.)*

TRIGORIN: La vi afuera y dije que era... un cuaderno...
NINA: Ansiaba tanto que encontrara un momento para verme a solas una vez más. ¡Boris Alexéievich, dejo el lago, me voy!

(En la parte trasera del escenario, Konstantín *es apenas visible mientras observa esta escena.)*

TRIGORIN: ¿A Moscú?

(Ella asiente con un ligero jadeo.)

NINA: Sí, ¿hay alguna posibilidad de que pueda verlo allá?

*(*Konstantín *cierra los ojos.)*

TRIGORIN: ¿Cuándo se va?
NINA: Mañana.
TRIGORIN: ¿Tiene... está segura de que tiene... suficiente dinero para el viaje?
NINA: Oh, no... es tan caro, nada sería demasiado caro para...
TRIGORIN: ¿Tercera clase? No. Vaya con estilo, cómoda... haré esta pequeña inversión para su carrera en las tablas... niñita...
NINA: ¡No, no lo haga!
TRIGORIN: Permítame.

(Trigorin *introduce una serie de billetes en el corpi-*
ño de su vestido blanco. Los ojos de Konstantín *se*
abren en este momento: pega un ligero grito que no
se oye.)
Aquí está... (*Garabatea en el cuaderno.*)... el nombre
de un hotel de Moscú.

NINA: ¿Usted estará allí?

TRIGORIN: Éste es dónde estaré yo. (*Sigue escribiendo.*) Casa
Molchanovka Grojolsky. (*Arranca la página y se la da*
a ella.) Hágame saber apenas llegue y de alguna manera lograré estar con usted de inmediato. ¿Comprende
de qué forma el mundo gira sobre la duplicidad exitosamente practicada? ¿Sobre las mentiras astutas?
   (*Ella jadea y asiente, incapaz de hablar. Él prosi-*
   gue, con el rostro contorsionado.)
¡Entonces quédese aquí!
   (Nina *grita y se pone en cuclillas sobre el banco.*)
Querida niña, quise decir... ¿cómo puedo esperar hasta que estés conmigo? (*Se pone en cuclillas junto a ella*
y la besa repetidamente con abandono.)

NINA: ¡*Ahhhhhhhh, ahhhhhhh!* Yo...

TRIGORIN: *Shhhhh.*

   (*La luz disminuye sobre ellos, aumenta sobre* Arkádina.*)

ARKÁDINA (*levantándose*): En mi plegaria pedí que todos
nos volvamos a encontrar el próximo verano, vivos y
bien, especialmente mi hijo, oh estoy... abrumada
con... aquí tienen un rublo para ustedes tres.

IÁKOV (*aparte al* Cocinero): Un rublo para...

COCINERO: Shhh.

IÁKOV: Madame Arkádina, ¿le recordaría a Boris Alexéievich que me prometió un...

ARKÁDINA: ¿De qué *estás* hablando? ¡Konstantín! ¿Dónde está?

POLINA: Se encerró en su gabinete de trabajo, no puede soportar verla irse.

ARKÁDINA: Qué típico de Boris, extenderse por ese eterno, infernal... ¿Boris? ¡Boris! Adelante, pongan todo en el carruaje.

(Se queda sola mientras los demás salen. Hay dignidad y tragedia en su estoico aislamiento. Trigorin vuelve.)

TRIGORIN: ¿Se ha pospuesto nuevamente la partida?

ARKÁDINA: Llévame al carruaje... (*Ella se toma del brazo de él y cruzan el escenario lentamente juntos.*) Tenemos mucho que discutir en privado en el tren... (*Salen.*)

LAS LUCES SE APAGAN

CUARTO ACTO

Han transcurrido dos años. La sala se ha transformado en el gabinete de trabajo de Konstantín. *Hay puertas a la derecha y la izquierda que llevan a otros sectores de la casa y hay puertas francesas, en el centro, que conducen a la galería. Además de los habituales muebles de sala, hay un escritorio adelante a la izquierda y un sofá adelante a la derecha. Es de noche. El cuarto está en la semioscuridad. Sólo una lámpara con pantalla está encendida. Se oyen ruidos propios de un clima violento, los árboles susurran y el viento aúlla. Entran* Masha *y* Medvedenko.

MASHA: ¿Konstantín? (*Mira alrededor.*) No está aquí. El pobre anciano se la pasa preguntando: "¿Dónde está Kostia, dónde está Kostia?" No puede vivir sin él.

MEDVEDENKO: Le da miedo estar solo. Comprendo eso.

MASHA: Tú no eres viejo y enfermo. Creo que lo que teme Piotr Nikolaiévich es estar solo cuando muera.

MEDVEDENKO: Qué tiempo terrible... nunca se han visto olas así en el lago...

MASHA (*con impaciencia*): ¿Era ése el tema?

MEDVEDENKO (*con desolada dignidad*): Parece imposible que diga una sola cosa que no te moleste.

(*Ella está improvisando una cama para* Sorin *en el gabinete de trabajo.*)

MASHA: Ya cuando hablaste por primera vez de la perspectiva de ser transferido me molestó. Pero seguimos aquí.

MEDVEDENKO: Me presenté para que me transfirieran y todo lo que puedo hacer ahora es esperar.

MASHA: Interminablemente.

MEDVEDENKO: El chal le da un toque de color a tu negro habitual. Hay una señorita joven, que ayuda en la escuela, que me dijo: "¿No lo deprime que su esposa esté siempre vestida de negro, de negro como el hábito de una monja, todo el tiempo?"

Masha (*burlonamente*): Ajá, ¡está tratando de disminuirme a tus ojos!

MEDVEDENKO: No, no, fue sólo una observación.

MASHA: Que a menudo has hecho tú mismo.

MEDVEDENKO: A la noche es un alivio cuando te sacas el vestido negro y... tu ropa interior se ve tan blanca como tu piel.

MASHA: Siempre apago la luz cuando me desvisto.

MEDVEDENKO (*involuntariamente aferrándole los hombros*): Aún así... (*Él puede ver la repulsión en el rostro de ella, pero ella jadea como si sintiera dolor.*)

MASHA: Semión, no creas que no comprendo lo poco que satisfago tus necesidades racionales. Tal vez otra mujer... no en hábito de monja.

MEDVEDENKO: Malentendiste las cosas.

MASHA: Oh, Dios, ¿las malentendí? Konstantín no me deja cerrar las cortinas que dan al jardín. Y está tan oscuro.

MEDVEDENKO: Ese tablado que está ahí afuera, junto al lago, deberían derribarlo, ahora se lo ve tan desnudo y feo.

MASHA: Un esqueleto, sí, pero él lo mira como si fuera un retrato de Nina...

MEDVEDENKO: Los telones golpean en el viento. La otra

noche cuando pasé junto a él me pareció oír a alguien llorando arriba.

MASHA: Probablemente lo oíste... me enteré de que ella ha vuelto.

MEDVEDENKO: ¿Llorando en el tablado donde representó la pieza de Konstantín? Masha...

MASHA: Por favor, estoy ocupada.

MEDVEDENKO: ¿Alguna vez te entregaste a Konstantín Gavrílovich?

MASHA: No. ¡Pero lo hubiera hecho! Si hubiera habido una posibilidad de que me tomara.

MEDVEDENKO: Si aparecieras en el jardín y te sacaras el vestido negro y viera la nieve de...

MASHA: Basta, basta, es desagradable. Llámame negra como el ala del cuervo, pero nunca me acuses de que *no me queda orgullo.*

MEDVEDENKO (*aferrándole el vestido*): Nieve, nieve, pero tan cálida. Masha, vamos a casa.

MASHA: Esta noche me quedo aquí.

MEDVEDENKO: Te has quedado aquí tres noches. No importa que yo no te interese, pero está el bebé. Tiene hambre.

MASHA: Matriona le dará de comer. Semión, a lo mejor tienes que actuar como ambos padres para el niño y, ¿por qué no? Cometió el error, pobre criatura, de ser exactamente igual a ti y estoy segura de que el parecido sólo aumentará con el tiempo. Has desgarrado mi vestido. Me has acusado de ofrecerme a un joven que no me quiere, de ofrecerme desvergonzadamente como una puta. Suficiente. Vete a casa.

MEDVEDENKO: No creo que hayas pasado tres noches aquí a menos que él finalmente te haya aceptado, Masha.

MASHA: *¡Vete a casa!*

MEDVEDENKO: Tampoco tu padre tiene respeto por mí, ni siquiera me presta un caballo.

MASHA: Camina, entonces.

MEDVEDENKO: ¿No quieres decir *arrástrate*?

MASHA: ¡Camina, arrástrate, salta! ¡Cualquier forma que elijas para llegar allí... no aquí!

(Entran Polina y Konstantín.)

POLINA: El pobre y querido Petrusha quiere que se haga su cama aquí.

MASHA: ¡Lo sé! Se la he hecho...

POLINA: Los viejos se ponen como chicos.

MEDVEDENKO: Masha se ha negado por tres noches seguidas a ir a casa con nuestro hijo. Me dice que debo actuar como ambos padres para él.

POLINA: Cuando el lago se perturba, parece afectarnos a todos.

MEDVEDENKO: Konstantín Gavrílovich, ¿puedo hablar con usted un momento en el jardín?

MASHA: Déjalo en paz, deja a todos en paz y simplemente vete.

(Medvedenko sale silenciosamente, como un ladrón.*)*

KONSTANTÍN: ¿Por qué quería hablarme en el jardín?

MASHA: Quería advertirle que yo...

KONSTANTÍN: Masha, su vestido está roto.

MASHA: Me lo enganché con algo...

(Polina le da un rápido beso y se acerca a *Konstantín* en su escritorio.)*

POLINA: Ninguno de nosotros pensó o soñó que resultaría ser un autor reconocido. Y aquí está usted, alabado sea Dios, recibiendo dinero de revistas. Y se ha puesto tan buen mozo, ¿no es así, Masha? (*Se pone a hojear los libros de su escritorio.*)

MASHA: Konstantín conoce mi...

KONSTANTÍN (*a* Polina): Por favor, deje mis libros en paz.

(*Algo en su voz impulsa a* Masha *a salir al jardín.*)

POLINA: Mi querido, mi buen Kostia, por favor, podría...

KONSTANTÍN: ¿Qué?

(Masha *ha empezado a dirigirse al gabinete de trabajo.*)

POLINA: Ser un poco más bueno con mi Mashenka.

KONSTANTÍN: Discúlpeme. (*Mira a* Masha.)

MASHA: Kostia, póngase un saco, está... (*Él sale.*) ¡Ves lo que has hecho ahora con ese... ese lamentable pedido! Lo avergonzaste casi tanto como a mí. Hiciste que se fuera del gabinete.

POLINA: Oh, sabes cómo vuela, anda con la cabeza en las nubes, no me oyó...

MASHA: Kostia se da cuenta... todo el mundo se da cuenta... ¡no puedo ocultarlo! Durante años, antes de que se obsesionara por...

POLINA: Nina...

MASHA: ... a quien sólo le importa actuar, esperé que algún día me quisiera. Ahora, nunca.

POLINA: *¡Oh, Mashenka, Mashenka! No puedo soportar...*

MASHA: Mamá, te sorprendería saber cuánta gente en este mundo tiene que soportar lo insoportable.

POLINA: Eres joven, demasiado joven para...

MASHA: ¿Observas lo que yo observo, sabes lo que yo sé?

POLINA: ¡Ese tipo de amargura es propia de los viejos y los desahuciados! Masha, ahora que sabe que ha perdido a Nina para siempre a causa de la locura de ella, de pronto puede apreciar tu devoción.

MASHA: Olvidas que estoy casada, soy madre... es demasiado tarde. Mi única esperanza es que finalmente, de una vez, Semión sea transferido a otra parte para que, al no ver nunca más a Kostia, gradualmente... (*Se escucha débilmente un vals melancólico.*) ¡Él pasa junto a mí! ¡Quiero extenderme y tocarlo! No, no puede continuar. Si Semión no consigue que lo transfieran, yo me transferiré a mí misma, de alguna forma, a alguna parte... (*Se sirve un vodka. Polina se lo arranca de la mano.*) Gracias... no debo dejarme ir. Terminaré siendo una prostituta borracha de la calle.

POLINA (*tomándola en sus brazos*): Calladita, calladita.

MASHA: Perdón.

POLINA: Comprendo, Mashenka, una vez fui a la clínica de Evgeni y le... le dije: "¡Tómame, tómame!"

MASHA: Cosa que hizo y luego, bien pronto, te descartó por otra. Kostia está tocando el piano.

POLINA: Un vals melancólico. Quiere decir que está deprimido.

(*Medvedenko entra empujando la silla de ruedas de Sorin. Los sigue Dorn.*)

MEDVEDENKO: Seis para alimentar en mi casa ahora y la harina a dos kópeks la libra. (Dorn *se ríe.*) Usted se ríe porque tiene más dinero del que puede utilizar.

DORN: Vivo con extravagancia, la mayor parte de mi dinero se va en viajes y otras diversiones y ¿por qué no? Cuando un hombre muere debería saber que ha vivido.

MASHA: Pensé que a esta altura seguramente te habrías ido, Semión.

MEDVEDENKO: No puedo convencer a tu padre de que me dé un caballo de cualquier tipo... tomaré una *cabra*.

Masha (*en voz baja a* Polina): Cómo desearía no haber puesto nunca los ojos en ese hombre.

Dorn: ¡Así que este salón ha sido convertido en un gabinete de trabajo para el nuevo y joven maestro literario!

Masha: ¿Y por qué no? Konstantín necesita reclusión y le gusta salir al jardín a veces.

Dorn: Para meditar sobre cómo será el mundo en doscientos mil años, ¿no es así?

Sorin: ¿Dónde está mi hermana?

Masha: Shamráiev fue a la estación a buscarlos a ella y a Trigorin.

(Sorin suspira.)

Konstantín (*entrando*): Doctor Dorn, quiero que deje de posar como médico, especialmente como el de mi tío, ¡simplemente lo deprime!

Dorn: Su tío tiene una cierta incurable y crónica...

Sorin: "Crónica, incurable" *¿qué?* Maldición, tengo derecho a saber.

Dorn: Mis pacientes siempre dicen eso pero nunca es verdad. Dios mío, si les dijera "qué" pegarían semejante aullido y harían tales demandas irracionales, que mi consultorio sería un manicomio constante.

Sorin: Pero, maldición, señor, cómo puedo luchar contra estos... estos problemas, a menos que sepa qué son. Dígame con qué luchar y lo haré porque, irracional como pueda ser, ¡*quiero vivir*!

Dorn: Indefinidamente, ¿en su estado? Olvídelo, anciano. Toda vida tiene un comienzo y un fin.

Sorin: ¿Estoy yo en...?

Dorn: *No al comienzo.* (*Se encoge de hombros.*) Cuando un hombre ya no es capaz de disfrutar del sexo, digerir la comida y dormir profundamente, es un tonto si pretende quedarse.

KONSTANTÍN: Usted es un hombre brutal, inadecuado para su profesión.

DORN: ¿Como usted para la suya?

(Con una maldición en ruso, Konstantín se aparta de Dorn y se sienta en un banco a los pies de su tío.)

KONSTANTÍN: No le prestes atención a ese viejo libidinoso lleno de pretensiones y vicios.

(Hay un molesto silencio en la habitación; a través de las puertas que dan al jardín se ve el débil resplandor de un rayo.)

MEDVEDENKO: En sus viajes, doctor, ¿qué ciudad extranjera le gustó más?

DORN: Cualquier ciudad italiana grande me gusta. Están repletas de mujeres bien rellenas que me sonríen por la calle y…

KONSTANTÍN: Quiere decir putas.

DORN: No necesariamente, sólo mujeres que están liberadas de cualquier exceso de decoro, lo que me recuerda a esa joven que recitó aquella obrita suya. Ella se tomó en serio como actriz, sabe, se arrojó a los brazos del famoso amigo literato de su madre, Trigorin, y tuvo un bastardo con él antes de que él la abandonara. Un hombre sensato se libera de las mujeres que se convierten en una molestia insoportable. Bien, parece que ella está de vuelta aquí, alojándose en la posada porque su padre, que es íntimo amigo mío, se niega a recibirla en su casa.

(Konstantín se ha levantado lentamente para enfrentarse con Dorn.)

KONSTANTÍN: Un hombre que habla despectivamente de la tragedia de la vida... de una chica encantadora... no es un hombre, no es un ser humano, es un auténtico monstruo.

DORN *(encendiendo impasiblemente una pipa o un cigarro)*: ¿Sí?

KONSTANTÍN: Sí, un monstruo. ¿Me oye? ¿Acepta esta definición de su naturaleza sin protesta o preferiría reunirse conmigo en el jardín con un par de pistolas?

DORN: Jovencito, usted está loco, mi práctica médica no tiene nada que ver con lunáticos.

MASHA: Kostia, por favor, por favor, todos sabemos lo que es, todos nosotros lo despreciamos.

POLINA: Sí, no merece su atención.

ARKÁDINA *(fuera de escena)*: ¡Ah, mi casa!

MASHA: Llegó su madre, está en el salón.

DORN: La dama todavía tiene una voz bastante poderosa. Qué pena que los críticos se hayan vuelto contra ella.

ARKÁDINA *(fuera de escena)*: Todavía mareada por el triunfo de Odesa.

DORN: La pobre dama cree que no recibimos diarios en las provincias y que no sabemos que su compromiso en Odesa se levantó casi tan pronto como comenzó.

KONSTANTÍN: ¿No puede alguien sacarlo de aquí? De otra forma, voy a... voy a...

(Arkádina entra, los saludos son efusivos y todos en ruso.)

DORN (*despúes de los saludos*): Por favor, cuéntenos, querida señora, sobre su último triunfo en la Emperatriz... ¿fue en... Odesa?

ARKÁDINA: ¡Oh, *eso*! El público simplemente se negaba a salir del teatro, se quedaba gritando bravos hasta una hora después de... ¿Boris? ¿Boris Alexéievich?

KONSTANTÍN: Mamá, se te ve cansada.

ARKÁDINA: Es... cansador, por cierto, una... carrera como la... mía...

> (*De pronto resulta conmovedora: un pájaro aterrorizado parece cruzar momentáneamente sus ojos. Trigorin entra, seguido por* Shamráiev. *Hay más saludos en ruso.* Konstantín *ha vuelto a sentarse a los pies de su tío.* Sorin *sostiene la cabeza de* Konstantín *entre sus manos temblorosas.*)

¿Pasa algo aquí? Se los ve a todos tan...

POLINA: Absolutamente nada. Estamos todos tan contentos de tenerla de nuevo entre nosotros.

ARKÁDINA: Necesito un buen descanso. El campo, la orilla del lago, siguen siendo tan fielmente los mismos.

TRIGORIN: Y usted, Masha, ¿es cierto que se casó?

MASHA: Sí, hace bastante.

TRIGORIN: ¿Felizmente, confío?

MEDVEDENKO: Tenemos un lindo chiquito.

Masha (*involuntariamente*): Es asombroso el parecido del niño con su padre.

> (Trigorin *tose; sus ojos están sobre* Konstantín; *se acerca a él.*)

TRIGORIN: Konstantín, sus muchos, muchos admiradores le envían sus saludos y sus Felicitaciones, junto con las mías, por su venturoso apartamiento de las viejas formas a favor de formas nuevas que podrían producir movimientos renovadores en el mundo literario. Todos los que han leído su trabajo se muestran tan entusiasmados al saber que lo conozco, que infaliblemente quieren saber cómo es usted, su edad, qué aspecto tiene, cómo vive, si es moreno o rubio. En cuanto a mí, lo que me intriga es que escriba bajo un seudónimo. ¿Por qué hace eso?

KONSTANTÍN: Supuse que usted entendería.

TRIGORIN: Que quiera privacidad, sí, pero más tarde o más temprano descubrirán al joven buen mozo que vive bajo la máscara de hierro.

ARKÁDINA: Incluso con este horrible tiempo, oh, qué contenta estoy de tener un lugar donde descansar y recuperar el aliento entre queridos amigos. ¡Oh, Kostia! Boris ha traído una revista donde se publicó tu último trabajo.

TRIGORIN: Eso es, eso es, aquí está, tiene su cuento y un cuento mío.

KONSTANTÍN: ¿Cuál prefiere?

ARKÁDINA: ¡Kostia!

TRIGORIN: Naturalmente el suyo.

KONSTANTÍN: Sí, el editor me comentó el interés que mostró usted en mi trabajo.

TRIGORIN: Un escritor se cansa de su propio trabajo, de las viejas formas que ha tenido miedo de descartar.

KONSTANTÍN: Ya tengo un ejemplar de la revista, gracias. Espero que no piense que soy grosero, pero esta noche no estoy de humor para... charlas literarias...

TRIGORIN: Yo, eh, comprendo. En otra ocasión..., y usted, Piotr Nikoláievich, ¿no me diga que sigue mal de salud? Lo que me parece es... que usted está tan aburrido con la vida en el campo como yo la anhelo nuevamente.

ARKÁDINA: ¿Qué estás haciendo, Polina? Ah, la lotería. Qué consuelo ver estas viejas cosas familiares. ¿Tenemos tiempo de jugar un partido antes de cenar?

POLINA. Oh, uno rápido.

(Shamráiev y Polina *disponen una mesa de juego y sillas. Todos comienzan a jugar, excepto* Medvedenko y Konstantín, *que se queda en su escritorio. Bajo el diálogo se siguen oyendo los sonidos del juego.*)

ARKÁDINA: La apuesta es cinco kópeks. Doctor, ponga la mía por mí. Masha mezclará. ¡Boris!

MASHA: ¿Pusieron todos sus apuestas? Empiezo con el veintidós.

ARKÁDINA: Yo lo tengo.

MASHA: Tres.

DORN: Bien.

MASHA: ¿Se anotó tres? ¡Ochenta, ochenta y uno! ¡Diez!

SHAMRÁIEV: No tan rápido.

ARKÁDINA: ¿Alguien mencionó la Emperatriz? La verdad del asunto es... (*Hay un silencio nervioso.*) La administración y yo hemos tenido relaciones tensas durante un tiempo. Pedí ver mis vestidos. ¡No había ninguno! Schewtzoff tuvo la audacia de fingir que yo había prometido proveer mi propio guardarropas.

POLINA: Espero que lo haya puesto en su lugar.

ARKÁDINA: Le había escrito que, a menos que estuviera satisfecha con mis vestidos... aparecería totalmente desnuda.

DORN: Le tomo la palabra en eso, ¿no es cierto? ¿En serio?

ARKÁDINA: Me tomó en serio cuando, después de tres representaciones con mis propias ropas, le notifiqué por telegrama que el compromiso estaba terminado y que ponía el asunto en manos de mi abogado... ¡ruptura de contrato! Osó amenazarme con un juicio pero... (*Observa con vergüenza que nadie la está escuchado. Se retoca los ojos llenos de lágrimas en el espejo.*)

MASHA: ¡Treinta y cuatro! ¡Sesenta! Papá, a mi marido hay que darle un caballo ahora mismo para volver a casa.

SHAMRÁIEV: Los caballos acaban de volver de la estación y no los molestaré de nuevo ni por el propio Zar, menos aún por tu...

MASHA: ¡Tienes otros caballos!

SHAMRÁIEV: No hay animal en la propiedad al que hiciera salir con este tiempo.

POLINA: ¿Salvo al marido de tu hija?

MEDVEDENKO: Cuánto lío por nada. Sólo son cuatro millas, la caminata y el clima me van a revigorizar... espero. (*Se oye un trueno seguido de un relámpago.*) Buenas noches, buenas noches a todos. (*Sale apologéticamente.*)

POLINA: ¿Seguimos?

MASHA: Cincuenta.

DORN: ¿Cincuenta redondo?

ARKÁDINA (*a Trigorin*): ¿Has estado aquí en otoño alguna vez? Las noches son largas y... la lotería es un juego tonto, pero me recuerda mi infancia de una manera que me conmueve tan profundamente...

TRIGORIN: Cuando el tiempo es tan violento termina agotándose y el buen clima vuelve al día siguiente.

MASHA: Setenta y siete. Once.

TRIGORIN: Probablemente pesque mañana, hasta puede que nade un poco porque me gusta el agua fría.

KONSTANTÍN: Iákov sólo nada en verano.

TRIGORIN: ¿Eh?... Bien... sabes, quiero caminar por el lago, echarle una mirada al tabladito donde se representó tu pieza ese verano. He comenzado un cuento basado en esa ocasión, sólo quería refrescar mi recuerdo del escenario.

MASHA: ¡Veintiocho!

(Se canta el último número.)

TRIGORIN: ¡Damas y caballeros, el partido es mío!

(El Cocinero *llama a* Polina *en ruso.)*

POLINA: El cocinero dice que la comida está lista, ha preparado una sorpresa para usted, Madame, en honor a su vuelta al hogar.

ARKÁDINA: Espero que sea *kulebiaka.** Vamos ya mismo a comer. Me siento famélica en el campo y esta vez me propongo satisfacer mi apetito... podemos jugar otro partido después. *(Toma del brazo a* Trigorin *y conduce a los comensales hacia el comedor.)* Kostia, deja de escribir, por lo menos durante la cena.

KONSTANTÍN: Si me disculpas, mamá, debo revisar algunas notas. No tengo hambre esta noche.

ARKÁDINA: ¡Petrusha!

SORIN *(despertándose de su sueño)*: Me lo perdí, ¿no es cierto? No me digas que me lo perdí...

ARKÁDINA: Todavía está soñando, pobre querido. Llévenlo a la mesa, por favor.

(Polina y Dorn *empujan la silla de* Sorin *mientras todos salen, por la izquierda, dejando a* Konstantín *en el escritorio.* Nina *es apenas visible afuera.)*

KONSTANTÍN *(leyendo su manuscrito)*: ¿Qué podría ser más ordinario o banal?
    (La oscura figura que está espiando hace un movimiento brusco. Konstantín *levanta la mirada un momento.)*

---

* Un pastel ruso de carne o pescado. (N. del Autor).

Esto y no más es suficiente. Mejor nada... creo que quiero parar. (*Pausa.*) ¡Nina, sé que está ahí afuera! (*Su oscura figura se aparta corriendo; él corre tras ella. Después de unos momentos vuelve agarrándola con fuerza del brazo.*) ¡Bueno! ¡Basta! (*Ella lo mira silenciosamente durante un momento: luego se tapa los ojos.*) No lloremos, por amor a Dios. Déjeme sacarle esas chinelas mojadas. (*Se las saca.*)

NINA: Encienda la lámpara un poco así puedo verlo con claridad. (*Él lo hace. Se miran uno al otro.*) Bueno, de manera que nuestra juventud se fue.

KONSTANTÍN: No la suya (*Vuelve a bajar la lámpara.*)

NINA: ¿Entonces por qué apagó la lámpara?

KONSTANTÍN: Sólo la prendo para trabajar.

NINA: Me he enterado de su... éxito, me alegro por usted... ¿no se siente feliz?

    (*Él sacude la cabeza, con los ojos brillantes de dolor. Ella se apresura hacia él y toma su cabeza apoyándola en su pecho. Él jadea y la rodea con sus brazos. Se oye el sonido de la risa de* Arkádina *fuera de escena.* Nina *se libera con un movimiento súbito y violento y corre a cerrar la puerta con llave.*) Sé que Irina Nikoláievna está aquí. Cierre la puerta. No hay llave...

KONSTANTÍN: Empujaré una silla contra ella. (*Lo hace y luego se dirige hacia* Nina.) Shhhh.

NINA: Sé cuánto he cambiado, lo... diferente que me veo.

KONSTANTÍN: ¿No me quería ver? Sé que ha estado aquí desde hace casi una semana. Di la vuelta al lago y estuve parado bajo su ventana... no podía llamarla... sólo me quedé allí como un mendigo.

NINA: Yo también me he acercado a esta casa varias veces... no podía golpear la puerta.

(Nina oye el sonido de la risa de Trigorin.*)*

KONSTANTÍN: "¡Damas y caballeros, el partido es mío!"
¿Quién fue que dijo eso esta noche cuando jugaban a
la lotería antes de cenar?

(Ella asiente.)

NINA: Sí, el partido es de él...
KONSTANTÍN: ¿Por qué no hizo el anuncio antes de que juga-
ran? Ya era suyo, iba a ser suyo e incluso, si no lo fue-
ra, seguirían dando por sentado que era suyo, es suyo,
al final será suyo.
NINA: No debe estar celoso de él.
KONSTANTÍN: *Usted* es suya.
NINA: ¿Lo soy? ¿A quién pertenece una gaviota...?
KONSTANTÍN: ¿Dijo una...
NINA: Una gaviota. ¿A quién pertenece una gaviota?
¿Pueden sentir amor, acaso? Debe ser una cosa del
momento, luego vuelan nuevamente e incluso cuando
vuelan juntas, cada una parece estar... sola...
*(Se oye el sonido del viento; en el telón de fondo apa-
recen nubes negras, grises y blancas marmoladas.
Las nubes están animadas: la tierra parece respirar
convulsivamente por un momento o dos.)*
Hay un pasaje en Turgénev que dice: "Feliz el hombre
que en una noche semejante tiene un techo sobre la cabeza, tiene su propio rincón cálido". Oh, conozco los
requisitos espartanos de un artista, cómo debe descar-
tarse una cosa tras otra, esas cosas que sólo son para
causar efecto, para complacer los gustos vulgares,
como... el sentimentalismo... las extravagancias en los
modales. ¿Pero suponga que el aspirante a artista se
despojara de todos esos falsos adornos y debajo de ellos

encontrara que no queda nada que su público pueda ver? El público, al no ver nada, diría: "No hay nada que ver".

KONSTANTÍN: Así que usted también ha comenzado a reconocer eso.

NINA: Sí, Kostia, es lo mismo para nosotros dos, tenemos que seguir con este enfoque espartano de... ¿qué? Sin asustarnos por el siempre posible, si no probable, resultado de arrancarnos todos nuestro excesos y descubrir... finalmente... la nada... Oh, amigo mío, mi querido amigo, es más solitario para usted, pero no tema, o si tiene miedo... ¿quién no lo tiene?... siga de todos modos, siga. Yo lo haré. Tengo compromisos futuros a los que debo trasladarme viajando en tercera clase... con campesinos... no tengo miedo, no me queda resentimiento. Cargo a los niños llorosos en mi falda. Y lloro con ellos.

KONSTANTÍN: Nina, ahora está llorando.

NINA: Me hace bien, ¿y qué podría ser más natural? Estar aquí bajo este techo con...

KONSTANTÍN: Él.

NINA: ¿No se lo dirá? Por favor, no.

(Oyen, mudos, el sonido de la risa de Trigorin y Arkádina.)

KONSTANTÍN: Sé que estuvo con él un tiempo.

NINA: ¿Lo sabe?

(Él asiente.)

KONSTANTÍN: La trató brutalmente.

NINA: Es demasiado fácil decir eso. Después de todo, recuerde, me arrojé a sus brazos mientras él pertenecía a su madre. No tenía compromisos conmigo: ¡los

tenía con ella! Oh, estoy diciendo cosas falsas. Madame
Arkádina es una criatura egoísta y él...

KONSTANTÍN: Trigorin se ha comportado como un cerdo,
peor, a los cerdos los matan... él es el que mata... (*Se
oye la risa de* Trigorin.) Ése es él, riéndose allá afuera.
Mi madre debe de estar representando una trágica escena de muerte para él.

NINA: Silencio. Recuerde que está hablando de un hombre
mayor que ha realizado su vida, ha alcanzado una posición de excelente escritor...

KONSTANTÍN: Cómo fue, la relación...

NINA: Mis años de relación con él implicaron un hijo.

(*Pausa.*)

KONSTANTÍN: El hijo suyo y de él, ¿dónde está?

NINA: El hijo de una gaviota también es una gaviota.

KONSTANTÍN: No entiendo, ¿dónde está?

NINA: La pareja a la cual se... lo di cuando Trigorin me
dejó... era extranjera, Kostia. A esta altura volvieron
al otro lado del mundo...

KONSTANTÍN (*amargamente*): Eran...

NINA. Viajeros del nuevo mundo. De manera que mi hijo
crecerá en un mundo nuevo. Tiene un hermoso nombre... América...

KONSTANTÍN: ¿Sabe cómo comunicarse con ellos para averiguar, de vez en cuando...?

NINA: Tengo una dirección. Bueno. Basta de eso. ¡Por favor!
Hoy deseo averiguar... (*Ella dice esto con un silencioso salvajismo, levantándose para aferrar la mano de
él. Él besa su rostro contorsionado tierna, repetidamente.*) Si importa, finjamos que no importa. Tengo
que hacerlo. Mis años con Trigorin. No creía en el
teatro, sólo engaña a tu madre para complacerla en eso,

Kostia. Acerca de mis sueños, mi dedicación al teatro como un arte, se reía de eso, la considera una profesión bastarda, igual que a nuestro hijo. Un bastardo para ser entregado a... viajeros. El sentimentalismo... ¡*Basta!*... no tan fuerte, me oirán, no deben saber que vine aquí. Kostia, si se los dices me traicionarás, nunca más te veré... Permíteme... el orgullo...

KONSTANTÍN: Te permito el orgullo, Nina. Y espero permitírmelo yo también.

NINA (*abrazándolo estrechamente*): Te contaré el resto rápidamente. Después de lo del niño...

KONSTANTÍN: Te rendiste...

NINA: Sí, había mezquindad, trivialidad, ansiedad, envidia, descubrimientos que me chocaron. Mis actuaciones eran insípidas, no sabía que hacer con mis... manos... vacías, ni cómo pararme en el escenario; a veces tenían que repetir dos veces un pie para que yo... respondiera... No puedes imaginarte lo que es sentir que estás actuando abominablemente.

KONSTANTÍN: Sí, sé lo que es escribir abominablemente, Nina.

NINA (*apartándose y dirigiéndose al fondo del escenario con calmo orgullo y estoicismo*): Digamos que un hombre pasó por casualidad y, como tenía un revólver de cazador en la mano y no tenía nada mejor que hacer, probó su habilidad en un pájaro del cielo, una gaviota. Acertó, ella se precipitó en la muerte, aleteó un poco, después... se quedó quieta, se quedó muy quiera, pero ¡yo *no*! Tema para un cuento.

KONSTANTÍN: Dicen que sólo puedo escribir "impresiones".

NINA: No los escuches, continúa, si es tu vocación, ten fe en que lo lograrás. (*De nuevo se oye el sonido de la risa de* Trigorin.) Puede exigir cierta brutalidad de tu parte, algunas cosas de naturaleza desagradable *son necesarias en la búsqueda artística. ¡Ahora soy una actriz!* Actúo con deleite, no con terror, me siento arrobada, no mortalmente enferma por la incertidumbre. Actúo...

KONSTANTÍN: Bellamente... eres una artista.

NINA: Todavía no, pero...

KONSTANTÍN: ¡Lo *serás*!

NINA: ¿Quién eres tú para decidir? ¿Y quién soy yo? Sólo podemos... seguir... Mira, Kostia, amigo mío. En nuestro trabajo lo que importa no es la fama, no es la gloria, ni esas cosas con las que yo soñaba y que satisfacen a tu madre. ¿Qué es importante? *Sólo soportar...* Poder soportar la vocación, escribir o actuar, nunca entregarla, como a un bastardo. (*Saca violentamente una tarjeta de un bolsillo.*) Envía esto por correo por mí, por favor, no dejes que nadie sepa... ¿Lo prometes?

KONSTANTÍN: Sigo diciendo que Trigorin es...

NINA: ¡*No lo digas!*... No es extraño que lo ame más que antes... Qué linda era la vida aquí, de este lado del lago, nuestros sentimientos eran... delicados... como flores... "Hombres y leones, águilas y... ciervos con cuernos, gansos, arañas... Ya las grullas no se despiertan y gritan en los médanos, no se oyen más los escarabajos de mayo en el bosquecillo de tilos"... Ahora tengo que irme. Adiós. Recuerda cualquier cosa útil que te haya dicho... Cuando sea una gran actriz, si alguna vez lo soy... promete que vendrás a verme. (*Ella empieza a irse; él la sigue unos poco pasos.*) No, no, no me sigas.

KONSTANTÍN (*deteniéndose, como si le hablara a ella*): ...Has encontrado tu camino... yo todavía estoy a la deriva, es... el caos... (*Vuelve a su escritorio, todavía como si le hablara a ella.*) No sé por qué tengo que encontrar necesario practicar una profesión cuando sólo tengo un talento pasajero. (*Advierte la carta que ella le dio.*) Sólo la ciudad y el país y los apellidos de las personas. (*Silencio. Rompe todos sus manuscritos y los arroja bajo el escritorio. Sale al jardín.*)

DORN (*tratando de abrir la puerta*): Parece estar cerrada. (*Empuja la silla hasta apartarla y entra. Entran Arkádina y Polina, seguidas por Iákov que lleva botellas, luego Masha, Shamráiev y Trigorin.*)

ARKÁDINA: Pon el vino tinto en la mesa. ¿Boris? ¿Cerveza?

TRIGORIN: Sabes que he dejado de beber cerveza.

ARKÁDINA: Oh, sí, y ¿saben por qué? Quiere preservar su figura elegante. Aumentó un kilo y consultó a un médico, quien le dijo que la cerveza era la responsable.

TRIGORIN: Descubrí que me dejaba demasiado somnoliento para trabajar.

ARKÁDINA: ¡Querido! (*Arranca un cabello de su resplandeciente cabeza negra.*) Por fin una cana.

TRIGORIN: Oh, mi Dios. Desearía que me prestaras tu pote de tintura.

ARKÁDINA (*abriendo los ojos como platos*): ¿Tintura? ¿Pote?

TRIGORIN: Le ha quitado la etiqueta que lleva; ahora se llama Elixir. ¿De qué? ¿De la juventud? Algún día un niño tomará un trago de ahí y tendrá convulsiones.

ARKÁDINA: Si así es como va a continuar la velada, me retiro inmediatamente a leer.

TRIGORIN: Te hacía una broma, te hacía una broma.

ARKÁDINA: No estoy segura; en rigor, siempre he sospechado que una buena cantidad de malicia se hace pasar por bromas.

TRIGORIN: Querida dama.

ARKÁDINA: ¿Autor eminente?

TRIGORIN: ¿No es el tiempo nuestro enemigo común, querida? Quién sabe cuándo una actriz, al margen de lo incomparable que sea su arte, comenzará inconscientemente a repetirse y a confiar en sus trucos. Y quién sabe cuándo un escritor va a liberarse y escribir tan salvajemente que nadie más que él lo entienda o también va a caer en la fácil trampa de la repetición... ¿Vamos a seguir jugando a la lotería?

ARKÁDINA: ¿No te has dado cuenta de que estoy dando las cartas?

TRIGORIN: La lotería. Un juego que personifica las...

POLINA (a Iákov): Trae el samovar mientras enciendo las velas.

ARKÁDINA: ¿Personifica las...?

TRIGORIN: Las cosas viejas y tediosas que hacemos para casi convencernos de que nada en absoluto ha cambiado.

ARKÁDINA (picada): ...¿Qué fue lo que me preguntaste durante la cena? ¿Por qué la Zarina no fue a mi gala de Moscú?... Pensé que sabías que no conoce una palabra de ruso, para retener su atención tendría que haber hablado en alemán.

TRIGORIN: ¿Pero el Zar te envió tres docenas de rosas? ¿Y te las cobró a ti?

ARKÁDINA: Qué absurdo...

TRIGORIN: Tendríamos que terminar con esa costumbre de dejar cartas abiertas y cuentas de florerías.

(Iákov *trae el samovar humeante, luego se va.* Shamráiev *se acerca a* Trigorin.)

SHAMRÁIEV: Aquí está su gaviota tal como la pidió, señor.

TRIGORIN: ¿Yo? ¿La pedí? ¿Que embalsamaran una gaviota muerta?... Perdón, pero usted está equivocado. Las cosas muertas son recordatorios deprimentes de...

ARKÁDINA: ¿Entonces por qué no dejas de pescar? Un pez

atrapado es un pez muerto. Las cartas están dadas. Boris, ven y siéntate junto a mí.

TRIGORIN: Oh, no, espiarías mis cartas.

ARKÁDINA: ¿Qué... (*Se oye un disparo fuera de escena. Abruptamente su voz se altera.*) ...fue eso? (*Hay una ligera pausa con intercambios de miradas aterradas.*)

DORN: ...Volvió a ocurrir.

ARKÁDINA (*deja caer sus cartas y se levanta torpemente de la mesa, derramando un vaso de vino*): ¿Qué?

DORN: Un frasco de éter explotó en mi maletín médico la semana pasada y ha vuelto a ocurrir.

ARKÁDINA (*sólo a medias tranquila*): Oh, mi Dios, yo...

DORN: Sus nervios están de punta hoy. Discúlpeme, pondré todo en orden, enseguida vuelvo. (*Sale... lo vemos en el jardín.*)... ¿Kostia?

ARKÁDINA: No ha vuelto, dijo que volvería enseguida. Voy a ... (*Sale hacia la derecha.* Trigorin *la aferra del brazo.*) ... ¿Qué, qué?

TRIGORIN: ¿Un dúo? (*Baila salvajemente con ella.* Dorn *vuelve.*)

DORN: Era sólo eso. Estos líquidos volátiles deberían guardarse en recipientes de metal...

(Arkádina *vuelve a la mesa.*)

DORN (*a* Trigorin): Oh, aquí está esa revista que publicó un artículo sobre una pareja norteamericana hace un par de meses... quería su opinión sobre él... (*Ha llevado a* Trigorin *a un rincón de la habitación.*) Saque a Irina de aquí como sea.

(*Ligera pausa. La mirada de* Trigorin *se vuelve hacia su interior. Sabe. Afuera, en el jardín, las linternas parpadean.* Masha *se levanta y se dirige a* Trigorin *y a* Dorn.

Polina *la sigue.* Irina *está sola, sentada rígidamente a la mesa.)*

MASHA: Sé que no fue... su botella de éter... lo que explotó.

DORN: Sugiero que...

MASHA: Se acabó todo. ¿Gotas de valeriana? ¿No es eso lo recomendado? *(Una risa enloquecida surge de ella. Polina la toma entre sus brazos; se suelta y golpea a Dorn.)* También están la tormenta y el lago. ¿Dónde está él?

DORN : Konstantín está junto a la orilla del lago.

(La escena del lago del fondo se ilumina lentamente mientras Dorn y Trigorin vuelven a la mesa de lotería, donde se encuentra Irina sola. Masha y Polina se mueven indefensas por el escenario como bajo aguas profundas.)

Dígame, Irina, ¿cuántas veces saludó la noche del estreno en Odesa?

TRIGORIN: Incontables veces.

DORN: Nunca he tenido el placer de verla saludar una noche de estreno... o de bajada de cartel, pero he oído que es maravillosamente graciosa. Irina, ¿haría una reverencia ahora?

TRIGORIN: ¿Con motivo de qué haría una reverencia ahora?

DORN: Creo que el motivo se está presentando por sí mismo.

(Lentamente, desde el fondo del escenario, dos sirvientes van llevando el cuerpo de Konstantín a la parte delantera, con una linterna encima. Poniéndose una mano sobre la boca, Irina se levanta tambaleando de la mesa de lotería. Retrocede lentamente hasta las candilejas del proscenio. Cuando se da vuelta, se enfrenta con el público del teatro. El ins-

tinto de casi una vida entera prevalece y Arkádina *hace una reverencia. Su rostro es una despedida trágica a su profesión, a su vida, a su hijo profundamente amado: su víctima.)*
¡Con tanta gracia!

LAS LUCES SE APAGAN

ÍNDICE